고객가치기반 효과적
영업과 영업관리

관계지향적 영업으로의 전환

박정은 · 신용필

박영사

차 례

관계지향적 영업으로의 전환: 고객가치를 창출하고 전달하는 새로운 영업

　　영업이란 무엇이고 영업의 목적은 무엇인가? 저자가 많은 영업사원들과 관리자들에게 물어본 질문이다. 그때마다 들은 답은 내가 가진 것을 고객에게 판매하는 것, 다르게 이야기하면 내가 고객에게 제시하는 것을 고객과 소통하는 활동이라는 것이다.

　　나의 의견은 조금 다르다. 영업사원은 가치를 소통하는 것 이상의 일을 해야 한다. 즉, 존재하는 가치를 소통하는 것을 넘어 새로운 가치를 고객과 창출하는 것이 영업사원이 영업을 하는 목적이고 영업의 존재이유이다. 고객의 마음속에 친근한 자신의 이미지를 창출하고 이를 활용하여 새로운 가치를 고객과 같이 만들어서 제대로 전달하는 것이 영업사원의 본질적인 일이다.

　　본서에서는 현대적인 영업행위와 영업관리의 간단한 개관과 효과적인 영업방법론에 대해서 저술하고 있다. 자료의 분석과 이를 토대로 한 의사결정의 내용과 구성은 독자 여러분의 역동적이고 흥미로운 영업관리의 세계로 들어가는 여행의 첫 시작이다. 이것은 흥미로운 여행일 뿐 아니라 가치 있는 학습 경험이 되어야 한다. 이 책에 담겨있는 모든 정보는 개별 판매로의 직업을 시작한 사람들과 영업관리

의 등급을 지나고 있는 사람들에게 굉장히 적절할 것이다.

기업이 가진 자원(제품이나 서비스)을 활용하여 고객을 위한 가치를 창출해서 전달하지 못하면 영업은 성공하지 못하고 기업의 성과 또한 일어나지 않을 것이다. 제품기획에서 판매 후 AS까지 모든 기업 내 조직 및 기능들은 고객이 원하고 필요한 것을 제공해 주어야 한다. 이 일을 직접적으로 수행하는 조직이 영업부서이다. 고객은 이렇게 자신을 위한 가치를 제공하는 영업사원을 원한다. 단순히 제품 브로셔를 읽어주는 영업사원을 원하지 않는다. 그래서 영업사원은 간단명료한 가치를 이해하기 쉽게 설명하고 효과적으로 소통하는 것에서 새로운 부가가치를 만들어내는 가치창출자로 변모해야 한다.

이러한 가치창출자가 되기 위해 기본적인 인식변화가 있어야 하고 여기서 중요한 것이 관계중심적으로 변화하는 것이다. 이에 본 저서에서는 관계가 왜 중요하고 관계가 어떻게 영업과정과 관리에 영향을 미치는가를 정리하고자 하였다. 영업에서 고려해야 하는 관계는 고객과의 관계뿐만 아니라 업무적으로 가장 많이 부딪치는 마케팅과의 관계 그리고 수직적인 상하 관계 등 다양한 내부적 관계를 고려해야 한다. 본서에서는 기본적으로는 고객과의 관계지향적 영업에 초점을 맞추고 더 나아가서 조직 내 수평적인 관계(예컨대 마케팅부서와의 관계 등) 및 수직적인 관계(보고라인 상의 상하관계 등)에 대해서 서술하였다. 다소 어려운 내용이 있지만 최대한 쉬운 용어를 사용하기 위해 노력하였다. 끝으로 이 책이 영업전문가가 되고자 하는 분들과 영업을 전공으로 하고자 하는 대학원생들에게 도움이 되었으면 한다.

2022년 봄 저자들 올림

관계지향적 영업과

영업관리란?

Part 1

글로벌화와 함께 대두된 치열한 경쟁과 코로나와 같은 갑작스러운 경영환경의 변화 속에서 기업은 빠르게 변화하지 않으면 생존할 수 없다는 불변의 진리에 직면하고 있다. 그 속에서 고객과 기업의 가치를 창출의 최전방에 있는 영업도 비대면 방식이라는 큰 도전앞에 놓여있다. 비대면 방식이 늘어나고 소비자의 구매행동 또한 언택트라는 방식으로 전환되고 있지만 여전히 중요한 구매와 전문적인 지식을 요구하는 구매는 대면 방식에 의존할 수밖에 없다. 비대면이냐 대면이냐를 떠나서 오늘날의 영업의 주된 목표는 판매에 집중해 단순히 매출을 올리는 것이 아니라 수익성 있는 고객과의 장기적인 관계를 확보하고 구축하여 이를 유지·강화하는 것이다.

이 목표를 달성하기 위해 영업사원은 제품을 통해서 고객이 얻게 되는 대표적인 이익인 가치제안에 대하여 소통할 줄 알아야 한다. 이러한 가치 중심의 접근은 고객이 자사에게 충성하고 장기적인 관계를 원하도록 만들 것이다. 이에 본 장은 관계 영업과 영업관리에 대한 개요를 제시하고자 한다. 이 장의 주요 이슈는 다음과 같다.

- 관계 영업에 대한 개념을 알고 정의할 수 있어야 한다.
- 고객중심 기업의 중요성을 이해할 수 있어야 한다.
- 왜 가치가 관계 영업에서 중심 주제인지 설명할 수 있어야 한다.
- 관계 영업에 관련된 과정을 정의할 수 있어야 한다.
- 관계 영업관리의 구성요소를 정의할 수 있어야 한다.
- 관계 영업에 대한 외부적, 내부적 환경의 구성요소에 대한 예시를 제시하고 토론할 수 있어야 한다.

본 저서의 기본 철학: 고객가치기반

고객가치기반의 개념은 이 책의 핵심이자 영업을 하는데 있어서 가장 중요한 개념이다. 이를 이해하기 위해 우선 다음의 질문에서부터 시작해보자. 고객가치가 기반이 된다는 것의 본질은 무엇인가?

고객 가치기반이란 영업사원이 고객을 대상으로 영업에 대한 계획을 세우고, 제품이나 서비스를 제공하는 것은 항상 고객의 욕구를 충족하거나 고객이 당면한 문제를 해결하는 것임을 명심해야 함을 의미한다. 또한 고객가치기반이란 고객이 영업사원의 설명이나 제안, 가격타당성 등과 반대되는 것을 원하더라도 이를 이해하고 허용해야 함을 의미한다. 고객의 입장에서는 자신이 쇼핑하는 것을 좋아하지, 자신에게 제품을 팔려고 하는 것은 싫어한다. 고객 중심 영업은 팔려고 하는 기업관점보다는 고객이 구매하려는 목표를 이루고 문제를 해결하고 요구를 충족한다는 고객의 관점에 더 힘을 실어주는 것이다.

팔려고 하는 영업에서 고객가치중심적 영업으로의 패러다임의 변화는 영업업무에 상담적 접근의 도입을 요구하고 있다. 왜냐하면 영업사원이 고객의 목표를 달성하고 문제를 해결하는 것을 돕기 위해 주로 잘 들어야야 하기 때문이다. 영업사원이 고객에게 제품 정보를 제공하면서 기대하는 것은 고객이 집으로 가서 자신의 생활환경에서 잘 이용할 것이라고 기대하는 것이다. 정말 영업사원은 고객이 충분히 현명하기를 바라는 것이다. 하지만 이런 고객은 소수이다. 소수의 고객만이 영업사원이 기대하는 것처럼 행동하지만 이러한 고객은 시장에서 최대 20%도 되지 않는다. 나머지 80%는 영업사원이 제시하는 제품이나 서비스가 고객의 문제를 어떻게 풀 수 있는지 이해하지 못한다. 그래서 영업사원은 이 고객들을 설득시키기 위해 정말로 이해하기 쉬운 예시를 보여줘야 한다.

이러한 접근으로의 변화를 위해서는 근본적으로 구매자와 판매자의 관계뿐만 아니라 영업하는 방식을 변화시켜야 한다. 성공한 영업사원이 되기 위해 이 책을 학습하는 모든 독자들은 단순히 방문하는 식의 전통적인 영업 수준을 넘어 영업사원과 고객 모두가 서로가 윈-윈 할 수 있도록 고객의 관점에서 고객의 문제를 해결해주는 능력있는 상담형 컨설턴트가 되어야 한다. 명심할 것은 말을 잘하는 것보다 잘 들어주고 문제를 정확하게 이해하고 쉬운 솔루션을 제공하는 것이다.

1. 관계지향적 영업이란?

오늘날의 치열한 영업 환경에서 몇 가지 중요한 교훈에 대해 알아보자. 첫 번째, 영업사원이 판매하는 어떤 것이라도 가격 특히 저가격에 기반한 영업은 장기 고객을 만드는 방법이 아니라는 것이다. 저가 영업 전략은 경쟁사와 대결하기에는 쉽지만, 오직 가격에만 초점을 두는 고객은 경쟁자가 자사의 가격에 맞추자마자 자사를 떠날 것이다. 둘째, 영업사원이 고객의 가치를 만드는 개념은 가격을 넘어서는 것이다. 즉 가치는 영업사원이 판매한 제품으로부터 고객이 얻을 수 있는 경제적인 가치의 대표격인 가격을 포함하여 다양한 장점들의 총합이다. 이러한 가치에 대한 개념은 종종 영업사원이 고객에게 제공하는 가치제안에서 언급된다. 확실히 저가는 가치 특히 경제적 가치를 강화시킬 수 있지만, 영업사원의 전문지식, 제품이나 서비스의 질적인 우수함, 고객을 지원하는 서비스와 같이 지속성이 있고 더욱 차별적인 요소로 가치를 더욱 강화시킬 수 있다. 마지막으로 기업은 계속해서 이탈고객이 다시 돌아올 수 있도록 초점을 맞춰야 한다. 우리 고객이 경쟁사에게 가지 못하도록 하는 이유를 만들어야 하고 고객의 충성도를 높이는 것은 오늘날 성공적인 영업을 위해 매우 중요하다.

이 책에서 주장하는 영업은 우리가 전통적으로 말하는 파는 것에 초점을 둔 영업에 대한 것이 아니라 관계중심적 영업에 관한 것이다. 그리고 이 영업의 주요 목표는 수익성 있는 고객을 확보하고 장기적인 관계를 구축하고 유지하는 것이다. 관계 영업은 단기적인 영업이익 보다는 장기적인 관계에 초점을 둔다. 고객이 제품과 기업 그리고 영업 사원의 서비스 수준에 만족할 수 있도록 노력하여 같은 제품을 제공하는 다른 경쟁사로 옮겨가지 않도록 해야한다.

오늘날 기업에서는 관계영업과 영업관리는 잘 통합된 하나의 과정이다. 영업 조직의 관리자는 가장 효과적이고 효율적인 방법으로 고객의 입장을 관리하기 위해 많은 시간을 투자한다. 이를 위해 관리자가 수행하는 일은 다양한 기술을 사용하고 고객전략을 세우기 위한 정보를 수집하고 다양한 고객에게 다양한 영업적 접근을 시도하는 것과 이 모든 것을 통합하는 시스템을 갖추는 것 등이 포함된다. 이 시스템을 우리는 고객관계관리(Customer Relationship Management: CRM)라고 일컫는다. 이 CRM은 조직 전체가 고객에게 초점을 맞추고 고객의 가치를 더하여 장기적인 관계를 발전시키기 위한 주요 수단이다.

📑 신한은행의 고객중심 영업

금융권 최초 'AI 이상행동탐지 ATM' 도입…"보이스피싱 '그 놈' 잡는다"
신한은행(은행장 진옥동)은 보이스피싱으로부터 고객들의 소중한 자산을 보호하기 위해 은행권 최초로 'AI 이상행동탐지 ATM'을 도입한다고 7일 밝혔다. 'AI 이상행동탐지 ATM'은 고객이 ATM 거래 중 휴대폰 통화를 하거나 선글라스 및 모자를 착용하는 등 수많은 보이스피싱 데이터를 분석해 얻은 유사한 이상행동을 보일 경우, 이를 탐지해 거래 전에 고객에게 주의 문구를 안내하는 서비스다. 'AI 이상행동탐지 ATM'은 보이스피싱의 주요 타깃이 되고 있는 시니어 고객의 금융자산을 보호하기 위한 특단의 대책 중 하나다.

신한은행의 데이터 전문가와 외부 AI업체가 8개월간의 AI딥러닝을 통해 연령대별 다양한 거래유형을 학습해 분석한 데이터를 바탕으로 고령층 고객 내점이 많고 보이스피싱 사고 우려가 많은 영업점에 우선 도입하고 향후 전국 모든 ATM에 확대할 예정이다.

또한 하반기에는 이상행동탐지 데이터와 보이스피싱 사고 발생 계좌의 상관관계 분석을 기반으로 이상금융거래분석시스템(FDS: Fraud Detection System)과 연계해 AI 이상행동이 탐지된 경우 추가 본인 인증 후 거래가 가능하도록 프로세스를 변경할 계획이다.

신한은행은 지난해 '안티피싱 플랫폼'을 구축하며 평일 낮 시간뿐만 아니라 주말 및 야간 실시간 거래 모니터링을 통해 의심 금융거래 발생시 빠른 대응으로 작년 한해 동안 4,948명 645억원의 피해를 예방하며 시간의 제약 없이 고객의 금융 자산 보호를 위한 다양한 시도를 하고 있다.

신한은행 관계자는 "'AI 이상행동탐지 ATM'은 영업점을 운영하지 않는 야간 및 주말 시간에도 ATM에서 발생할 수 있는 각종 금융사고로부터 고객을 보호할 수 있을 것"이라며 "앞으로도 신한금융그룹의 '더 쉽고 편안한 더 새로운 금융' 비전에 발맞춰 고객 중심의 금융 서비스를 제공하고자 한다"고 말했다.

한편 신한은행은 디지털 시대에 맞춘 고객의 편의성 증대를 위해 디지털 라운지, 디지로그 브랜치, 편의점·슈퍼마켓 혁신점포 등 다양한 채널 전략을 선도적으로 펼치고 있다. 이에 따른 보이스피싱 예방과 디지털 소외계층을 위해 큰글씨 ATM, 고령층 고객의 ATM 수수료 면제, AI 이상행동탐지 ATM 등 다양한 서비스들을 확대해 나가고 있다.

[출처] 이성민 기자, 2022.03.07., 스마트에프엔.

2. 관계지향적 영업과 영업관리의 모델

고객 중심인 기업은 내부와 외부에서 일어나는 모든 일의 중심에 고객이 있다. 고객은 모든 사업에서 핵심이다! 그들은 모든 비즈니스에서 중심이 되어야 한다. 고객 없이는 기업은 영업을 할 수 없고, 이익을 얻을 수 없고 궁극적으로 사업을 할 수 없다. 관계 영업과 영업관리에 대해 배우는 사람들의 시작점은 고객을 아는 것부터다. 고객 중심의 기업처럼 관계영업과 영업관리의 모델에 있어서도 고객은 모든 것에서 중심을 차지한다.

고객 중심의 기업은 첫 번째 고객의 요구를 이해하는 것을 조직 전체의 최우선 과제로 생각한다. 두 번째, 시장에 대한 이해를 바탕으로 시장에 관한 지식을 기업내부의 사람들에게 공유한다. 마지막으로 전사적인 역량을 내부적으로 정비하여 혁신적이고 경쟁적인 차별화를 통해 고객에게 만족을 줄 수 있는 제품과 서비스를 효과적으로 개발할 수 있도록 한다.

고객 기반이 영업사원에게 의미하는 것은 무엇인가? 다시 한 번 강조하지만 이는 영업 사원이 내부나 외부의 고객을 이해하고 만족시키는 것이 모든 직무의 중심이 되어야 한다는 것을 의미한다. 즉, 고객 중심적 사고방식을 통해 영업사원은 고객 기반을 구축하고 나서야 비로소 더나은 효과적인 영업성과를 창출할 수 있는 것이다.

(1) 고객

고객 기반은 고객 중심의 조직을 함축하는 것으로 고객은 효과적 영업과 영업관리 모델의 중심이다. 어떤 종류의 행동이 고객 사고방식을 구성하는가? 이것을 언급하기 위한 한 가지 방법은 어떤 행동이 고객에게 친근하지 않은지 아는 것이다. 근본적으로 영업과정에서의 책임은 고객과의 상호작용과정에서 결과적으로 나타나는 유의미한 성과를 확인해야 하는 영업사원에게 있다. 고객에게 구매욕구를 유발하는 문제가 발생하면 영업 사원은 반드시 고객의 문제를 해결하기 위해 고객과 함께 일할 준비가 되어있어야 한다. 그리고 반드시 해결과정에 대한 권한을 상사로부터 부여 받아야 한다. 관계 영업의 핵심은 고객과 함께 일하며 고객의 문제를 함께 해결해나가는 것이다.

구매자의 관점에서, 단기적으로는 영업 조직은 반드시 예상되는 수익 대비 얼마나 많은 시간, 돈, 다른 자원이 특정한 고객에게 투자되어야 하는지를 계산해야 한다. 이 비율은 일반적으로 고객 투자 이익률이라고 불리는데, 가치 창출에 있어 핵심적인 이슈이고 잠재고객을 예상하고 계획하기에 사용되는 정보와 관련이 있다. 그리고 영업조직에 대한 고객의 장기 가치는 고객 평생가치라고 한다. 이렇듯 단기 및 장기적인 관점에서 고객은 오늘날의 조직에서 가장 핵심인 요소이기 때문에 영업관리와 관계 영업의 모델에서도 중요하다.

(2) 정보

수익성이 높은 고객을 확보하고 성공적으로 장기적인 관계를 구축 및 유지하는데 필요한 엔진은 정보를 수집하고 활용하는 정보기술이다. 이러한 정보기술은 고객 관계를 관리하기 위한 정보의 사용에서 매우 중요한 역할을 한다. 고객관계관리라는 용어는 제품 중심이었던 조직이 고객에게 초점을 맞추게 되었음을 의미한다. CRM은 고객 관련 데이터를 찾고 수집하기 위해 소프트웨어 패키지를 설계한 것이 시초이다. 지금은 CRM이 단순한 시스템이라기보다는 전략과 비즈니스를 실행하는 데 대단히 중요한 기업의 경영 철학으로 발전하였다. 고객이 가장 중요한 경영요소라고 인식을 하면서 고객과 관련된 정보의 중요성도 점점 더 커지고 있고 이러한 고객의 정보를 확보하는 것이 기업의 경쟁우위요소가 되고 있다.

(3) 가치 창출

가치 창출은 관계 영업과 영업관리 모델에서 두 번째로 주요한 주제이다. 앞서 우리는 가치를 우리가 제공한 제품으로부터 고객이 얻은 많은 장점의 합이라고 하였다. 고객의 관점에서 정리하여 가치를 설명하자면 고객이 지불하는 것 대비 획득하는 혜택의 비율이라고 할 수 있다. 그리고 고객과 함께 기업도 가치를 창출해야 한다. 기업의 관점에서 투자한 것 대비 판매를 통해 얻어낸 것이 무엇인가? 이 투자란 판매를 위해 기업에서 사용된 돈, 시간, 노동력, 생산 등에 투입되는 자양한 형태의 자원들일 것이다. 과거에는 고객과의 관계를 형성하는데 있어 기업의 영업관리자들은 가치 창출에 대해 거의 고려하지 않았다. 영업관리자들은 비즈니스를 일련의 거래의 연속으로만 생각했다. 즉, 거래 관점에서 비즈니스를 보았고 고객은 뒷전이었다. 이러한 접근을 거래적인 영업이라고 한다. 하지만 지금은 거래가 아닌 고객의 가치를 최우선으로 보고 있고, 영업의 최고 관리자는 이러한 가치 창출을 영업의 핵심으로 관리하고 있다.

3. 거래지향적 영업과 관계지향적 영업

(1) 거래지향적 영업

거래지향적 영업은 영업사원을 단순히 제품의 공급자로만 취급하는 고객과 가격과 편의성에 관심이 있는 고객의 요구를 만족시키기 위해 최선을 다하는 영업사원의 조합이다. 고객의 관점에서 거래지향적 영업은 가격 이외에는 판매자가 제공할 수 있는 이점이 거의 없다. 즉 거래지향적 영업에서 고객과 영업사원 모두 중점을 두는 것은 오로지 가격이다. 거래지향적인 영업상황에서 고객은 영업사원의 부가적인 노력에 대한 가치를 못 느낄 뿐만 아니라 이러한 노력에 대한 대가로 추가적인 가격을 지불하는 것을 원치 않는다. 즉, 거래지향적 영업은 사고파는 과정에 대한 노력과 투자 없이 가격 조정에만 관심을 두고 거래를 하는 방식으로 기업의 가치를 생산한다.

(2) 관계지향적 영업

영업을 고객가치 창출의 관점에서 재정립을 시도한 관계지향적 영업의 대가인 Rackham과 DeVincentis는 그들의 저서에서 거래지향적 영업과 구분하여 관계지향적 영업의 두 가지 형태인 컨설팅적 영업과 기업형 영업을 제시하였다. 이 두 가지 형태의 영업의 가장 큰 차이점은 고객에 대한 중요성과 전략적 파트너쉽에 관한 영업의 관심의 차이라고 할 수 있다.

컨설팅적 영업은 고객의 문제를 중심으로 솔루션을 개발하여 제공하는 효과적인 영업의 형태이다. 이때 영업사원이 중점적으로 해야 하는 노력은 고객에게 새로운 가치를 만들어 주고 제품이 줄 수 있는 혜택 이외의 추가적인 가치를 제공하는 것이다. 추가적인 가치를 제공하기 위해 영업사원은 우선적으로 고객을 이해하고 좋은 관계를 형성하여 고객의 비즈니스 문제에 대해 적극적인 개입을 하는 것이 필요하다. 이는 영업사원과 고객 모두의 시간과 노력에 대한 투자를 필요로 한다. 고객의 비즈니스를 이해하는 것과 고객의 문제와 요구를 잘 들어주는 듣기 능력은 단순히 거래를 성사시키기 위한 설득 행위보다 더 중요한 영업 능력이다. 이러한 듣기 능력 이외에 고객의 문제를 이해하고 적절한 해결책을 제시하기 위해 영업사원에게 필요한 능력이 창의성이다. 이 창의성은 제품 지식보다 더 중요하고 경쟁사와 구분되는 차별적 요소를 만들어내는 기반이 된다. 컨설팅적 영업을 통해 기업은 다음 3가지 주요한 방법으로 가치를 생산한다.

- 고객의 문제, 이슈 그리고 기회를 새롭고 다른 방법으로 이해하는 것을 돕는다.
- 고객이 스스로 발견한 해결책보다 영업사원과 협업을 통해 새롭고 더 나은 해결책에 도달하는 것을 돕는다.
- 대외적으로 고객의 변호인으로서 역할을 하며 고객의 특별한 요구를 만족시킬 수 있는 개인화되고 독특한 해결책을 주기 위한 노력을 가능케 한다.

기업형 영업은 개인 고객 보다는 기업형 고객에 대한 영업이다. 즉, 일반적이지 않은 차별화된 높은 수준의 가치 생산을 요구하는 전략적으로 중요한 기업고객을 대상으로 제품이 아닌 사업 중심적 영업을 하는 것을 의미한다. 기업형 영업의 첫 번째 중요한 이슈는 기업의 영업 조직이 보유하고 있는 모든 자원을 고객 사업의 전략적 성공에 기여하기 위하여 투입하는 것이다. 이 영업은 영업사원개인 혹은 영업팀을 넘어서 전사적인 관점과 최고경영층의 수준에서 시작된다. 판매는 고객의 전략적 니즈와 긴밀하게 연결되어 있고, 상호 협력적인 복합적 기능을 수행하는 전사적관점의 전략팀이 수행한다.

기업형 영업은 판매자인 공급자와 고객의 관계에 대한 지속적인 재설정과 개선이 필요하다. 공급자와 기업고객에는 다양한 관점을 가진 사람들이 의사결정 과정에 참여하며 서로가 각자의 관계를 만들고 어느 관계 시점에서 판매가 시작되고 끝나는지 구분하는 것이 어려울 정도로 관계가 복잡하게 얽혀 있다. 이러한 특성을 가지다 보니 기업형 영업은 매우 많은 비용이 소모되는 과정이다. 그러므로 판매 기업 입장에서는 관계지향적 영업을 위해 투자를 해야하는지에 대한 의사결정이 선행되어야 한다.

관계기반적 접근의 기초는 고객이 구매과정에서 얻고자 하는 가치의 유형과 양에 따라 영업의 노력을 세분화하는 것에서 시작한다. 기본적으로 거래적중심적 영업은 고객에게 최소의 가격을 제안하기 위해 노력한다. 이와는 달리 관계중심적 영업은 모든 가능한 수단을 통해서 가격이 아닌 고객의 가치를 얻기 위해 사용된다. 이러한 가치 중심적영업은 영업 과정의 많은 것을 변화시켰다. 관계중심적 영업은 영업 사원이 더 많은 시간을 고객의 요구를 이해하는 데 사용하도록 하였고 이는 영업의 초기단계에 시간을 더욱 할애하게끔 하였다. 즉, 영업의 초기단계인 고객정보 획득 및 분석과 고객요구에 대한 이해 노력은 성공적인 고객과의 관계와 거래에 있어서 점점 더 중요해지고 있다. 대조적으로 거래중심적 영업은 가격에 초점을 맞추고 더 많은 시간과 노력이 초기 고객에 대한 이해보다는 거래를 마무리하는 데 사용 된다.

4. 윤리

관계 영업과 영업관리에서 고객 중심이 되기 위한 또 다른 중요한 주제는 윤리이다. 윤리는 도덕적 원칙이자 행동 지침의 표준이다. 미국의 한 영업관련 잡지의 조사에 따르면 220명의 응답자 중 83%가 제품과 서비스를 판매할 때 영업사원의 윤리성과 진실성이 고객에게 전달 될 수 있도록 교육한다고 응답했다. 70%의 영업관리자들은 자사의 고객이 구매를 고려할 때 판매기업의 윤리적 평판을 고려한다고 믿고 있다고 응답했다. 그리고 관리자들은 영업사원의 교육시 윤리와 가치에 대한 중요도를 강조하고 있다고 응답하였다.

우리가 속해 있는 사회의 가치들은 관계지향적 영업과 영업관리에 다양한 면에서 영향을 미친다. 사회의 가치는 구성원의 윤리적 행동의 기준을 설정한다. 윤리는 법이나 법률을 따르는 것과는 다른 의미를 가진다. 어떤 특정한 행동은 합법적일 수 있지만 윤리적이지 않을 수도 있다. 예를 들어, 판매자가 "우리의 제품은 경쟁 브랜드보다 훨씬 성능이 뛰어나다"와 같이 극단적이고 근거 없는 주장이 법에 어긋나지는 않지만 고객들은 이를 비윤리적인 것으로 생각할 수 있다.

관계지향적 영업과 영업관리에서 우리의 관심을 끄는 두 가지 윤리적 딜레마가 있다. 첫 번째 딜레마는 영업 사원과 고객 사이의 상호작용과정에서 나타난다. 이 과정에서는 영업관리자가 어디까지 관여를 해야 하는가에 대한 문제가 발생한다. 이러한 문제에 영업관리자는 간접적으로만 관여하게 되는데 그 이유는 관리자가 항상 직접 모든 것을 관찰할 수 없고 모든 판매원의 행동을 통제할 수도 없기 때문이다. 하지만 영업관리자는 윤리적 행동의 기준을 세우고, 명확하게 의사소통하며 이를 강력히 시행해야 하는 책임을 가지고 있다. 관리자는 고객을 대할 때 영업 사원의 비윤리적 행동들을 알아차리도록 반드시 노력해야 한다.

5. 전통적인 영업 프로세스

전통적인 영업프로세스의 단계는 학자에 따라 몇가지 종류가 있다. 학자들과 교과서에 따라 단계가 4단계, 5단계 8단계 등 여러 유형이 있는데 본 서에서는 간략하게 4단계만 언급하도록 하겠다. 그리고 이 책의 말미인 Part 9에서 저자가 강조하는 관계지향적 영업프로세스의 3단계에 대해서 자세히 논의하겠다. 전통적인 영업과정의 첫 번째 단계는 예측과 준비단계이다. 영업의 시작은 소비자의 니즈를 전망하고 방문 계획을 수립하는 것이다. 두 번째는 직접 접촉을 해서 설득을 하는 단계이다. 고객은 문제를 해결하려하고 영업사원은 최적의 솔루션을 제공하고자 한다. 이 과정에서 서로가 메시지를 교환하는 소통의 단계이다. 세 번째는 합의에 도달하는 반론극복 단계이다. 모든 영업과정에서 예상할 수 있는 것이 "가격이 비싸다", "다음에 다시 이야기 하자"와 같은 고객의 반론이다. 영업사원은 이러한 반론을 반드시 극복해야하고 서로가 윈윈하는 해결책을 마련해서 협상을 해야한다. 마지막은 마무리(closing) 단계이다. 모든 협상을 마무리하고 최종 계약을 체결하는 종결 단계이다. 이 단계를 지나면 후속조치와 지속적인 관리를 해야 하고 한편으로 장기적인 관계 유지를 위해 영업사원 스스로의 자기 관리가 필요하다.

(1) 수요예측과 방문준비단계

어떤 거래에서도 현재의 내 고객이 항상 나만의 고객일 수는 없다. 모든 거래의 기회는 구매 가능성에서 시작한다. 매우 큰 구매 가능성이 있는 미래의 고객을 잠재적 고객이라고 한다. 이 잠재고객의 니즈를 파악하고 수요를 예측하면서 거래 관계를 구축하는 것은 일종의 거래 가능성을 찾기 위한 것이다. 거래 관계를 통해 고객과의 거래 기반을 구축하고 지속시키는 준비작업을 하는 것이다. 하지만 관계라는 것이 거래에 종속되는 순간 모든 것을 한순간에 잃어버릴 수도 있다. 영업사원에게 거래라는 것이 중요하지만 고객 그 자체가 더욱 중요하다는 것을 잊어서는 안 된다.

요즘, CRM 시스템과 같은 관계 관리에 관련된 첨단기술의 도구들은 시스템이 적절히 실행되고 활성화된다면 영업 사원에게 잠재적 고객에 대한 풍부한 정보를 제공할 수 있다.

(2) 접촉 및 설득하기

영업은 기본적으로 설득적인 의사소통을 의미한다. 상대방을 설득하면서 구매를 하도록 납득시키고자 하는 것이다. 거래중심적 판매에서는 판매 메시지를 적극적으로 전달하는 것에 초점을 맞춘다. 거래적 판매에서는 사람에 초점을 두는 진정한 관계라는 것이 없기 때문이다. 구매자와 판매자는 서로 양극단에 서있는 대립 관계에 있으려고 하고 그들 사이에 신뢰보다는 이기적인 혜택추구만 존재하기 때문이다. 그리고 그들은 장기적인 관계나 상호 윈 – 윈하는 관계를 위해 일하지 않는다.

그러나 관계지향적 영업에서의 구매자와 판매자간의 의사소통은 다르게 이루어진다. 다양한 접촉수단으로 소통을 하고 서로의 관심을 끌기 위해 노력한다. 우선 이메일, 휴대폰 등의 소통도구를 통해 다방면으로 접근을 시도할 수 있다. 그리고 영업의 태도 또한 상대를 배려하는 것으로 이루어지고 매우 적극적인 자세를 가지게 한다. 적극적 판매는 서로간의 문제 해결을 위한 의사소통에 초점을 맞춘다. 영업사원은 구매자에게 컨설턴트 혹은 문제 해결사로서 역할을 하고, 부가 가치가 있는 해결책을 판매한다. 이 상황에서는 솔루션 중심의 영업(solution selling)이 대세이다. 이는 영업사원의 첫 번째 역할은 구매자의 문제(요구)에 대한 해결을 가시화시키는 것이다. 오늘날 영업과 관련된 모든 비즈니스 영역에서는 판매를 "제품"이 아닌 "해결"로 본다. 그 제품이 휴대폰, 금융 서비스, 컴퓨터 소프트웨어 또는 대학수업 등 무엇이라도 구매자의 니즈 혹은 문제를 해결하거나 만족시킬 수 있는 제품이나 서비스라면 솔루션 중심의 영업이 유일한 대안이다.

(3) 반론극복을 위한 협상하기

모든 구매상황에서 구매자는 반론을 제기한다. 기본적으로 협상을 원하는 것이다. 이는 구매자가 매우 긴 시간 동안 거래를 하고 있다 하더라도, 그들은 영업사원이 제시한 해결책에 대해 본능적으로 이의를 제기할 것이다. 그중에 하나는 단순히 영업사원이 제시한 해결책이 구매자의 니즈를 완전히 만족시키지 못할 수도 있다는 염려이다. 비싼 가격, 배송시간, 계약서의 조건 등의 무수한 잠재적인 걱정에 대한 이의이다. 이러한 걱정 혹은 반론은 거래적 영업환경 뿐만 아니라 관계중심적 영업환경에서도 발생한다. 비록 관계중심적 영업환경에서 구매자와 판매자간의 상호작용은 대립적인 것과는 거리가 멀지만, 그래도 구매자는 반론을 제기하고 상호 협상은 여전히 존재한다.

(4) 마무리와 후속조치

관계지향적 영업의 가장 큰 장점 중 하나는 친밀한 관계와 상호신뢰 그리고 장기적인 구매자와 판매자 관계에 내재하는 상호 존중이 판매 과정에서의 마무리에 대한 부담을 덜어준다는 것이다. 이론적으로 이것은 판매자와 구매자가 관계의 맥락 속에서 만족할 만한 상호목표를 찾는 과정 내내 개방적으로 의사소통을 하기 때문이다. 상호 추구하는 주요 가치가 가격이 아니고 제품이나 서비스의 이미지와 같은 다른 측면이기 때문에 구매과정에서의 협상은 가격에 대한 것이 아닌 부가적인 가치에 중점을 맞추어야 한다. 그러므로 관계지향적 영업에서 마무리(다른 말로 종결: closing)는 구매의사결정을 위한 의사소통의 자연스러운 과정이 된다. 하지만 많은 거래에서, 마무리 단계는 상호 어색함과 이익창출의 의미 때문에 구매자뿐만 아니라 판매자들도 어려워하는 단계이다.

관계지향적 영업은 수익성 있는 장기 고객을 확보, 구축, 유지하는 것이 중심 목표라는 것을 기억하자. 영업과정에서 영업사원들은 '확보'와 '구축' 부분에 많은 시간을 투자하여 일하는 경향이 있다. 그러나 실질적으로 영업사원은 성공 가능성이 있고 수익성이 있으며 만족하는 고객에게 집중하고 이들과 장기적 관계를 유지하기 위한 전략을 개발해야 한다. 이 과정에서 중요한 부분은 후속 조치이다. 이것은 판매 이후의 서비스를 포함한다. 효과적인 후속조치 중 하나는 영업사원이나 기업이 서비스 질, 고객 만족, 고객 유지와 충성도에 대한 고객 인지를 개선시키는 것이다. 이러한 쟁점들은 성공적인 관계지향적 영업의 핵심이다.

많은 영업 사원은 "덜 약속하고 더 해주기" 위해 노력하는데 이는 구매자를 기쁘게 하기 위해 그들이 약속한 것보다 더 많은 것을 제공하도록 영업 사원들에게 강조한 유명한 명언이다. 고객 기대를 관리하는 것은 성공적인 장기 관계를 개발하는 데 중요한 부분이다. 고객 기쁨, 혹은 놀랄 정도의 엄청난 고객 기대는 고객 충성도를 얻는 강력한 방법이다. 그러나 지나친 약속은 첫 거래를 가능하므로 거래적 판매 환경에서는 효과가 있었을지는 모르지만, 이후에 불만족한 고객은 재구매를 하지 않을 뿐만 아니라 많은 사람들에게 그 영업사원이나 그 기업과 제품에 대해 부정적으로 말할 것이다.

(5) 고객 관계 설립에서의 후속 조치의 중요성

영업과 마케팅에서 가장 중요한 것은 최고 수익성 있는 비즈니스 고객을 유인하고 유지하는 것이다. 이것을 달성하기 위해, 고객과의 관계를 구축하여 발전시키고, 육성하고, 확장시킬 수 있는 고객 전략을 고안하고 실행해야 한다. 기업의 수익은 오직 유지하는 고객으로부터의 수입이 비용을 초과할 때 발생한다.

　　장기 사업 성공과 장기 고객 관계 사이에는 강한 상관관계가 있다. 성공적인 비즈니스는 고객 선택부터 고객 확보, 고객 유지, 고객 성장까지의 모든 단계에서 고객 수명 주기를 극대화시킨다. 특정한 수준의 신뢰나 안정이 형성되면, 대부분의 고객은 기업과 그들의 제품에 충성을 다하고자 한다.

　　고객 선택과 확보는 고객 관계 수명 주기(Customer Relationship Life Cycle)의 시작이다. 이상적으로 기업은 오직 높은 가치와 낮은 소모 위험을 겨냥해야 한다. 새로운 고객을 얻기 위한 비용은 기존의 고객을 유지시키기 위한 비용보다 훨씬 크다. 산업에 따라, 전문가들은 기존의 고객을 유지시키고 개발하는 것 보다 새로운 고객을 얻는 비용이 5~10배 가량 크다고 말한다.

　　고객 수명 주기의 유지 단계에서는, 기업은 가치를 제안함으로써 고객을 유지한다. 이것은 고객이 더 이상의 것을 찾아볼 필요가 없음을 확인시켜 주는 것이고, 이를 위해 최상의 품질의 서비스를 제공하는 것이 합리적이다. 당신의 고객 관계가 신뢰, 협동, 공동 작업에 기반할 때, 고객은 더욱 당신의 새로운 아이디어를 들으려 할 것이고, 새로운 제품이나 서비스를 시도해 보려고 할 것이고 당신을 장기적, 신뢰감 있는 파트너로 인식할 것이다.

　　상식 있는 비즈니스의 소유주 또는 경영자는 현존하는 고객 관계를 발전시키는 데 드는 비용을 이해한다. 만약 좋은 관계가 성립되면, 고객들에게 상향판매(up-selling)나 교차판매(cross-selling)를 하기가 쉬워진다. 만약 고객의 비즈니스가 성장하고 있다면, 당신의 제품이나 서비스에 대한 수요도 증가할 가능성이 있는 것이다.

고객의 수명 주기의 성장 단계에서는, 현존하는 고객의 가치를 증가시키는 것이 궁극적인 목적이다. 많은 조직들은 고객의 "평생가치"라는 면에서 생각한다. 고객 성장 전략은 일반적으로 기업의 제품이나 서비스에 대한 범위를 확장시킴으로써 고객의 비용을 함께 부담해 나가는 것에 초점을 맞춘다.

그러나 지속적으로 새로운 고객을 확보하는 중요성에 대한 인식을 또한 잃지 않는 것이 중요하다. 다른 말로, 만약 당신의 기업이 누구에게나 혹은 오직 소수의 현재 고객에게만 집중한다면, 기업의 미래 성장은 위험해질 수 있다. 따라서, 하나 혹은 적은 고객에 의한 구매 비중이 크다면 주의를 기울여야 한다. 그러므로 현존하는 고객에게 서비스 하는 것과 새로운 고객을 얻는 것에 대한 균형은 반드시 맞추어야 한다.

이런 균형을 만들고 관리하는 것은 관리에 있어 가장 중요한 도전과제가 될 수 있다. 그러나 CRM의 적용은 이러한 도전 과제에 대한 해결책을 제시한다. CRM은 전망, 판매, 서비스를 포함하여 기업이 고객과 상호작용하는 모든 관점을 관리하는 과정이다.

이러한 접점 관리를 위해 영업사원이 고객 관계를 강화시키고 고객을 형성하고 종속시키는 데 쓸 수 있는 몇 가지 고객 접점이 있다.

- 이메일 메시지, 신문, 설문조사: 제품·서비스 업데이트 제공, 제품과 서비스 홍보, 소식·이벤트 알림
- 피드백 분석: 고객의 인풋(input)에 대한 요구, 포착, 실행
- 시장조사: 고객의 시장, 전략, 목표를 조사
- 고객 충성: 충성도 실행, 친밀감, 보상 프로그램
- 관계 설립: 대화를 유지하고 신뢰 기반의 관계를 구축하기 위한

말하고 듣기

- 접근성 향상: 고객이 당신에게 접근하기 쉽게 하기
- 고객 만족 향상 프로그램 기획: 문제나 이슈를 해결하고 고치기 위한 방법을 제공하는 고객 만족 정책 실행하기
- 고객 참여: 베타 테스트, 표적집단, 시험 등을 통한 고객의 제품 개발이나 강화 활동에 참여시키기
- 고객 요구 예측: 그들의 비즈니스, 구매 패턴, 효과적인 사전 해결책에 대한 요구 배우기
- 필요한 지원: 가치를 더하고, 진정한 파트너가 되고, 고객이 결과를 이루는 것을 돕는 방법 찾기
- 도움 라인 구축: 지지, 서비스, 충고, 정보 제공

고객 관계 설립에서, "인간적 접촉"의 가치를 더해야 한다. 그리고 당신의 고객이 "사람"이란 것을 명심해야 한다. 그러면 영업사원과 고객이 얼마나 많은 공통점이 있는지 놀랄 것이다. 인간적 관계를 만드는 것은 지속적인 관계를 유지할 수 있게 만든다. 그리고 영업사원의 이러한 노력은 비즈니스 반복, 추천, 만족, 충성 고객으로 보상받을 것이다.

(6) 자기관리

영업을 독특하고, 도전적이고, 수익성 있게 만드는 다양한 특성이 있다. 많은 사람이 영업이 매력적인 직업 선택이라고 하는 것 중의 하나는 자율성 때문인데, 이는 영업 사원이 활동하며 결정을 내릴 때 발휘할 수 있는 독립성의 정도를 뜻한다. 영업 사원은 오늘날, 그들의 관계지향적 영업 전략을 발전시키고 실행하는 데 매우 큰 자율

성을 가지고 있다.

관계지향적 영업은 상호 긴밀하고 건설적이며 수익성 있는 고객과의 장기 관계를 유지하는 것에 초점을 맞춘다. 장기 고객 관계에 대한 초점은 단순한 제품이 아니라 부가 가치 판매를 요구한다. 이것은 고객들이 영업사원이 속해있는 기업과 사업함으로써 얻을 수 있는 다양한 범위의 장점에 대해 의사소통하는 것이다. 부가가치 판매는 오직 가격 중심으로 구매결정을 내리는 것을 떠나서 영업 과정의 많은 것을 변화시켰다.

고객과 경쟁사 등의 시장에 관한 정보는 영업 사원의 효과적인 관계지향적 영업을 수행하는 능력을 배양하는 엔진이다. 많은 기업은 고객 관계 관리의 과정을 지원하기 위해 설계된 기술 중심 정보 시스템을 사용해왔다. 이 시스템의 유형은 CRM이라고 불린다. 이 CRM시스템을 지속적으로 활용하기 위해 정보의 입력과 분석 역량 향상을 위한 자기학습 및 자기관리 역량도 필요하다.

영업관리와
영업환경

Part 2

앞장에서 관계지향적인 영업의 개요에 대해서 살펴보았다.

본장에서는 변화하는 영업환경에는 어떤 상황들이 포함되어 있는가를 살펴보고 또한 그 환경 속에서 중점적으로 관심을 둬야 할 영업관리에 관해서 알아보고자 한다. 우선적으로 영업관리에 대한 개요를 알아보고 영업관리에 영향을 주는 영업 환경에 대해 구체적으로 알아보고자 한다. 이 장의 핵심 이슈는 다음과 같다.

- 효과적인 영업관리에 관한 내용 및 단계를 알아본다.
- 영업사원이 갖추어야할 구체적인 역량에 대해서 살펴본다.
- 영업환경의 내부 환경과 외부적 환경에 대해서 알아본다.
- 내부환경의 구체적인 구성요소에 대해서 알아본다.
- 외부환경의 구체적인 구성요소에 대해서 알아본다.

고객 중심의 조직 문화의 성공과 실패

2007년, 고객의 우편함에 약 10억 개의 DVD를 배달한 후 넷플릭스(Netflix)는 자사 고객이 다른 무언가, 즉 원할 때 바로 시청할 수 있는 저렴하면서도 접근성 높은 엔터테인먼트물을 선호한다는 사실을 깨달았다. 또한 현재 비즈니스 모델에 혼란을 야기할지라도 보다 고객 중심적인 기업으로 변화할 필요가 있음을 인지하고 구독 서비스라는 개념으로 월 얼마의 정가제를 도입하여 문한대의 컨텐츠 서비스를 고객에게 제공하였다. 이 과정에서 '우리는 고객 중심은 무엇을 의미할까?'라는 질문에 답을 할 수 있다. 고객중심은 고객이 필요로 하는 것, 그리고 이를 제공하는 방법에 대해 기업은 무슨일이 있어도 해법을 찾아야 한다는 강박적 지식을 의미한다. 넷플릭스는 고객중심이라는 철학에 맞추어 영리한 행동을 취했다. 넷플릭스의 동영상 스트리밍 서비스는 큰 인기를 얻었을 뿐만 아니라 우리가 TV와 영화를 소비하는 방법을 모두 변화시켰다. 반면, 경쟁사인 DVD 대여 업체의 원조이자 대기업인 블록버스터(Blockbuster)는 고객중심이 아니라 자사가 가진 제품과 서비스에 안주하고 이러한 시장 변화에 적응하는 데 실패했고 역사 속으로 사라졌다.

1. 영업관리

고객 중심이라는 기업의 가장 중요한 것 아래에 또 다른 관계지 향적 영업에서 고려해야 하는 핵심 과정은 영업관리과정이다. 이는 관계지향적 영업에 관여하는 영업 사원을 관리하는 것으로 동기부여, 채용과 선발, 훈련과 개발, 보상과 성과금, 영업사원 능력평가 등 5가 지의 세부 과정에 관련된 내용이다.

(1) 동기부여

심리학자는 동기를 ① 특정 업무에 대한 초기 행동, ② 그 업무 에 대한 특정한 수준의 노력, ③ 오랜 시간 노력을 지속하는 것과 관 련된 개인의 선택을 나타내는 일반적인 표식으로 본다. 따라서 명확 성을 위해, 동기를 간단하게 각 활동이나 업무에 쏟는 영업사원이 결 정한 노력의 양이라고 생각하자. 이것은 수익성 있는 장기 고객의 확 보, 구축, 유지를 위한 모든 구성 요소를 포함한다. 이 동기에 대한 일반적인 관점은 기대 이론(expectancy theory)에 기반하는데 이는 영업 사원이 업무에 투자하는 노력을 추산하는 것은 기대된 성과와 보상에 의해 영향을 받는다.

(2) 채용과 선발

거래적인 것에서 관계적 접근으로 영업의 초점이 옮겨 가면서 요구되는 다양한 능력과 함께 성공적인 영업 역할을 수행하는 데 필요한 지식 구성 요소 또한 변화하고 있다. 관계지향적 영업이 성공하기 위해서는 우선 사람이 필요하고 즉, 새로운 영업 사원을 모집하고 선출하는 것이 첫 단추이다. 저자가 몇 년 전에 다양한 산업군에 속한 영업관리자를 대상으로 한 조사에서 관리자들은 다음의 7가지 요소가 성공한 영업사원의 중요한 특성이라고 언급했다. 각각의 이슈는 물론 관계지향적 영업을 기반으로 한다.

- 듣기 능력: 고객에게 말을 잘하는 것보다 고객의 말을 잘 듣는 것이 훨씬 중요하다.
- 후속 조치 능력: 고객과 약속한 것은 항상 후속조치를 잘 취해야 한다.
- 상황에 따른 영업 스타일 적응 능력: 변화하는 상황이나 고객의 니즈에 맞게끔 영업 전략을 변화시킬 줄 알아야 한다.
- 끈기(직무 고수): 사람을 한 번에 설득하기란 어렵다. 고객에게 끈기 있게 정성을 다해야 한다.
- 조직적 능력: 요즘처럼 경쟁이 치열한 상황에서는 팀 능력이 필요하다.
- 구두 의사소통 능력: 설득 시에 주요포인트는 차별적인 한두 가지 요소를 간결하게 증거를 가지고 보여주는 것이다.
- 기업고객의 조직내부의 모든 수준에 있는 사람들과의 상호작용 능력: 기업고객은 개인이 담당자이기도 하지만 보통은 의사결정자, 구매담당자, 영향력자 등 다양한 사람들이 존재한다. 이들과의 상

호작용방법을 강구해야 한다.

(3) 훈련과 개발

비록 고객 관계를 관리하는 영업 사원의 능력이 일반적으로 영업의 실행과 영업경험을 향상시키지만, 영업사원이 업무 수행 중에 경험을 통해 스스로 능력을 얻는 것을 기대하는 것은 효율적이지 않다. 심지어 그냥 내버려두고 지켜만 보다가 구매 가능성이 높은 고객도 미숙한 영업 사원의 실수 때문에 놓쳐버릴 수도 있다. 따라서 대부분의 기업은 공식적인 훈련과 개발 프로그램을 갖추고 새로운 영업 사원에게 영업에 관한 실무 지식과 능력을 향상시키기 위해 많은 투자를 한다.

이러한 교육 훈련은 영업 업무에서 영업사원이 성공하기 위해 필요한 특정한 능력이나 지식 등을 제공하는 것에 초점을 맞춘다. 장기적으로 인력 개발프로그램은 영업 사원에게 장기적인 경력관리에 대한 정보를 제공하여 영업사원이 보다 전문적으로 성장하고 장기적인 목표를 실현할 수 있게 도움을 준다. 기술의 급진적 변화, 글로벌 경쟁, 다양한 산업 내의 고객 요구는 더욱 더 영업 조직 내 효과적인 훈련이 필요하게 만들고 있다.

(4) 보상과 성과금

영업사원은 자신의 영업 성과와 이에 대한 보상에 매우 민감하다. 이들은 직무수행을 잘 한 것에 대한 보상에 매우 민감하고 자신의 성과에 매우 큰 자부심을 가지고 있다. 특히 전문성이 강한 영업 사원들은 자신의 투입한 노력에 대한 대가를 공정하게 지급 받는 것을 기대한다. 영업 직무를 수행하면서 다양한 관점에서 노력을 투자

하는 이유는 주어진 직무의 성과에 대한 보상을 기대하기 때문이다. 성과가 좋으면 보상을 받아야하고 이는 다시 더 열심히 노력을 하게 만드는 것이 보상의 순기능이다. 보상은 성과에 대한 평가를 기초로 다양한 금전적, 비금전적 형태를 가지고 있다. 금전적 보상은 성과금을 포함한 물질적 보상을 의미한다. 비금전적 보상은 칭찬과 포상을 비롯한 더 나은 영역 혹은 관리 포지션으로 승진, 혹은 개인적 발전의 기회를 포함한다. 저자가 우리나라 영업사원을 대상으로 한 연구에서 영업사원들은 금전적 보상보다 비금전적 보상에 더 많은 동기부여를 받는다고 한다.

관계지향적 영업으로의 변화에 따른 영업 사원의 역할 변화 중 한 가지는 오늘날의 영업사원은 특정한 고객 관계를 관리하기 위해 종종 팀의 일원으로 일한다는 것이다. 최근 영업의 트랜드 중 하나가 이 팀기반의 영업이다. 팀 기반 영업은 보상이 개인적인 것과 팀 관점의 보상 두 가지 모두의 관점에서 이루어져야 하는 것을 원칙으로 한다. 이처럼 최근의 영업은 영업사원이 기대하는 바와 같이 보상과 성과급은 팀 수행으로 평가되고 또 한편으로는 개인적 능력으로 평가된다.

(5) 영업사원 능력 평가

영업관리 과정의 마지막 관점은 영업사원의 능력을 평가하는 것이다. 판매와 고객관계관리에 대한 팀 기반의 접근은 때로는 영업관리자가 개인의 능력을 평가하거나 적절한 보상을 결정하는 것을 더 어렵게 만든다. 어떻게 개인을 평가할 것인가? 최근에 영업사원에 대한 개인적인 능력과 성과평가에서 중요하게 대두되는 것이 효과성에 대한 것이다. 과거에 영업사원의 능력 평가가 얼마나 주어진 자원을 효율적으로 사용하는 것인가라면 지금은 얼마나 효과적인 성과를 만들어내는가로 변화된 것이다. 공정하고 합리적인 보상을 관계지향적 접근에 기초하여 새로운 영업의 역할과 연결해서 관리해야 하고 이는 오늘날 영업사원들에게 동기부여를 하는 방법으로 매우 중요한 것이다.

2. 영업 환경에 대한 고려

관계지향적 영업을 둘러싼 외부 환경은 영업사원의 영업과정이나 영업관리 과정이 변화가 없는 정적인 것이 아니라 기업(내부 환경, 즉 조직적 환경)과 관련 있는 여러 이슈를 포함하고 있는 변화무쌍한 동적인 환경이다. 이러한 외부 환경은 어떤 부분은 기업이 통제가능하지만 대부분의 경우는 통제 밖에 있는 이슈이다. 이 책을 읽는 독자들은 저자가 주장하는 여러 가지 영업활동과 전략 그리고 내부 조직 등의 이슈는 반드시 외부환경과 결부시켜서 생각을 하고 해법을 찾아야 하는 것들임을 인지하고 있어야 한다.

(1) 내부 환경

영업 조직의 정책, 자원, 조직구조 등은 내부 환경의 중요한 부분을 구성한다. 영업 사원과 그들의 관리자는 정책을 만들고 결정을 계획하는 데에 그들의 참여 때문에 장기적으로 조직적 요소에 영향력을 가지고 있다. 그러나 단기적 관계지향적 영업 계획은 조직적 제한을 만족하는 쪽으로 설계되어야만 한다. 내부 환경의 구성요소는 6개의 큰 카테고리로 나눠질 수 있다: ① 목적, 목표, 문화, ② 인적 자원, ③ 재정 자원, ④ 제품, 공급망 역량, ⑤ 서비스 역량, ⑥ R&D,

기술적 역량.

① 기업의 목적, 목표, 문화

성공적인 고객 관계 관리는 기업 강령의 최 상위 관리의 전문성과 고객 중심 조직을 만드는 목표에 의해 시작된다. 강령과 목표가 변화하면, 고객 관계 계획은 반드시 달라져야 한다. 최고 관리의 가치와 신념을 담은 잘 정의된 강령은 강한 기업 문화의 발전을 이끈다. 이러한 문화는 고용자들의 태도와 행동을 만들고 계획, 정책, 영업사원과 그들의 관리자가 실행하는 과정에서 의사 결정하는 것을 돕는다.

우수한 영업 조직의 공통점은 그들만의 독특한 조직 문화를 가지고 있다는 것이다. 그리고 이 조직문화의 중심에는 고객이 있다. 이 기업들은 모든 방법을 통해 고객에게 가까이 있으려고 하고 고객에게 가까이 가는 것에 초점을 맞추고 있다. 이러한 기업들의 고객 중심 문화는 기업의 비전, 목적과 목표에 내포되어 있다. 그리고 기업의 최고경영자의 영업 조직에 대한 1순위는 고객 중심 문화를 건설하는 것이다.

② 내부 환경의 구성요소

㉠ 인적자원

현대의 영업 조직은 매우 복잡하고 역동적이다. 관계지향적 영업을 성공적으로 이끌어 온 대부분의 영업 조직 내 사람들은 중대한 도전을 만든다. 영업 포지션에 맞는 사람을 고용하고 그들을 훈련시키는 데에는 많은 시간이 들기 때문에, 영업 조직이 새 제품에 대한 이점을 확보하고 이를 활용하여 시장을 확산시키는 것은 어려운 일이다. 그러나 때때로 기업은 외부 대행 업체나 전문가에게 수수료나 시간 당 요금을 지불하여 지식이 풍부한 조직 구성원의 부족함을 보완할 수 있다. 예를 들어, 많은 기업은 특히 외국 시장과 같은 새로운 시장에 진입할 때, 유통업자를 사용한다. 왜냐하면 그 시장을 잘 이해하고 있으며 이미 존재하는 영업 조직을 사용하는 것이 시장 진입의 관점에 속도를 낼 수 있기 때문이다.

ⓛ 재무적 자원

조직의 재무적 강점은 기업의 고객 관계 계획과 실행에 많은 영향을 미친다. 빠듯한 예산은 새로운 부가 가치 제품을 개발하는 기업의 능력과 홍보에 필요한 예산과 판매 조직을 제약할 수 있다. 기업은 때때로 시장 내에서 미래의 잠재적 성장을 위해 필요한 재무적 자원을 획득하기 위해 다른 기업을 인수·합병하는 급진적인 방법을 선택하기도 한다. 재무적 자원은 사람의 인체의 혈관과 같은 것이다. 사람도 혈관이 막히면 건강이 안 좋고 급사를 할 수 있다. 기업도 재무적인 자원의 흐름이 좋아야지 그렇지 못하면 기업의 존재 자체가 위험해질 수 있다. 그리고 영업도 많은 투자가 필요한 분야이다. 따라서 기업의 재무적 자원의 건정성이 매우 중요하다.

ⓒ 제품과 공급망 역량

조직의 제품이 가지고 있는 품질과 브랜드 명성 등의 역량과 우수한 제품을 만들어내는 기업만이 가진 특허와 기술, 그리고 기계 등의 설비와 생산 시설등은 영업사원들의 영업활동에 중대한 영향을 미칠 수 있다. 이는 전쟁에서 보병이 포병과 공군의 지원을 받으면서 전투를 치르는 것과 같은 이치이다. 전투에서 이런 지원 사격이 없이 보병이 돌격하는 것은 죽음으로 전진하는 것과 같다. 특히 현대전에서는 더욱 그러하다. 영업사원이 신이나서 영업활동을 하기 위해서는 제품의 품질이 확보가 되어야 하고 생산과 공급이 원활하게 진행되어야 한다. 관계지향적 영업을 통해 증가하는 수요를 감당할 생산 능력이 없거나 높은 물류 비용 등은 제품의 가격을 비경쟁적으로 만들기 때문이다.

㉣ 서비스역량

이제는 제품만으로는 경쟁에서 우위를 가지기 어려운 시대이다. 영업 이후에 다음 단계에서 높은 수준의 서비스를 전달하는 것은 더 이상 강조할 필요가 없는 중요한 경쟁 우위요소이다. 사실상 서비스를 제공하는 조직이 별도로 존재하는 경우도 있지만 대부분의 고객들은 이 부분을 영업사원에게 의존한다. 지속적으로 높은 수준의 서비스를 제공하는 영업 조직의 능력은 전체 관계 영업 과정에서 가치를 더하는 중요한 자원이다. 기업은 시장에서 경쟁사보다 상대적 강한 이점을 얻기 위한 좋은 서비스를 제공하는 데 노력하고 있고 (a) 같은 고객을 두고 경쟁하는 다른 기업, (b) 가격적 이점을 제공함에도 불구하고 경쟁자에게 이동하는 고객, 이 둘 모두를 관리하기 위해 노력하고 있는 것이다.

㉤ R&D와 기술적 역량

조직의 신제품 개발을 위한 연구개발 역량을 나타내는 기술자들의 기술적 역량은 기업의 미래를 나타내는 매우 중요한 지표이다. 기술적 역량은 부가 가치가 높은 제품을 제공하고 질 높은 서비스를 제공함에 있어서 산업의 리더가 될 것이냐 후발 주자가 될 것이냐를 결정하는 매우 중요한 요소이다. 품질측면에서의 우수함은 기업의 마케팅과 영업 과정에서 사용할 수 있는 주요 홍보 도구가 될 수 있다. 왜냐하면 고객은 기술적인 측면에서 앞서가는 혁신자나 산업 리더에게 매력을 느끼기 때문이다. 기업이 기술분야, 특히 관계지향적 영업 목적을 만족시키는 우수한 기술에 매우 많은 투자를 할 때, 영업 사원은 고객과 기업의 미래에 대해서 대화할 수 있는 것이다. 게다가 이역량은 판매를 위해 가격에 지나치게 의존하는 덫을 피하도록 해준다는 것이다.

(2) 외부 환경

외부 환경 요소는 내부적 환경 요인과는 달리 기업 구성원인 영업 사원이나 관리자의 직접적 통제에 있지 않다. 기업은 정치적 로비, PR 캠페인과 같은 것을 통해 외부 환경에 영향을 미치는 것을 시도하기도 한다. 하지만 많은 부분에서 영업 사원과 영업관리자는 반드시 존재하는 환경에 어떻게 적응할 것인가를 고민하고 변화에 맞추기 위해 고객 관계 계획을 기획하고 실행해야 한다. 외부 환경의 6가지 카테고리는 ㉠ 경제적, ㉡ 정치－법률, ㉢ 기술적, ㉣ 사회－문화적, ㉤ 자연적 환경, ㉥ 인구통계학적 환경으로 구분된다.

① 외부 환경의 구성요소

㉠ 경제적 환경

경제학적인 교환을 가능하게 하는 기본적인 단위는 화폐이다. 사람과 조직은 구매력(돈)이 없다면 재화나 용역을 구매할 수 없다. 제품에 대한 잠재적인 수요는 국가의 경제적 상황에 따라 달라진다. 경제성장률, 실업률, 인플레이션, GDP 등의 경제적 지표는 그 나라의 국민의 구매력과 직결된다. 영업관리자는 시장 기회를 분석하고 영업

예측을 개발할 때 반드시 이러한 경제적 요소들을 고려해야 한다. 국내 상황뿐만 아니라 글로벌 경제 상황 또한 많은 기업이 수익을 만드는 것에 영향을 끼친다는 것을 기억하여야 한다. 모든 종류의 기업이 일반적 재정과 2008년에 시작된 세계적인 경제위기에 의해 만들어진 신용 규제에 의해 영향을 받는 것이 그 이유이다. 그리고 이것은 제품과 시장의 성장을 위한 지속적인 투자를 어렵게 만든다.

경제적 환경의 두 번째 관점은 산업 내 이미 존재하는 유통 구조이다. 유통구조는 크게 도매업자와 소매업자로 구분되지만 더 포괄적으로는 기업이 제품을 유통하기 위해 사용하는 다양한 중개업자의 유형과 능력을 포함한다. 많은 기업의 유통을 통한 판촉 및 판매 노력은 이러한 중개업자와의 관계를 구축하고 우리 기업의 제품에 대한 마케팅 지지와 영업을 하도록 설득하는 것이다.

경제적 환경의 세 번째 관점은 기업의 산업 내 경쟁의 양과 경쟁하는 기업의 수와 각각의 상대적 강점이다. 이상적으로 기업의 고객 관계 계획은 경쟁자 대비 다른 이익을 얻는 것으로 설계되어야 한다. 예를 들어 경쟁자의 낮은 가격에 경쟁하는 것 보다, 00사는 경쟁사보다 10 내지 20 퍼센트 더 높게 가격을 책정하고 우수한 제품 품질과 완벽한 서비스에 의해서 강력한 산업 구조에서 성공을 거두었다. 경쟁적인 위협을 저지시키는 가장 좋은 방법은 가격보다 제품이나 서비스의 부가 가치 관점에서 영업 메시지에 초점을 두는 것이다.

영업 사원은 매일 그들의 경쟁자와 정면으로 맞서기 때문에 그들은 종종 경쟁 전략과 행동에 대한 변화를 최초로 관찰한다. 한가지 중요한 것은 다른 조직들이 영업 조직으로부터 정보를 얻기 때문에 기업이 그러한 관찰을 기반으로 대응할 수 있는 것이다. 앞서 다룬 CRM 시스템은 이러한 경쟁적 정보를 관리하는 것에 대한 기반 시설을 제공한다.

 불황에 립스틱 잘 팔리고 미니스커트 착용한다는 속설 진짜인가?

경기불황의 지표로 화장품과 의류, 먹을거리와 관련된 것들이 많다. 불황에는 빨간색의 립스틱이 잘 팔린다거나 여성의 스커트 길이가 짧아진다는 속설들이 그것이다. 음식도 매운 것을 찾는 사람이 늘어나고 심지어 성생활용품까지 불티나게 팔린다는 통계까지 있다. 실제 불황을 알리는 지표로 '립스틱 효과(lipstick effect)'나 '립스틱지수(lipstick index)', '치마길이이론(skirt-length theory)'이란 용어까지 생겨났다.

립스틱효과는 여성들이 경기가 어려워지면 전체적으로 소비를 줄이는 대신 립스틱처럼 작고 값싼 제품으로 자신을 과시할 방법을 찾는다는 데서 나온 말이다. 1930년대 대공황기에 산업별 매출 통계를 근거로 만들어진 경제학 용어다. 즉 불황기에 돈을 최대한 아끼면서도 품위를 유지하고 심리적 만족을 추구하는 소비자의 소비성향을 의미한다. 미국의 세계적인 화장품 메이커인 에스티 로더(Estee lauder)는 립스틱 판매량과 경기의 상관관계를 보여주는 '립스틱지수'라는 것을 만들었다. 에스티 로더의 레오나드 로더(Leonard Lauder) 회장은 2001년 9·11 사태 이후 립스틱 판매가 급증하고 있는 사실에 착안, 이와 같은 지수를 만들었다. '매니큐어지수'도 함께 만들었다. 실제 2001년 하반기 에스티 로더의 립스틱 판매량은 11%나 증가했다. 색깔도 이전까지 주류를 이루던 자연색 대신 화사하고 강렬한 붉은색과 와인색 립스틱이 인기를 끌었다. 국내에서도 글로벌 금융위기가 닥친 2008년 유명 백화점의 하반기 립스틱 매출이 전년과 비교해 20~30% 증가했다. 이처럼 불황기에는 화장품처럼 심리적 만족을 주는 상품에 대한 지출이 오히려 증가하며 증가 속도도 다른 제품보다 빠르다.

또 다른 대표적인 속설 중에 "불황일수록 미니스커트가 유행한다"는 것이 있다. 이 말은 그럴 듯하게 들린다. 이 속설은 정말일까? 하지만 세계 역사상 가장 큰 불황이었던 1929년 미국 대공황 때 여성들의 치마 길이가 발등을 덮을 만큼 길었던 것을 보면 이 속설은 그대로 믿기 어렵다. 한국에서는 IMF관리경제체제 직후인 2003년부터 미니스커트가 다시 유행하기 시작했다. 마침 그때 경기가 급속히 악화되면서 이 속설은 들어맞는 듯 보였다. 불황기에는 주머니가 가벼워지기 때문에 여성들이 원단이 적게 들어 가격이 상대적으로 싼 미니스커트를 선호하게 된다는 것이다. 다른 해석도 있다. 경기가 나빠지면 여성들이 초라해 보이지 않기 위해 되도록이면 짧고 도발적인 옷차림을 선호하고, 옷에 투자할 여유가 없을수록 오히려 더 튀는 옷가지를 구입하려는 심리가 작용해 불황기에 미니스커트를 더 찾는다는 것이다.

경기침체되면 먹거리도 매운 것 잘 팔린다

먹을거리에도 경기불황과 관련돼있다고 한다. 바로 매운맛이다. 경제가 어려워지면 사람들이 매운 맛을 찾는다는 것이다. 어느 정도 근거는 있다. 매운 맛이 뇌에서 천연 통증 치료제 엔도르핀 분비를 촉진하고 이로 인해 머리가 맑아지는 느낌이 들게 한다는 것이다. 한의학에서도 매운 맛은 기운을 발산하는 효능이 있어 우울한 기분을 해소하는 역할을 한다고 설명한다.

실제 삼성경제연구소는 '2004년 10대 히트상품'으로 매운맛 제품을 선정하기도 했다. 이 때문에 닭고기를 비롯한 오징어, 햄버거, 돼지고기, 떡볶이에 어묵까지 빨간색이 아니면 명함도 못 내밀 때가 있었다.

[출처] 정아희 기자, 2015.01.30., 데일리코스메틱.

ⓛ 정치-법률 환경

국가의 운영을 책임지는 정치적 요소와 법률적 요소는 모든 조직에 큰 영향을 미친다. 영업활동에서도 법률적 문제는 독점 금지(독과점 금지법), 광고에 대한 신뢰 문제(유해물 광고규제), 제품의 책임 소재, 신용 배포, 교환, 제품 소유권 등 다양한 이슈들을 포함한다. 게다가 정부의 모든 수준에서 관여하는 정치적 이슈는 시장과 영업 지역에서 많은 변화를 가져온다. 영업 조직은 항상 사업을 하는 것과 관련하여 법을 염두에 두고 있어야 하고, 계획과 전략을 개발할 때, 법과 정치적인 부분을 고려하여야 한다. 또한 영업 사원이 그들의 역할과 영업

활동에 대한 법의 영향에 대해서도 훈련 받는 것은 매우 중요하다.

앞에서 말했듯이, 윤리는 법과는 다르게 해석할 수 있다. 어떤 부도덕한 것은 기술적으로 불법이지만, 어떤 것은 아닐 수도 있다. 기업이 탈세를 하는 것은 비윤리적이고 불법이지만 어떤 부분에서 절세를 하는 것은 비윤리적이기는 하지만 합법이다. 주류와 담배 등을 판매하기 위해 광고를 낮 동안에도 적극적으로 하는 것은 비윤리적이고 불법이지만 밤늦은 시간에 광고를 하는 것은 비윤리적이지만 합법이다. 남양 유업의 사례에서도 보듯이 많은 이유가 관계지향적 영업과 영업관리 상황에서 매우 윤리적인 행동을 취하는 것이 요구된다.

 남양유업의 사례

남양유업이 끝없이 추락하고 있다. 지난 13일 자사 발효유 '불가리스'가 코로나19 바이러스를 억제한다는 엉터리 연구 결과를 발표했다가 여론의 뭇매를 맞았다. 최근엔 경쟁사 제품 디자인 표절 의혹으로 소송전까지 휩싸였다. 연이은 논란 자체도 문제지만 논란에 대응하는 태도가 더욱 문제라는 의견이 다수다. 매번 제대로 된 반성 없이 책임 회피에만 급급하다는 지적이다.

추락의 시작은 '갑질' 논란

지난 2013년 남양유업은 지역 대리점에 우유를 강제로 떠넘기고 영업사원에게 폭언을 퍼부은 사실이 알려져 전 국민의 공분을 샀다. 이 같은 사실이 알려지자 남양유업은 대국민 사과를 하고 재발 방지를 약속했지만 소비자들은 하나둘 불매운동에 나섰다. 같은 해 사건이 또 터졌다. 여직원들에게 성차별적 인사를 해왔다는 의혹이 일었다. 한 언론사가 단독 보도를 통해 여직원들이 결혼하면 계약직으로, 임신하면 퇴사를 종용했다고 전한 것이다. 당시 보도로 남양유업은 대중들에게 '갑질 기업'으로 인식되며 본격적인 불매운동이 시작됐다.

'말로만 사과' 꼬리 자르며 책임 회피

이후 남양유업은 브랜드를 전면에 내세우는 전략을 택했다. 2014년 런칭한 아이스크림 전문 매장 '백미당'을 시작으로 루카스나인, 모리나가 우유 등을 선보였다. 브랜드와 제품 자체로 평가받겠다는 의도였다. 하지만 소비자들의 반응은 냉담했다. 온라인 커뮤니티나 SNS 등에 '남양'과 관련된 브랜드와 제품을 알리며 불매운동을 독려하는 글들이 주기적으로 올라왔다.

소비자들이 이렇게까지 집요하게 불매운동을 하는 이유는 명확하다. 남양유업이 논란마다 적극적으로 반성하는 모습을 보이지 않았기 때문이다.

2019년 남양유업 창업주 외손녀로 알려진 황하나씨가 마약 투약 혐의로 기소됐을 때도 마찬가지다. 홍원식 남양유업 회장이 직접 사과문을 올려 기업 경영과 황씨는 전혀 무관하다는 입장을 표했을 뿐 피해 대리점주들에 대한 본사 차원의 지원은 없었다. 지난해에는 홍 회장 등이 직접 홍보대행사에 매일유업 비방글을 사주했다는 의혹도 일었다. 대행사가 맘카페 등 인터넷 커뮤니티에 "매일우유에서 쇠맛이 난다" "목장 위치가 원전과 가까워서 그렇다"는 댓글 등을 조직적으로 게시한 것. 남양유업은 이에 해당 대행사가 자발적으로 비방 댓글을 단 것이라 해명했다. 업계와 소비자들은 '꼬리 자르기'라며 볼멘소리를 냈다.

올해도 남양유업의 '꼬리자르기'는 여전했다. 지난 13일 '코로나 시대 항바이러스 식품 개발' 심포지엄에서 '불가리스'의 코로나19 저감 효과가 77.8%라는 연구 결과가 발표됐다. '엉터리 연구' 논란이 일자 남양유업은 해당 심포지엄은 한국의과학연구원이 주관한 행사라며 기업과 무관하다고 해명했다. 이후 한국의과학연구원이 남양유업으로부터 불가리스 연구 용역을 받은 사실이 밝혀지고 여론이 악화되자 그제야 사과하며 고개를 숙였다.

기업가치의 하락: 업계 2위에서 4위로 추락

남양유업의 방만한 경영 태도는 결국 매출과 기업가치 하락으로 이어졌다. 2012년 매출액은 1조 3,650억으로 유업계 2위였다. 1조 723억 매출을 올린 3위 매일유업을 큰 차이로 앞서고 있었다. 그러나 '갑질' 논란이 일었던 이듬해인 2014년 매일유업에 2위 자리를 내준 후 지금까지 격차는 점점 커지고 있다.

[출처] 투데이코리아, 2021.04.27.

ⓒ 기술적 환경

앞에서 내부적 환경에서 기업이 가진 기술 역량의 영향을 알아보았다. 내부환경과 달리 외부 환경의 기술은 거대 수준의 기술적 트렌드의 전체적 영향에 대해 초점을 맞춘다. 예를 들어 코로나 사태 전후 4차 산업혁명 시대의 도래와 함께 AI와 Big data 기술에 대한 관심이 높아지는 것은 기업의 미래 기술에 대한 투자 방향이나 여러 가지 기업 활동에도 영향을 주고 있다. 이들 중 한 가지 명백한 기술적인 변화의 영향은 신제품 개발에 대한 기회이다. 기술적 진보는 더 빠르게 일어나고 있고 신제품은 많은 산업 내에서 더욱 더 중요해지고 있고 특히 영업에도 많은 변화를 가져오고 있다. 최근의 영업은 컴퓨터와 관련된 제품들에서부터 왔다. 정보화 혁명인 3차 산업혁명 시대의 도래와 함께 컴퓨터의 보급이 급격하게 확산 되었고 초연결과 초융합의 시대인 4차 산업혁명이 도래하면서 컴퓨터와 사물의 연결인 사물인터넷 시대가 열리고 있다. 더불어서 AI는 더 이상 미래의 기술이 아니라 국가의 생존을 좌지우지할 정도로 중요한 기술이 되었고 국가와 기업이 어마어마한 자본을 투입하고 있다. 또한 통신뿐만 아니라 운송 분야에서도 혁신이 일어나서 새로운 New Mobility 분야가 떠오르는 등 기술의 변화는 우리의 삶을 통째로 변화시키고 있다.

대부분의 학자와 전문가들은 신제품의 개발을 이끄는 거대한 기술 환경이야말로 기업의 성공에 더 중요한 영향을 끼칠 것이라고 믿고 있다. 신제품의 빠른 개발은 영업 특히 많은 관계 영업 활동에 영향을 미친다. 새로운 제품에 맞는 새로운 판매 계획과 메시지는 반드시 개발되어야 한다. 영업 사원은 반드시 기술적 지식을 업데이트 하기 위해 재훈련 받아야 한다. 어떤 경우에는 새로운 영업 노력을 증가시키기 위해 신세대 영업 사원을 고용하여야 한다. 그리고 새로운 보상과 능력 평가 시스템은 새로운 영업 역할에 적합하게 설정되어야 한다.

운송수단, 의사소통, 정보 관리에서의 개선은 공략할 목표 고객을 선택하고, 영업 영역을 설정하고, 영업사원 배치 및 영업 사원 능력이 평가되는 방법을 변화시키고 있다. 전통적인 전화 커뮤니케이션의 효율을 증가시키는 것을 포함하여 새로운 의사소통 기술은 관계지향적 영업 기능을 어떻게 수행해야 하는지에 대한 변화를 가져오고 있다. 대부분의 관계지향적 영업은 면대면 의사소통에 의해 형성되었지만 이제는 새로운 기술과 함께 이메일과 SNS를 활용한 비대면 형식의 의사소통의 조합에 의해 성취된다. 결과적으로 많은 영업 직업의 특성, 그리고 영업 사원과 관계지향적 영업 과정을 감독하는 영업 관리자의 역할은 최근 급진적으로 변화되었다.

디지털 혁신기술 확보전략' 수립...디지털 대전환 가속화
  :10대 디지털 분야 혁신기술 육성...R&D 연구체계 혁신방안 등 검토

과학기술정보통신부가 오는 8일 디지털분야 혁신기술 발굴 및 육성을 위한 전문가 검토회의를 개최하고, 디지털 대전환 가속화를 위한 '(가칭) 디지털 혁신기술 확보전략' 수립을 추진한다. 이번 전략은 국가 필수전략기술 선정 및 육성·보호전략 후속조치의 일환으로, 우리나라 디지털 대전환을 가속화하고 디지털 기술 패권경쟁의 주도권을 확보하기 위한 것이다. 특히 10대 디지털 분야 혁신기술 육성을 위한 대책을 포함하고, 디지털 R&D 연구체계 혁신방안도 함께 검토할 예정이다.

디지털 대전환은 산업생산성의 획기적 향상, 국민의 삶의 모습 변혁, 새로운 성장·도전기회 제공 등 세계경제에 막대한 잠재력을 지니고 있다. 이에 세계 주요국은 디지털 대전환의 핵심인 디지털 기술을 미래 패권경쟁의 판도를 가를 열쇠로 보고, 인공지능·6G·양자 등 디지털 기술 선도를 위한 투자계획을 잇달아

발표 하는 등 박차를 가하고 있다.

과기정통부도 지난해 12월에 패권경쟁시대에 대응하고 기술 주도권을 확보하기 위해 AI · 미래통신 등 디지털 기술이 다수 포함된 10대 국가 필수전략기술분야를 선정하고 육성계획을 발표했다. 이번 전략에는 국가 필수전략기술 중 AI, 5G · 6G, 양자, 사이버보안, 지능형 반도체 등 디지털 기술분야와 우주, 첨단로봇 등 디지털 기술 적용을 통해 빠르게 산업 · 기술 고도화가 가능한 분야를 포함시켰다.

이와 함께 국가 필수전략기술로 선정되지는 않았지만 디지털 대전환 가속화를 위한 필수요소로서 집중육성이 필요한 XR 기반기술, 고성능 컴퓨팅, 블록체인 기술 분야도 추가로 포함했다. 아울러 선도형 R&D를 위한 임무지향형 R&D 체계 구축, 후속연구 인센티브 강화 등을 통한 연구몰입환경 조성 등 디지털 R&D 연구체계 혁신방안도 함께 검토할 예정이다.

박윤규 과기정통부 정보통신정책실장은 "앞으로 우리나라 경제회복과 성장, 국민 삶의 질 제고를 책임질 디지털 대전환을 가속화하기 위해서는 강력한 디지털 기술기반을 확보하는 것이 급선무"라며 "디지털 혁신기술 확보전략을 통해 압도적인 디지털 기술력을 구축해 나갈 것"이라고 밝혔다.

[출처] 대한민국 정책브리핑, 2022.03.07., 과학기술정보통신부.

ⓔ 사회문화적 환경

사회의 가치와 공유된 가치인 문화적 요소는 기업의 관계지향적 영업과 영업관리에 다양한 방법으로 영향을 미친다. 기업은 고객의 기본적인 수요를 바탕으로 고객의 성향과 선호 트렌드에 대응하여 신제품을 개발한다. 2001년 미국에서의 9.11테러는 사회 문화적 영향의 생생한 예시가 된다. 사회의 가치는 테러 이후에 가족, 가정, 안전, 안정에 대해 빠르고 날카롭게 변화했다. 영업을 담당하는 직접 판매자는 특히 쇼핑 패턴이나 강도에서 중요한 변화를 발견했다. 직접영업 사원은 일반적으로 고객과의 직접 대면으로 판매 활동을 한다. 특히 고객이 거주하는 가정을 대상으로 영업을 하는 경우가 많다. 가정에서의 영업은 구매자와 판매자 간의 따뜻하고, 친밀하고 신뢰가 높은 관계를 형성하는 것이 매우 중요하다. 대부분의 직접 판매업 혹은 직접 판매산업은 9.11테러 이후에 매우 크게 증가했다. 왜냐하면 고객이 그들의 많은 구매를 가정이라는 따뜻한 분위기의 집에서 하는 것에 대해 끌렸기 때문이다.

반면 2020년 코로나 사태 이후 사람과의 대면 활동이 크게 위축되었다. 직접 영업은 이러한 분위기에 직격탄을 맞았다. 대부분의 고객들이 모바일 등의 비대면 장치를 통해 상담과 주문을 하고 배송시에도 대면을 하지 않고 문앞에 두고 문자를 주고받는 식의 비대면 방식이 대세를 이루고 있다. 이는 코로나라는 특수 상황에서 벌어진 일이기도 하지만 특히 혼자 사는 1인 가구가 증가하면서 모르는 사람과의 대면을 꺼리는 경우도 많아지고 있다. 직접영업의 경우에 어떻게 비대면 상황에서 어떻게 비대면 수단으로 직접영업을 이어나갈 것인가가 매우 큰 숙제이다. 답은 기술의 발달 상황을 잘 활용하고 적용하여 디지털 플랫폼을 만들어 고객과의 비대면 상호작용(Interface)을 잘 활용하는 것이다. 이제 신세대라고 불리는 MZ세대는 이미 이러한 비대면 상호작용에 익숙한 세대이다. 2030세대인 이들의 영향은 4050세대를 비롯한 다른 세대에도 영향을 미치고 있다. 이제는 디지털 전환(Digital Transformation)에서 그 답을 찾아야 한다.

KT, 디지털전환 시장 모든 영역 주도할 것

"클라우드 세계 1위 AWS와 협업", "KT, 디지털전환 시장 모든 영역 주도할 것", "코리아텔레콤(한국통신)이던 KT의 의미를 확장하겠습니다. 이제 KT의 T는 '테크놀로지(기술)'일 수도, '트랜스포메이션(전환)'일 수도 있습니다."

구현모 KT 대표(사진)는 1일(현지시간) 스페인 바르셀로나에서 기자간담회를 열어 이같이 말했다. 구 대표는 '확장'을 여러 차례 강조했다. KT의 성장동력이 될 국내외 신사업을 늘리겠다는 얘기다. 이를 위해 글로벌 플레이어들과 적극 협업한다. 그는 이날 애덤 셀립스키 아마존웹서비스(AWS) 최고경영자(CEO)와 만나 클라우드 협업을 논의했다.

구 대표가 KT의 기존 사업부를 분사해 신설법인을 세우기로 지난달 결정한 KT클라우드 관련 내용이 오갔을 것으로 보인다. KT와 AWS는 각각 국내 1위, 세계 1위 클라우드 기업다. 두 기업은 작년부터 AI · 클라우드 협력을 추진하고 있다. 서로 다른 사업자가 함께 클라우드 서비스를 제공하는 멀티클라우드, 하이브리드 클라우드 사업에서 시너지를 낸다는 계획이다.

KT 클라우드를 쓰는 국내 기업이 해외에 진출할 때 AWS 클라우드를 연결해 주고, 외국 기업이 한국에 올 땐 반대 방향 서비스를 제공하는 식이다. 구 대표는 MWC 2022에서 아시아 대형 통신기업 등과 만나 인터넷데이터센터(IDC) 사업 협력 가능성에 대해서도 이야기를 나눈 것으로 알려졌다.

디지털전환(DX) 사업도 확대한다. 그는 "그간 DX 주요 수요처이던 대기업뿐 아니라 정부, 중소기업, 소상공인을 위한 DX 서비스도 제공할 것"이라며 "인공지능(AI)과 사물인터넷(IoT)을 활용해 DX 방식도 다각화한다"고 했다.

국방 분야를 예로 든다면 기본 인프라를 구축하는 것은 물론 IoT 기술로 무기 전력을 디지털화하는 작업까지 모두 KT가 맡겠다는 구상이다. 메타버스와 증강현실(AR), 가상현실(VR)도 활용한다. KT가 해군사관학교 수업에 디지털트윈 솔루션을 들인 게 대표적이다. 공간이 너무 좁아 여러 명이 한 번에 들어갈 수 없는 잠수함을 디지털트윈으로 만들어 AR · VR 교육을 한다.

구 대표는 "지방자치단체 등에 메타버스 기반 대민업무 솔루션을 제안하는 등 기업 간 거래(B2B)와 기업 · 정부 간 거래(B2G) 신사업에 힘쓸 것"이라며 "KT는 잘 갖춰진 통신 인프라 위에 디지털 서비스를 접목할 수 있어 DX에 적격인 사업자"라고 했다.

구 대표는 "지난 2년간 KT는 AI 역량 강화와 케이뱅크 정상화 등에 공을 들였다"며 "이제 KT는 AI로 수백억원의 매출을 올리는 기업이 됐고, 케이뱅크는 작년 연간 실적 흑자 전환에 성공했다"고 했다. 구 대표는 "이 과정에서 막대한 양의 빅데이터와 노하우를 쌓았다"며 "통신 기반 디지털플랫폼 기업으로서 성장을 이어나갈 것"이라고 덧붙였다.

[출처] 선한결 기자, 2022.03.02., 한경닷컴.

ⓜ 자연적 환경

최근 ESG 경영과 함께 자연환경에 대한 관심이 사회적으로도 커지고 있고 기업도 관심을 가지고 집중적인 투자와 관리를 하고 있다. 그만큼 기업의 위치가 사회적으로 큰 비중을 차지하고 있고 사회의 구성원으로서 더 큰 책임을 다해야 한다는 의미일 것이다. ESG를 차치하고도 순수하게 자연 환경은 많은 제품의 수요에 큰 영향을 미친다. 기본적으로 아이스크림은 여름에 잘 팔리고 두꺼운 외투는 겨울에 많이 팔린다. 토네이도나 홍수와 같은 자연적 재앙은 건축자재와 같은 것에 대한 수요를 증가시킨다. 2005년에 루이지애나, 미시시피, 알라바마에서 발생한 허리케인 카트리나는 이것을 입증했다. 그러나 계절적으로 볼 때 이상한 날씨는 영업에 손해를 입힐 수도, 영업을 강화시킬 수도 있다. 이것은 영업사원이 판매하는 제품의 유형에 따라 다르다. 라니냐 현상은 일반적으로 북서쪽에 눈을 더 많이 내리게 한다. 그리고 이러한 현상은 눈을 녹이기 위해 길에 뿌리는 소금의 주문을 증가시킨다. 심지어 늦은 눈보라나 매우 추운 봄은 따뜻한 날씨에서 잘 판매되는 제품에 의존하는 기업에 피해를 입힐 수도 있다. 이러한 상황에서, 선탠로션이나 수영복과 같은 따뜻한 계절의 제품은 상당한 가격인하가 일어나기 전까지 팔리지 않은 채로 매장의 선반에 남아있다.

이처럼 자연적 환경은 관계지향적 영업에서 매우 중요한 고려사항이다. 자연적 환경은 제품을 만들고, 포장하고, 홍보하고, 유통하는 데 필요한 모든 원자재와 에너지 자원의 근원이 된다. 1970년대 이후로 많은 산업－시멘트, 철강, 알루미늄, 목재, 플라스틱, 합성 섬유－의 기업은 영업에 제한을 가져올 정도로 여러 차례에 걸쳐 천연 자원이나 에너지 부족을 겪었다. 자원이 부족하면 고객을 끌어들이기가 더 쉬울 것이라고 생각할 수도 있다. 하지만 영업 조직은 종종 제품이 부족할 때 고객이 떨어져 나가지 않도록 더 열심히 일해야만 한다. 그리고 이런 와중에 더욱 잘 개발된 고객 관계는 기업의 성공에 더 크게 작용한다.

제품이 오히려 부족한 시기에, 기업은 역 마케팅을 할지도 모른다. 이 경우 영업 조직은 고객의 구매 전적에 따라 부족한 공급을 할당하는 프로그램을 바탕으로 고객들에게 배급하는 것을 돕는다. 그러나 부족함은 지속적이라기보다는 일시적이다. 따라서 판매자는 반드시 부족이 끝날 때 고객을 유지하기 위해 고객의 문제에 매우 민감해야 한다. 영업 사원은 반드시 모든 고객을 공정하게 대하고, 갈등을 최소화하고, 고객 관계를 유지하기 위해 열심히 일해야 한다.

최근에, 유가는 전세계적으로 급상승하고 있다. 대부분의 외부 영업 사원은 자동차나 항공을 이용하여 고객에게 이동한다. 유가가 오르면 급등한 가솔린과 항공 연료 가격은 이동 비용을 상승시켰다. 에너지 가격 상승이 지속됨에 따라 영업 조직은 영업 사원에 의한 물리적 이동 비용을 감소시키면서 고객 관계를 유지하는 창의적인 방법을 찾아야 한다. 자연적 환경 내에서 제품과 생산 과정의 영향에 대한 사회적 관심의 증가는 판매의 실행에도 중요한 영향을 미친다.

하림 ESG 경영 실천, 온실가스 배출량 감소, 용수재활용 확대

하림이 환경과 자원을 재활용하는 환경 경영에 많은 노력을 기울이고 있다. 2일 하림은 ESG 경영의 일환으로 온실가스 배출량 감소를 비롯해 용수재활용, 대기 오염 물질 배출량 감소, 도계과정에서 발생되는 부산물의 자원화 등 다양한 사업을 추진하며 친환경 경영에 박차를 가하고 있다고 밝혔다.

하림은 2021년 환경정보시스템 자료에 따르면 공장에서 배출되는 온실가스 배출량이 지난 2020년에 비해 7% 정도 낮췄으며, 대기오염물질 배출량도 11% 정도 줄인 것으로 나타났다. 또, 포장재를 재활용 하거나 아이스 팩을 친환경 제품으로 바꾸는 폐기물 재활용량도 높이는 등 재생에너지 사업에도 속도를 내고 있다. 특히 도계 과정에서 많이 사용되고 있는 물을 절약하기 위해 용수 TFT를 구성하고 절감 활동 계획을 통해 실천하는 등 수자원 보호를 위한 활동도 전개하고 있다. 도계과정에서 발생하는 닭피, 닭털, 내장 등의 불가식 부위를 단미사료 원료로 자원화하고, 폐수정화시설을 통해 용수를 재활용하는 등 환경의 리싸이클링을 실천하고 있다.

하림은 지난 한 해 비점오염원시설 설치, 유해화학물질 취급 보관소, 재활용 설비 등 친환경 사업을 위한 시설에 30억원 정도를 투자 하는 등 미래 세대를 위해 친환경 투자도 아끼지 않고 있다. 이외에도 하림은 신재생 친환경 시설인 '친환경 바이오매스 기포유동층 보일러'를 구축해 대기오염물질을 대폭 낮춰 깨끗한 자연 환경 만들기에 적극 동참하고 있다. 농장에서는 친환경 사육시설을 통해 냄새와 폐기물을 줄이고 자연환경을 보호하기 위한 피오봉사단을 올해로 9년째 운영하는 등 하림은 환경 경영에 힘을 쏟고 있다.

하림 박길연 대표이사는 "올해부터 본격적으로 ESG 목표수립과 실현 가능한 사업 계획을 수립해 적극적으로 실천해 나가겠다"며 "무엇보다도 하림은 제품을 생산하는 모든 활동에 있어 환경을 최우선 가치로 여기고 경영을 집중시켜 나갈 계획"이라고 밝혔다.

[출처] 이호빈 기자, 2022.03.02., 농업경제신문.

ⓗ 인구통계학적인 환경 변화

최근에 거시환경 분야에서 가장 급격한 변화를 겪고 있는 요소
는 인구통계학적 환경이다. 고령화로 인한 노인 인구의 증가, 결혼 연
령도 높아지고 혼자 사는 경우가 늘어나 1인 가구의 증가율이 가장
높고, 인구의 감소로 인해 10대와 10대 미만의 수가 극감하고 50대의
수가 가장 많은 현실, 여성의 사회 진출 증가로 인한 맞벌이 부부의
증가 등 최근 우리가 주변에서 흔히 볼 수 있는 인구통계학적 환경의
변화는 기업의 모든 활동에 영향을 주고 있다. 물론 영업도 마찬가지
이다. 주로 소구해야 하는 목표 고객이 2030에서 4050으로 때로는 그
이상으로 고령화가 되고 있다. 그리고 건강에 대한 관심이 더욱 증가
되고 있고, 웰빙에 따른 여가 생활에 대한 관심 등도 새로운 수요를
창출하고 있다. 또한 사람들의 라이프스타일 패턴도 변화하고 있다.
이에 영업사원들도 변화된 고객의 패턴에 적응해야 한다. 특히나 관
계적인 측면에서 이전처럼 식사나 음주를 하면서 친해지고 관계를 형
성하는 것보다는 건강하게 취미활동을 같이 하고 레저와 스포츠 등을
통해 사적인 관계를 형성하는 것이 대세이다.

고객층이 고령화된다는 것도 주목해야 할 현상이다. 요즘의 시니
어들은 이전처럼 정적인 활동보다는 동적이고 참여하는 것을 좋아한
다. 경험을 제공해 주는 것은 모든 연령층에게 통하는 것이다. 과거와
달리 기술에 익숙해진 고령층도 많다. 기술적인 측면과 결합하여
VR/AR 등의 가상현실을 구현하는 메타버스의 세계에서 이들에게 더
많은 경험을 제공하기 위해 노력해야 할 것이다.

1인 가구의 증가는 제품의 기획과 유통 모든 과정에서 변화를
가져왔다. 일단 부피와 양이 적어지고 맞춤형과 집으로의 배달 서비

스 등이 강화되어 왔다. 주문도 스마트폰이라는 강력한 모바일 수단으로 바뀌어가고 있다. 주문과 동시에 생산과 배달을 하는 모든 과정을 손안에 있는 컴퓨터(스마트폰)로 볼 수 있다. 혼자 있기 때문에 곁에 있는 다른 사람에게 물어볼 수가 없어서 온라인상의 댓글을 더욱 신뢰하고 참고한다.

한국은 출산률이 세계에서 가장 낮은 국가이다. 유아의 수가 적으니 저비용의 낮은 가격보다는 프리미엄 제품과 서비스가 각광을 받는다. 집에서는 아이들 보다 반려동물의 수가 더 많다. 천만 반려동물 시대이고 이를 위한 각종 제품과 서비스 시장이 더욱 커지고 있다.

이처럼 인구통계학적 요소는 소비자 그 자체의 변화를 반영하는 것이다. 소비자가 변하고 있다. 당연히 그들의 욕구와 행동도 변하고 있다. 그럼 기업도 즉시 이 변화에 동참하여야 하고 영업은 말할 것도 없다.

🗒️ 쥬청과에스씨, 풀무원과도 협력 본격화… '신선 수입과일 공급사 도약'

쥬청과에스씨(대표 이경준)가 마켓컬리, 오아시스마켓에 이어 풀무원과도 협력을 본격화하면서 국내 수입과일 유통사로서의 입지를 굳히고 있다. 쥬청과에스씨는 최근 풀무원 계열의 올가홀푸드와의 협력을 본격화했다고 7일 밝혔다.
쥬청과에스씨는 아보카도, 체리, 키위 등 약 15개국 30종의 수입과일을 순차적으로 올가홀푸드에 론칭할 계획이다. 이를 통해 온, 오프라인 시장으로 유기농 이미지를 탈피하고 친환경 품목으로 사업을 확대하고 매출을 극대화하겠다는 방침이다. 쥬청과에스씨는 지난 2018년 8월 설립된 수입과일 유통사로서 국내 수입과일 유통사로서의 입지를 다져왔다. 마켓컬리, 오아시스마켓(우리생협), 헬로네이처 등 공급업체로 등록된 곳으로서, 설립 이후 매출이 매년 성장세를 기록 중이다.
특히 마켓컬리에 등록된 3만개 이상의 품목 중에서 2019년엔 자사 아보카도가 판매량 2위를, 레몬이 10위를 달성하며 공급사 매출 순위 5위에 등재되기도 했다. 당시 매출은 전년 동기 대비 742% 급증했다. 지난 2021년에는 '마켓컬리 KF365 아보카도'가 대표 상품으로 선정되기도 했다.

이경준 쥬청과에스씨 대표는 지난 2016년 고품질의 과일을 가장 신선하고 간편하게 즐길 수 있도록 '쥬청과 컵과일&주스' 사업을 시작했다. 이후 2018년 신선식품과 새벽배송 시장이 커지는 것을 지켜보며 온라인 업계에서도 수입과일 판매가 활성화될 수 있다고 확신, 쥬청과에스씨㈜를 설립했다.

실제 현재 수입과일 시장은 매년 10~20% 이상 꾸준히 증가하고 있다. 1인가구 증가와 함께 온라인, 모바일 구매 수요가 급증하고, 웰빙과 간편성, 소량판매가 주도되는 시대 속에서 수입과일 시장이 크게 확대된 것이다.

쥬청과에스씨는 사업 초창기 업계 물류 시스템이 도매시장 포맷의 통상적인 수준이었던 것에 반해, 새벽배송 물류시스템 도입과 품질 좋은 대량의 수입과일을 지속적으로 온라인에 공급함으로써 노하우를 구축했다. 동시에 수입과일 물류센터 보유, 고품질 유지를 위한 후숙 시스템, 엄격한 품질관리를 고수했다. 그 결과 마켓컬리, 오아시스마켓에 이어 올가홀푸드(풀무원) 등 주요 채널의 수입과일 메인 공급사가 되는 성과를 거둘 수 있었다.

이경준 쥬청과에스씨 대표는 "맛 좋고 신선한 수입과일을 실속있고 간편하게 즐기기 위해 끊임없이 연구해 왔다"며 "앞으로도 소비자들의 건강한 삶을 위하는 수입과일 유통업계 대표 기업이 되고자 한다"고 밝혔다.

[출처] 최은화 매경비즈 연구원, 2022.03.08., 매일경제신문 매경비즈.

영업관리는 영업사원의 동기부여를 어떻게 하는가에서부터 어떤 특성을 가진 영업사원을 채용할 것인가와 어떻게 효과적인 영업을 할 수 있는 영업사원으로 훈련 및 교육을 할 것인가로 이어진다. 그리고 영업사원에 필요한 역량을 가질 수 있도록 하고 최종적으로 평가하고 적절한 보상을 하는 것이 중요하다. 한편으로 영업을 둘러싼 환경에 대한 이해도 필요하다. 기업 내부의 문화와 경영철학 등과 같은 내부적인 환경에 대한 이해도 필요하고 기업을 둘러싼 소위 거시환경이라 불리는 것들에 대한 변화 및 이해도 필요하다. 환경에 대한 적절한 이해와 적응은 보다 효과적인 영업을 할 수 있는 토대를 마련해준다.

영업직무와
역량 그리고 기술

Part 3

빅데이터의 중요성과 활용성은 점점 더 커지고 있고 많은 기업들이 빅데이터를 구축하고 분석 및 해석 역량을 높이기 위해 노력하고 있다. 이 장은 오늘날의 경쟁적 시장에서 구매자와 판매자의 역할을 더 잘 이해할 수 있도록 빅데이터를 비롯한 정보를 사용하는 영업직무에 대한 내용이다. 시장에는 관계 기반의 접근 측면에서 전문적인 영업직무에 영향을 미치는 많은 요소들이 있다. 이러한 요소들을 이해하는 것은 전문적인 영업을 수행하는 영업사원들에게 매우 중요한 것이고 시장에서의 도전적인 동기를 만들어낸다. 관계 지향적 영업과 고객관계관리(CRM)를 이끄는 핵심인 정보는 영업사원이 시장에서 고객과의 상호작용을 통해 만들어내는 것이고 이를 잘 분석하고 활용하기 위해 효율적인 정보관리가 필요하다. 이 장에서 다루고자 하는 주제는 같다.

- 영업 관점에 대한 역사적인 근거를 사회적인 측면에서 설명한다.
- 왜 영업직무가 높은 만족을 주는지 다양한 이유를 알아본다.
- 영업사원의 성과 향상을 위한 성공 요소를 알아보고 설명한다.
- 영업직무를 잘 수행하기 위해 필요한 역량에 대해서 알아보자.
- 영업직무를 도와주는 다양한 정보와 관련 기술에 대해서 알아보자.

빅데이터시대 마케팅, 소비자 아닌 사람을 분석하라(퀀텀 마케팅, 라자 라자만나르)

데이터는 작은 숨결마저 포섭한다. 나이 · 성별 · 직업 등 기본적인 신상부터 아침 몇 시에 일어나는지, 최근 관심사는 무엇인지 등 미시적인 생활까지 포괄한다. 스마트 침대가 우리의 수면 행동을 분석하고, 스마트 칫솔은 당신의 치아 상태에 걸맞은 치약 · 치실을 제안한다. 스마트 체중계는 당신에게 당장 "캐러멜 마키아토 섭취를 중단하라"고 권할 수도 있다. 데이터는 당신의 모든 것을 알고 있다. 우리 주변 모든 문명의 이기가 스마트 기계로 자리했기 때문이다.

역설적으로 대변혁의 시대 마케팅과 마케터는 위기에 놓였다. 모든 전략의 키를 데이터에 빼앗겨서다. 전통적인 마케팅은 이제 비효율의 상징처럼 여겨진다. 하지만 사람의 자리는 언제나 있기 마련이다. 인공지능 · 기계가 대신할 수 없는 윤리와 도덕 관념이 우리 인간에게 있다. 신간 '퀀텀 마케팅'은 변혁 속 마케팅이 나아가야 할 방향을 제시한다. 마케팅 분야 수습사원으로 시작해 세계적인 신용카드사 '마스터카드'의 마케팅 최고책임자(CMO) 자리에 오른 라자 라자만나르가 그 통찰을 한 권의 책에 녹였다.

마케팅은 4단계 변혁을 거쳤다. 소비자가 이성적이고 합리적이라고 믿었던 고전적 방법은 제1패러다임이다. 소비자는 합리보다는 감성에 움직인다는 인식의 전환이 제2패러다임을 불렀다. 인터넷과 데이터 기반 마케팅이 세 번째 변화를, 스마트폰과 소셜미디어가 지금의 마케팅 시스템을 만들었다.

마케팅의 제5 패러다임이 곧 불어올 것이다. 블록체인 · 로봇 · 인공지능 기술이 점점 우리 생활로 스며들고 있어서다. 코로나19로 대면접촉이 금기화되면서 온라인은 더욱 우리 삶에 깊숙이 뿌리내렸다. 3차원(3D) 프린팅으로 개인 맞춤형 의료기기가 제작되고, 인공지능이 암 발생 가능성을 추적하는 세계. 블록체인은 과정의 투명성을 불러 광고 생태계의 대변혁을 부추기고 있다. 현대인은 하루 최소 3,000개의 광고에 노출된다. 자사 제품 브랜드가 얼마나 좋은지를 나열하는 것으로는 수천 개의 브랜드와 경쟁할 수 없다. 실제로 고전적 마케팅 전략은 남루한 것으로 치부받는 처지다.

새로운 마케터의 전형으로 레오나르도 다빈치형 인재를 꼽았다. 화가이자, 조각가였고, 발명가이자, 건축가였던 다재다능한 르네상스형 인재다. 인간에 대한 깊은 이해를 바탕으로 재능을 펼친 다빈치처럼 사람의 본질을 파악하는 것이 중요하다는 의미다. 인공지능 데이터는 미래 마케팅 전략의 핵심 축을 이루겠지만, 신뢰의 가치 · 위기관리 노하우 · 리더의 자질을 갖출 순 없다. 기술이 모든 걸 대체하는 시대에도 여전히 사람의 자리는 남는다.

[출처] 강영운 기자, 2021.06.11., 매일경제.

영업직무와 역량 그리고 기술

1. 왜 정보가 관계 지향적 판매에서 그렇게 중요한가?

영업사원이 잠재적인 고객과의 관계를 확보하고 구축하여 장기적으로 그 관계를 지속하는 성공적인 영업에는 고객 및 시장 정보가 큰 역할을 한다. 그리고 오늘날의 무수히 많은 기술들은 정보의 효과적인 사용을 가능하게 하는 데 중요한 역할을 하고 있다. 빅데이터의 등장도 마찬가지이다. 흔히 데이터가 권력이라고 한다. 이는 데이터를 가진 사람이 다른 사람의 판단과 행동을 좌지우지한다는 의미일 것이다. 실제로 넷플릭스에서 이용자가 선택하는 콘텐츠의 80% 정도는 인공지능(AI)이 추천한 것이라고 한다. 기업의 의사결정도 예외는 아니다. 2020년 현재 데이터 기반 의사결정을 도입한 조직 비율이 영국과 독일은 69%, 미국은 77%에 달한다고 한다. 물론 아직 40% 이하에 머문 나라들이 대부분이지만 그 증가 속도가 빨라 조만간 사람보다 데이터에 의존하는 의사 결정이 주류가 될 것이다. 여러 연구가 밝혀냈듯이 사람들은 다른 사람의 의견보다 데이터의 결정을 더 따르는 경향이 있다. 때문에 데이터 기반 의사결정이 일반화 되면 데이터 세상의 힘은 기하급수적으로 커질 전망이다.

이처럼 정보에 의존하는 기업 경영이 늘어나고 있는 가운데 이

장에서는 관계 지향적 영업을 더 잘 이해할 수 있는 중요한 관점에 대해서 설명하고자 한다. 이를 통해 우선 영업에 대한 각종 오해를 비롯하여 영업에 관한 고전적인 관점을 포함해서 영업을 보다 객관적으로 바라보는 시각을 얻을 것이다. 그리고 다른 영업사원보다 더 성공적인 영업사원으로 만들 수 있는 요소들과 수행해야 하는 활동들 그리고 다양한 영업스킬에 대해 학습할 것이다. 다음으로는 조직적 구매(또는 비즈니스 구매)에 대해 알아볼 것이다. 마지막으로 관계 지향적 영업에서 정보를 관리하는 체계적인 방법으로서 CRM을 설명할 것이다.

(1) 경력으로써의 영업 개요

관계 지향적 영업을 잘 기획하는 것은 영업 사원의 직무 만족과 일에 대한 열정을 만들어낼 수 있다. 하지만 이렇게 관계지향적인 영업인력을 채용하고 유지하는 것은 매우 어려운 일이다. 취업을 준비하는 많은 사람들은 경력으로서 영업에 대해 부정적인 태도를 가지고 있다. 이것은 영업사원들이 소비자에게 필요 없는 것을 구매하게하거나 강요한다는 편견을 가지고 있기 때문이다. 이것은 대부분의 사람들이 가지고 있는 대표적인 영업에 대한 부정적인 태도이다.

영업에 대한 이러한 부정적인 생각은 이전의 언론과 매체의 영향이 크다. 드라마나 영화에서 전형적인 사기꾼과 같은 모습의 영업사원을 보여주면서 잘못된 인식이 뿌리 깊게 박혀있다. 이러한 영업사원의 부정적 이미지는 우리사회 전반적으로 고객들의 머릿속에 각인되어 있다. 이 부정적 이미지는 소수의 비전문적이고 비윤리적인 영업사원들이 항상 존재해 왔고 앞으로도 존재할 것이다. 그러므로 영업이라는 직업은 다른 직업보다 좀 더 사회에 긍정적인 가치를 증명하려는 노력이 필요해 보인다. 하지만 이러한 노력도 영업이라는 직업을 존중하고 사랑하는 사람들에게 의미가 있다. 왜냐하면 영업이라는 직업은 우리 사회에서 양적으로나 경제적으로 매우 큰 비중을 차지하고 있기에 중요한 직업이고, 영업직에 있는 많은 사람들을 도전하게 만들고, 많은 보상이 가능한 직업 중에 하나이기 때문이다.

2. 왜 영업이라는 직업에서 보람을 느끼는가?

대부분의 전문적인 영업사원들에게 업무의 복잡성과 도전성은 더 높은 단계의 임무를 수행할 수 있도록 동기부여를 하고 이것이 결국에는 직무수행 결과에 만족을 하게 만드는 것을 알고 있다. 많은 직종에 대한 설문조사에서 전문적인 영업 사원들이 기업의 다른 직종에 비해 높은 직무 만족도를 보이는 것으로 나타났다. 반면에 불만족의 경우에는 영업직무 자체에 대한 불만족이 아니라 기업과 관리자의 정책이나 지시 등에서 불만족을 느끼는 경우가 많았다.

왜 이렇게 영업사원들은 자신의 직무에 만족하는가? 영업 경력의 매력적인 측면은 다음과 같다.

- 자율성이 높고 독립적인 계획과 행동 그리고 다양한 기회의 존재
- 다면적이고 도전적인 활동
- 큰 금전적 보상: 대학을 졸업하자마자 채용된 영업 사원들은 다른 직업군보다 더 높은 급여에서 시작하고, 실적에 대한 보상이 크기 때문에 경쟁적으로 달성하고자 노력함.
- 호의적인 작업 환경: 종종 가상의 사무실에서 전화 마케팅을 하고 다른 직군들보다 덜 직접적인 관리를 받음.

• 경력 개발과 증진을 위한 많은 훌륭한 기회: 임원 승진을 위해 영업 직을 거쳐야 한다는 말이 있을 정도로 진급하기에 좋은 직군임.

(1) 자율성

많은 직업에서 근로자들의 공통적인 불평은 직장에서 너무 엄격하고 꼼꼼하게 관리감독을 받는다는 것이다. 그들은 상관의 세세한 관리하에서 직무수행에 필요한 자유를 방해하는 많은 규칙들과 표준화되어 정형화된 작업 절차에 대해 불만을 토로한다. 그러나 영업 직군은 대부분의 시간을 행동 하나하나에 대한 관리자의 감시 없이 대부분의 시간을 고객과 직접 커뮤니케이션하며 일한다. 영업사원은 상대적으로 자신의 시간을 스스로 조절하면서 자유롭게 일을 하고 성과를 만들기 위해 최선의 방법으로 일을 한다.

영업직무에서 가지는 자율성은 독립성을 소중하게 여기는 사람들과 자신에게 닥친 대부분의 상황을 다루는 데 있어 자신이 있는 사람들. 그리고 일을 잘 할 수 있는 방법을 찾아내고 진취성을 보여줄 수 있는 사람들에게 더욱 매력적이다. 그러나 이러한 자율성은 잠재적인 압박으로 다가올 수 있다. 영업사원들은 현재 고객과의 관계를 관리하고 잠재고객과의 새로운 관계를 개발해야하는 책임이 있다. 영업사원의 행동에 대해 그 누구도 세세하게 간섭하지는 않지만 이러한 자율적인 행동의 결과들(예: 판매고, 할당량에 대한 달성정도, 비용 지출 등)에 따라 상당한 책임감이 뒤따른다.

그러므로 성공하기 위해서 영업 사원은 스스로를 관리할 수 있어야 하고 시간을 현명하게 관리해야하며 고객에 대한 판매활동을 하는 것에 대해 올바른 결정을 내려야 한다.

(2) 직무 다양성

만일 다양성이 사람이 살아가는데 있어서 삶의 양념이라면 영업직은 매운 맛을 내는 고춧가루와도 같다. 대부분의 사람들은 매일 반복되는 일상적인 업무에 지겨워한다. 운 좋게도 지루함은 전문적인 영업직군에서는 거의 나타나지 않는데 이는 영업사원들은 높은 직무 다양성과 관련된 일을 하고 있기 때문이다. 다양한 고객들은 영업사원이 각 고객마다 독특한 해결방안을 개발해야하는 다양한 요구사항과 문제를 가지고 있다. 이 문제들은 종종 하찮을 수도 있지만, 많은 경우 영업사원은 반드시 통찰력과 창의성 그리고 영업에 필요한 분석적인 능력을 가지고 있어야 한다. 그러므로 많은 컨설팅적인 영업을 하는 영업사원들은 창의적인 문제 해결이 미래의 영업의 성공에서 더욱 중요하게 될 것이라고 예상된다.

(3) 보상의 기회

영업직에서는 다양성과 도전성 그 자체가 영업직무에서 가장 큰 보상이라고 할 수 있다. 이러한 부분이 성취감과 개인 성장을 제공한다. 영업사원이 가질 수 있는 보상은 내적 보상(intrinsic rewards, 직무나 역할로부터 오는 만족감과 같은 보상)과 외적 보상(extrinsic rewards, 기업으로부터 부여받는 물질적 보상)이 있다. 내적 보상이 영업사원에게 더욱 직무만족을 주는 중요한 요인이고 외적보상은 상대적으로 덜 중요한 보상이다. 하지만 두 보상 모두 영업사원에게는 기회와 동기부여 요인으로 작용할 수 있다. 영업사원의 수입은 영업성과에 의해 결정되고 보상에는 종종 제한이 없는 경우도 있다. 따라서 영업사원들의 보상은 다른 부서의 직원들보다 더 빠르게 성장할 수 있고 더 높은 단계에 다

다르게 해주는 중요 수단이 될 수 있다.

(4) 좋은 업무 환경

일반적인 영업직에 대한 편견은 영업사원은 꾸준히 출장을 가고 대부분의 시간을 고객과 소통하고 대응하는 데 보내며 집과 가정 생활에는 거의 시간을 두지 않는다는 것이다. 그러한 상황은 일과 가족과의 삶의 균형을 깨뜨려 일과 가정 사이의 갈등을 야기한다. 그러나 실제 영업환경은 이와는 매우 차이가 있다. 몇몇의 영업직은 출장을 필요로 하지만 대부분의 영업사원들은 집에 일찍 갈 수 있다. 영업사원의 컴퓨터 네트워크, 이메일, 화상 회의의 사용이 증가하면서 지금의 영업직의 트렌드는 스마트기기를 이용한 온라인과 모바일 커뮤니케이션으로 옮겨가고 있다. 점점 많은 영업사원들이 멀리 떨어진 곳이나 가상의 사무실 또는 심지어 재택근무로 집에서 일하게 되면서 기업 사무실로 가야 하는 일은 점점 줄어들고 있다. 최근의 메타버스(Metaverse) 기술이 각광을 받고 있는데 사이버공간을 창조하고 공간의 개념이 없어지는 시대가 곧 오게 될 것이다.

이러한 스마트한 기술을 이용한 커뮤니케이션은 영업사원들에게 시간을 절약해주는 등의 많은 이점을 주고 영업 조직에게는 관리의 효율성과 비용 절약을 가능하게 한다. 또한 가상 공간을 활용한 가상 사무실은 영업관리에 있어 도전을 불러온다. 영업관리자들이 영업인력을 관리하는데 중요한 요소 중 하나는 조직문화의 전수이다. 조직문화를 통해 구성원들이 하나됨을 느낄 수가 있고 이는 위기상황에서 협동하여 잘 극복할 수 있는 원천이 된다. 그러나 가상공간에서는 영업사원이 하나가 되는 조직문화를 체험하고 이를 내재화하는 것이 어렵다. 그렇기 때문에 영업관리자들은 조직문화 전수를 위해 다양한 고민을 해야 한다.

(5) 조직에서 승진할 수 있는 능력

많은 기업에서 임원직과 같은 높은 지위로 올라오고자 하는 사람들은 흔히 현장(시장)에서의 경험을 넓히기 위한 방법으로 영업과 관련된 일을 수행할 필요가 있다. 반대로 영업사원은 더 높이 올라가기 위해 영업과 관련이 되지 않은 과제도 기꺼이 맡아야 한다.

때때로 영업사원들이 현재의 높은 인센티브를 받는 영업을 포기하더라도 더 높은 관리직으로 올라가는 것도 보람이 있는 경로이다. 대부분의 기업은 영업사원의 관리적인 재능의 중요성을 깨닫고 영업조직의 임원으로 올라가는 것에 대해 적절하게 보상하기 위해 노력한다. 최고의 영업사원들이 관리자로 승진되는 것은 때로는 문제를 야기하기도 한다. 성공적인 판매는 성공적인 관리를 위한 역량과는 구별되는 다른 지식과 능력을 요구한다. 좋은 영업사원이 반드시 좋은 영업관리자가 될 것이라는 보장은 없다. 또한 때로는 성공한 영업사원이 영업직을 더 좋아해서 또는 많은 인센티브를 확보하여 더 많은 돈을 벌기 위해 관리지로의 승진을 거절한다. 기업조직구조의 축소 혹은 간편화와 수평적인 조직문화 그리고 영업, 마케팅, 연구인력등이 팀을 이루는 교차 기능적인 팀영업의 대두와 같은 최근의 트렌드는 성공적인 영업인력을 위해 필요한 관리 기회의 본질과 숫자를 바꿨다. 미래의 영업관리자는 조직 계급의 높은 곳에 위치하기보다 팀리더 혹은 코치와 같은 경로를 걸을 것이다.

3. 목표는 영업사원에서 CEO까지

이상적으로 기업이 고객 만족과 장기적인 관계에 집중하긴 하지만 현실적으로는 영업과 마케팅이 삼고 있는 우선순위는 CEO를 만족시키는 것에 두고 있다. 다음에서 일반 영업사원이 기업의 꼭대기 층에 있는 호화로운 사무실로 갈 수 있는 5가지의 필수 조건에 대해서 설명하고자 한다.

(1) 전체적인 비즈니스를 이해하라.

영업과 마케팅 부서의 사람들은 영업과 마케팅이라는 본연의 업무에만 집중한다. 두 부서 모두에게 고객관계는 필수적이지만 보다 조직 내에서 개인이 성장하기 위해서는 반드시 기업의 나머지 부분들이 어떻게 돌아가는지 알아야 한다. 기업의 정상에 오르기 위해서는 영업과 마케팅이라는 한정된 업무를 넘어서 기업의 모든 분야를 파악하고 있어야 한다.

(2) 원래 가진 것 이상의 책임감을 가져라.

현재 하고 있는 영업업무뿐만 아니라 다른 부서의 업무에 대해서도 같이 책임감을 가지고 보는 기회를 가져야 한다. 기업이 하고 있는 사업을 전체적으로 이해하기 위해서는 다른 부서와 많은 시간을 보내야 한다. 생산 부문의 근로자나 R&D부서의 연구원들이 어떤 일을 하고 있는지를 이해하려고 노력하자. 이것은 성장하기를 원하는 사람에게 기업에 대한 전반적인 시야를 줄 뿐 아니라 조직 내에서 존경을 받는 지름길이다.

(3) 자신이 원하는 야망을 보여줘라.

자신이 가진 지식과 경험도 최고의 위치로 올라가는 데 있어서 중요하지만 성장하고자 하는 목표 혹은 욕망 또한 필수적인 요소이다. 높은 곳에 있는 최고경영층이 당신의 열망을 알게 하고 왜 스스로가 적합한지를 꾸준히 어필하는 것이 필요하다.

(4) 자기에 대한 인식을 가져라.

기업의 정상에 있는 CEO는 자신의 장점과 약점을 정확하게 파악하고 있고 장점을 극대화 하고 약점을 최소화하는 전략을 정확히 인식하고 있다. 스스로의 강－약점을 전체적으로 이해하지 않고는 조직을 리드할 수 없다. 하지만 스스로를 아는 것은 쉽지 않다. 주변 사람들에게 물어보자. 기회가 있을 때마다 동료, 관리자 그리고 고객에게 정직하게 물어보자. 이후에는 자신의 강점과 약점을 잘 이해하고 수정하고 강화하는 과정이 필요하다.

(5) 사람 중심의 네트워크, 네트워크, 또 네트워크.

영업사원이 기업의 고위층이 되고자 한다면 고위층에 있는 사람을 알아야 한다. 현대사회 특히 우리나라에서 성공하기 위해서는 인적 네트워크가 매우 중요하다. 지속적으로 고위층과 소통하지 않으면 그 자리에 오르지 못한다.

4. 관계 지향적 영업을 성공하기 위한 역량

비록 많은 채용과 경력 향상 기회가 제공되어 성공한 영업사원들도 많지만 모든 영업 채용이 성공적으로 끝나지는 않는다. 몇몇은 채용이 되어 영업직을 시작하게 되고 또 몇몇 사람들은 힘들어하며 그만두고 다른 경력을 찾고, 다른 몇몇은 단순하게 영업직을 마지못해 하면서 있는 듯 없는 듯 지내며 말단 영업직에 머문다. 모든 사람들이 영업에서 성공하는 것은 아니다. 그렇다면 성공하기 위해서는 어떤 개인적인 특성과 역량을 가지고 있어야 하는가? 이 질문은 다양한 종류의 영업직들이 있고 저마다 다양한 성공 요소를 필요로 하기 때문에 대답하기가 쉽지 않다. 여러 가지 성공요소 중 가장 중요한 것은 성공적인 고객 관리이다. 이를 위해서 영업관리자들이 결정적으로 고려해야 하는 요소들은 거래를 하기 위한 고객 접근에서부터 요구되는 것이 다양하다. 영업관리자가 영업직원을 채용할 때 어떤 역량이 필요한지를 파악하는 것은 영업을 경력으로 준비하는 사람에게 매우 유용한 일이다. 다음은 필자가 다양한 산업군의 영업사원 및 관리자들과 인터뷰를 한뒤 파악한 성공하기 위해 필요한 역량들이다.

(1) 듣기 역량

영업사원이 성공하기 위해 가장 필요한 역량은 말하는 역량이 아니라 상대방의 말을 잘 듣는 역량이다. 영업사원과 고객의 관계에서 영업사원이 효과적인 듣기 역량을 보일 때 더욱 강화된 관계를 가질 수 있다고 한다. 좋은 영업사원은 자신이 말을 하는 것보다 고객의 말에 집중하고 잘 들으면서 조심스럽게 고객의 요구를 파악한다. 하지만 아이러니하게도 영업에 관한 교육과 많은 훈련 세미나에서는 거의 듣는 것보다 말하는 것과 쓰는 것에 집중하고 있다. 현실에서 좋은 영업사원 즉 성공한 영업 사원들은 이구동성으로 듣기 역량이 말하기 역량보다 훨씬 중요하다고 강조한다.

(2) 후속조치 역량

거래지향적인 영업과 관계지향적인 영업의 가장 중요한 차이점은 특히 고객과 대면으로 만날 때 관계지향적인 영업사원은 고객이 원하는 것에 대한 후속조치를 하고자 헌신하는 노력이 훨씬 많다는 것이다. 고객이 원하는 것을 즉각적으로 충족하는 것도 좋지만 많은 경우에 후속조치가 필요한 경우가 많다. 고객과 만나는 현장에 모든 것이 존재할 수 없기 때문이다. 따라서 고객이 가지고 있는 문제를 해결하기 위해서는 차후의 만남이 있어야 하고 다음번의 만남에서 지난번에 요구한 문제에 대한 솔루션을 얼마나 잘 후속조치를 하느냐가 영업의 성공의 핵심이다.

(3) 상황에 따른 판매 스타일: 적응적 영업 행위
   (Adaptive Seeling Behavior)

적응적인 영업 행위는 판매 상황의 본질이 무엇인지를 영업 사원들의 인지 및 정보를 바탕으로 고객과 상호작용을 하면서 영업 접근방법을 달리하여 판매하는 행동을 말한다. 적응적인 영업을 잘하는 영업사원들은 고객의 요구와 문제점을 잘 이해하기 때문에 관계지향적 영업에서 두드러진 성과를 보여준다. 1990년 Sprio and Weitz에 의해 개발된 적응적인 영업행동은 성과가 뛰어난 영업사원의 영업 방법을 잘 설명해주는 개념이다.

(4) 끈기 있게 영업을 계속한다.

고객 관계 지향적인 행동을 하는 것은 장기적인 측면을 지향하면서 하는 행동이다. 관계지향적 영업의 목표는 단순히 한 고객을 설득하여 판매를 하고 또 다른 고객에게 이동하는것이 아니다. 거래 보다는 지속적인 성과를 만들 수 있도록 관계를 우선시하는 것이다. 마케팅도 영업도 모두 선택과 집중이 핵심이다. 장기적인 관점에서 접근하기 때문에 관계관리의 과정은 참을성이 요구되고 끈기 있게 고객과 함께 일하는 것을 요구한다. 이 과정에서 어려움은 항상 있다. 이를 끈기 있게 견뎌야 성공할 수 있는 것이다. 훌륭한 영업사원들은 일하면서 항상 먼 훗날의 큰 그림을 그린다. 이것은 항상 끈기를 가지고 기다릴만한 가치가 있는 성과를 만들어 준다.

(5) 잘 조직하는 것

영업 직무의 책임감과 내용이 점차 복잡해지고 구매하는 고객 조직은 영업사원이 협상하는 데 더 복잡해지기 때문에 기술적으로 우선순위를 정하고 일을 정리하고 잘 조직화하는 능력은 매우 중요한 성공 요소가 되고 있다. 영업사원이 조직화하는 능력은 효과적인 시간관리와 영업영역 관리의 중요한 부분이다. 자기 자신을 관리하고 자기가 가진 시간과 자원을 잘 조직화하고 관리하는 능력은 성공하는 영업사원의 매우 중요한 역량이다.

(6) 언어적 의사소통 능력

소통에서 듣기 능력이 물론 가장 중요한 역량이라고 해도 영업사원은 기본적으로 반드시 훌륭한 언어적 의사소통을 할 수 있어야 한다. 특히 고객에게 중요한 가치 제안을 하는데 있어서 언어적 의사소통은 매우 중요하다. 하지만 말하는 능력은 영업에서 성공을 위해 중요함에도 불구하고 듣기 능력보다 그 중요성이 낮게 자리 잡고 있다는 것을 명심해라. 가장 성공한 영업 사원들 중에는 말을 잘하는 사람보다 듣기를 잘하는 사람이 더 많다.

(7) 고객 조직의 모든 직급의 사람들과 소통할 수 있는 능숙함

관계지향적 영업은 종종 구매 대리인뿐 아니라 고객사의 많은 사람들과 의사소통 하는 것을 요구한다. 실질적 구매담당자 만큼이나 중요한 다양한 직급의 고객사 사람들 개개인들의 서로 다른 역할들에 대해서도 이해하고 이들과의 소통전략도 고려해야 성공할 수 있다. 물론 이때에 대화 주제는 하위직급과 상위 직급의 사람들은 차별해서 소통할 수 있도록 준비해야 할 것이다.

(8) 장애물을 극복할 수 있는 능력

고객은 구매에 대해 영업사원이 극복해야 할 수많은 걱정 혹은 반론을 가지고 있다. 이러한 반론과 같은 장애물들은 영업과정에서 매우 자연스러운 것이며 어떤 영업 과정에서도 발생할 수 있다. 따라서 영업사원은 장기적인 고객 관계와 상호 원원 하는 해결책을 논의하면서 신뢰 관계를 구축함으로써 이러한 장애물을 최소화시키거나 극복할 수 있다.

(9) 마무리(closing) 짓는 역량

마무리는 영업과정에서 다른 무엇보다도 성과를 만들어내는 중요하고 직접적인 활동이다. 한쪽만 이익을 가져가는 것이 아니라 상호 혜택을 공유하는 방식으로 서로 윈윈하는 접근방법은 구매의 마무리과정을 좀 더 쉽게 만들어 준다. 영업사원들이 가장 어려워하는 것이 마무리과정이다. 하지만 이를 극복하지 못하면 성과를 만들 수 없다. 따라서 마무리과정도 충분히 연습을 할 필요가 있는 역량이다.

(10) 개인적인 계획과 시간 관리 능력

앞서 언급한 잘 조직화하는 것과 마찬가지로 자신의 업무에 대해 개인적인 계획을 잘 세우고 시간을 잘 관리하는 것은 성공적인 영업 경력을 만들어 가는데 매우 중요하다. 최근 이 자기관리 능력은 스마트 기기, 노트북, 그리고 SNS 같은 다양한 IT 기술에 의존하고 있다. 이러한 기술의 발달과 함께 보다 개인화된 관리를 할 수 있는 것은 매우 큰 장점이지만 너무 기기에 의존하는 것도 나태해질 수 있다는 단점도 있다.

5. 판매 활동

지금까지 관계지향적 영업의 복잡함뿐 아니라 영업인력 관리에서 중요한 역량과 요소들을 학습했다. 영업사원은 잠재 고객의 정보를 얻기 위해 많은 시간을 쓰고 그 정보를 다른 부서와 협조하여 영업활동을 계획하고 자신의 시간과 자원을 조직하는데 사용한다. 또한 현재의 고객에게 서비스하고 마케팅을 하기 위해 기업의 다른 조직과 인력과의 협업의 중요성에 대해서도 알아보았다. 하지만 영업사원들의 영업직무의 내용이 기업내부에 매우 넓게 분포하고 복잡하게 얽혀 있기 때문에 정확하게 한정짓는 것은 매우 어려운 일이다. 그래서 결론적으로 이야기 하자면 영업사원들의 직무가 단순히 고객을 만나고 제품을 소개하며 계약을 체결하는 것에서 더 나아간 활동을 포함한다는 것이다. 우선 첫 번째 영역은 직접적으로 판매와 계약 체결에 관련 있고 다음은 판매 후 고객들의 서비스와 연관이 있다. 또한 고객 정보를 모으고 영업 및 마케팅의 관리자와 커뮤니케이션을 하고 정기적인 교육훈련에 참가하며 새로운 사람들을 채용하고 개발하는 것을 포함한 다양한 관리적인 의무도 수행한다. 또 다른 활동에는 물리적으로 고객에게 접근 도달하여 그들과 함께 저녁을 먹거나 스포츠를 보거나 다른 사회적인 활동을 하는 등의 비공식적인 개인관계를 포함한다. 마지막으로 영업사원의 또 다른 활동에는 고객과 인접한 유통 채널과 재판매 조직의 활동을 지원한다.

6. 판매 직무 요소와 선별된 활동

영업사원은 최근 10년간 잠재적인 직무 확대를 경험해 왔다. 즉, 오늘날의 영업의 역할은 더 넓어지고 더 많은 활동을 포함한다는 것이다. 첫째로 기술의 발달로 인해 효율성 보다는 효과성에 대한 관심이 증가하고 있고, 이 효과성은 오늘날 영업사원들이 수행하는 부가적인 측면에 도움이 되고 있다. 둘째로 영업 조직은 모든 영업사원들이 새로운 기술을 사용할 수 있도록 적절한 훈련과 지원을 확실히 해야 한다. 마지막으로 성과 관리 시스템은 반드시 오늘날의 영업활동 과정과 효과성 측면에서 갱신되어야 한다.

영업외 활동과 관리적인 활동의 증가는 많은 영업사원들이 실제 영업활동에 사용하는 시간이 매우 제한적이라는 것을 의미한다. 영업사원들을 대상으로 한 어느 조사에 의하면 평균적으로 영업사원 사용하는 시간 중에서 50%보다 적은 시간을 실제 고객을 만나거나 영업활동을 위해 사용한다고 한다. 영업사원들이 영업외 활동에 더 많이 쓰는 시간이 많다는 것, 즉 관리활동에 사용되는 시간이 많은 것은 판매당 평균 단가가 증가하고 있는 주요 원인이다. 이처럼 빠른 판매 비용의 상승은 새로운 방법을 모색해야하는 필요성을 증대시킨다. 새로운 기술을 사용하는 것, 고객 유지를 위한 노력을 재정비 하는 것, 그리고 필요하지 않은 업무를 제거하는 것 등의 영업 직무를 정리하는 것은 판매 비용을 줄이고 영업의 효과성을 증대시키는데 매우 효과적이다.

7. 어떻게 기술은 영업사원을 돕는가?

10년 전에는 기술이 영업사원의 제품 설명을 돕는다는 것이 어려운 일로 생각되었다. 기술은 여전히 공상과학영화나 소설에 등장하는 이야기처럼 들렸다. 그 뒤 세계포럼에서 2018년에 4차 산업혁명이 시작되었다는 것을 알렸고, 무선인터넷의 급격한 발달은 우리가 상상하던 기술들이 우리의 일상에 다가오는 현실이 되었다. 이러한 기술의 발달이 가장 큰 영향을 준 분야중 하나가 영업분야이다. 이제 모든 영업의 업무과정에서 기술은 떼어낼 수 없는 요소가 되고 있다. 영업사원들은 이제 매일의 영업 업무에서 기술의 도움을 받고 있다. 영업사원들이 업무의 효율성과 효과성을 높일 수 있는 기술은 어떤 것들이 있을까? 가장 많이 활용되는 기술은 인터넷 기반의 스마트 기기이다. 그리고 이를 가능하게 하고 있는 대표적인 것이 컴퓨팅 기술과 무선 커뮤니케이션 기술이다.

(1) 이동식 컴퓨터

노트북은 영업사원이 고객에게 훌륭한 제품 소개를 할 수 있도록 도와주는 대표적인 기기이다. 오늘날에는 여러 가지 형태의 컴퓨터기기가 존재한다. 노트북도 있고 테블릿 PC라는 스마트기기들도 영업사원들의 영업활동을 돕는다. 영업사원들은 이제 다양한 형태의 디스플레이 기기와 간단한 브러셔 파일만 필요하다. 빠르고 스마트한 컴퓨터와 정교한 소프트웨어 그리고 이동식 프로젝션 장비의 결합은 영업사원들이 독특한 제품 소개의 경험을 고객에게 제공할 수 있게 한다. 하지만 여기서도 기술은 영업사원들의 프리젠테이션을 도와주지만 핵심이 되는 주요 판매 메시지(Key Selling Point)는 영업사원의 입에서 나와야 한다.

노트북 컴퓨터는 이제 영업사원들에게 필수적인 요소가 되었다. 최근 기술의 발전으로 더욱 스마트해진 다양한 이동식 기기들은 여러 가지 측면에서 영업사원들의 영업활동을 자동화하고 더욱 스마트하게 변화시키고 있다. 따라서 이러한 스마트 기기들은 더 이상 영업사원들의 기술적인 경쟁우위요소가 될 수 없다. 기기들이 스마트해지고 있는데 영업사원들은 그 속도에 맞추어서 더욱 스마트해질 필요가 있다. 스마트폰을 과연 우리는 스마트하게 사용하고 있는가?

이 질문처럼 영업사원들은 가지고 있는 기기를 어떻게 효과적으로 스마트하게 활용할 것인가를 더욱 학습해야 할 것이다. 그리고 관리자는 이러한 영업사원의 역량을 향상시키는 학습을 준비하고 이를 조심스럽게 평가해야 한다. 너무 많은 기업들이 그들이 필요한 것 보다 더 많이 기술에 투자하고 그것이 빠르게 쓸모 없어질 때 비싸게 업데이트 하고 있다. 대표적인 것이 관계관리의 핵심인 CRM 시스템에 대한 투자이다. 만능 문제해결 시스템인 것으로 생각하여 어마어마한 자금을 투입하여 CRM 시스템을 구축하였지만 1세대 시스템은 무참하게 실패하고 말았다. 고객관계관리의 필요성을 정확하게 판단하지 않은 상태에서 유행처럼 시스템에 투자를 한 뒤 여러 가지 요소들이 우리 기업과는 적합하지 않다는 것을 깨닫고 폐기하고 만다. 그이후 2세대 CRM 시스템은 자사의 필요성을 명확하게 파악하고 작은것에서부터 투자하여 점차적으로 확대하여 처음으로 성공을 맛보았다. 즉, 영업사원들은 왜 자신들이 CRM이 장착된 기기를 들고 다녀야 하는지를 이제는 깨달았고 이제는 능숙하게 사용할 수 있는 역량이 갖추어진 것이다.

파워포인트와 같은 정교한 프리젠테이션 소프트웨어와 함께 영업사원들은 이제는 다양한 멀티미디어를 사용하여 능숙하게 슬라이드를 만들고 이를 가지고 고객에게 강렬한 이미지를 심어줄 수 있는 효과적인 프리젠테이션을 할 수 있다. 조금 복잡한 제품이나 시스템은 영상으로도 제작할 수 있고, 간단한 내용은 슬라이드로 만들어서 고객에게 보여줄 수 있다. 어떤 상황에서도 영업사원들은 기술의 도움을 받아 효과적인 프리젠테이션을 할 수 있는 시대가 된 것이다.

(2) 무선 커뮤니케이션

우리의 일상을 바꾼 것 중 대표적인 것은 인터넷이다. 인터넷의 사용으로 인류는 정보화 혁명을 가져왔고 이것이 3차산업혁명이다. 인터넷을 기반으로 더욱 우리생활에 변화를 가져온 것은 무선 커뮤니케이션 장치이다. 휴대폰으로 시작한 이 기기는 이제 스마트폰으로 우리생활을 완전히 바꾸어 놓았다. 인터넷을 통한 연결은 영업사원들이 프리젠테이션 하는 동안 고객사의 사무실 즉, 외부에서 자사 내부의 방대한 자료에 접근하는 것을 가능하게 한다. 영업사원이 고객에게 어떻게 기업에서 주문을 처리하는지 보여주고 싶다고 가정하자. 영업사원은 더 이상 말로 하는 것이 아니라 시스템에 무선으로 연결하여 보여주면 되는 것이다. 기업의 네트워크에 연결함으로써 영업사원은 실시간으로 고객의 주문 파악이 가능해졌다. 무선 커뮤니케이션은 이제 장소와 시간을 초월하여 언제 어디서든 고객과 소통하는 것을 가능하게 한다. 이제 4차 산업혁명의 초연결 시대에는 더욱 더 이러한 커뮤니케이션은 활성화 될 것이고, 영업사원의 효과성은 더욱 높아질 것이다. 마지막으로 영업사원은 자신들은 최근의 정보를 기업으로부터 받을 수 있지만 대부분의 비슷한 데이터들은 고객들도 이용할 수 있다는 것을 잊지 말아야 한다. 정보를 독점하거나 숨기거나 속일 수 없는 시대가 온 것이다.

8. 영업 직무의 종류

모든 영업사원이 직무설명서에 나와 있는 모든 활동을 하는 것도 아니다. 그리고 모든 영업사원이 같은 양의 시간과 노력을 들이는 것도 아니다. 또한 이들이 모두 이동 가능한 컴퓨터나 무선 커뮤니케이션을 동등하게 사용하는 것도 아니다. 다양한 영업 직무는 다양한 업무와 책임감, 그리고 다른 종류의 훈련과 역량이 요구된다. 그리고 기업은 개인의 직무만족과 발전을 위한 다양한 보상과 기회를 제공한다. 여기에서 우리가 주목해야하는 것은 다른 종류의 영업 직무는 고객 관리에 있어 다른 기회의 단계와 유형을 가져온다는 것이다. 영업 직무의 큰 두 가지 범주는 B2C시장과 B2B시장에서의 영업이다.

(1) B2C시장 vs B2B시장

대부분의 영업사원들은 개인 고객을 대상으로 하는 소매 판매에서 일한다. 이 직무는 제품을 판매하는 것뿐 아니라 최종 소비자를 향한 서비스를 포함하고 있다. 이러한 영업사원은 B2C시장에 속해있다고 할 수 있다. 최종 소비자를 대상으로 직접적인 판매를 하는 영업사원, 개인을 대상으로 하는 부동산 중개업, 그리고 소매상 영업인력이 그 예이다. 이러한 개인 고객과의 거래에서도 관계가 중요하지만 정작 고객과의 관계적인 형태의 영업이 중요한 것은 기업 및 기관을 대상으로 하는 B2B영업이다. 최종 소비자가 아닌 조직 구매자에게 제품과 서비스를 판매하는 B2B 시장은 다음과 같은 3가지의 고객 유형을 포함한다.

① 재판매업자

제품의 구매목적이 자신이 사용하기 위한 것이 아니라 소비자에게 재판매하기 위해 구매하는 조직이나 업자를 포함한다. 대부분의 유통업을 하는 기업들이 여기에 해당된다.

② 비즈니스 사용자

다른 제품을 생산하기 위해 원료나 부품을 구매하거나 기업의 비즈니스를 하는데 사용하는 제품을 구매하는 조직구매자를 비즈니스 고객 혹은 사용자라고 한다.

③ 단체나 기관 고객

영리를 목적으로 하는 고객이 아닌 비영리 병원, 학교, 그리고 정부기관과 같은 비영리 단체나 기관 고객을 말한다.

B2C와 B2B 시장이라는 두 가지 유형의 영업인력을 관리하는 핵심적 성공 요소와 영업 활동은 매우 비슷하다. 일반적으로 영업에서 성공하기 위해서는 대인관계와 의사소통 역량, 판매하는 제품에 대한 지식, 고객의 요구를 파악하고 문제를 해결하는 능력 그리고 제품이나 서비스가 어떻게 만족스러운지 보여주는 것 등이 필요하다. 영업 관리자들은 각 분야에 맞는 적절한 사람들을 채용하고 훈련시켜야 하고 그들에게 기업의 전반적인 마케팅의 방향 및 내용과 영업업무에 대한 인사관리, 동기부여, 그리고 성과 평가에 대해 자세하게 설명할 필요가 있다. 이 부분은 공통적인 요소들이다.

그리고 B2C와 B2B 영업은 중요한 측면에서 다른 요소가 존재한다. B2B 영업이 판매하는 많은 제품과 서비스는 B2C보다 더 비싸고 기술적으로 더 복잡하고 한 단계 위의 기술이 사용된 경우도 많다. B2B고객들은 개인고객 보다 더 구매 규모가 크고, 많은 사람들이 구매 의사 결정 과정에 관여하게 된다. 그러므로 비즈니스 구매자에게 판매할 때의 핵심 성공 요소와 활동은 개인고객을 중심으로 하는 소매업과는 매우 다르다. B2C와 B2B시장 모두 많은 영업사원들이 일하고 있다. 예를 들어 보험기업에서 자동차 보험은 개별 운전자와 기업 차량 관리자들 모두에게 판매할 수 있는 것이다. 대상과 규모가 다르고 필요성도 차이가 있다. 하지만 기본적인 접근법은 동일하다.

(2) B2B판매 직무의 종류

B2B영업 내에서도 다른 종류의 역량을 필요로 하는 다양한 영업 직무가 존재한다. 가장 유용한 분류 방법 중에 하나는 다양한 산업에서 나타나는 B2B영업을 다음의 4가지 종류로 분류하는 것이다.

① 거래 제공자

영업사원의 기본적인 책임감은 현재와 잠재된 고객에게 판촉과 지원을 통해 비즈니스를 증가시키는 것에 있다. B2B 영업사원들은 제조업자로부터 제품을 공급받아서 최종소비자와의 거래를 촉진하기 위해 판촉을 활용한다. 따라서 거래제공자는 최종고객에게 다시 판매를 하는 재판매업자와 소매업자를 말한다. 비누와 세탁 용품을 제조업자로부터 받아서 최종소비자에게 판매하는 유통기업의 영업사원들이 거래 제공자의 한 예이다.

② 전도 판매자

또 다른 영업의 기초적인 업무는 현재와 잠재된 고객에게 제품 정보와 다른 개인적인 판매 지원을 제공함으로써 비즈니스 거래를 증가시키는 것이다. 전도 영업은 종종 고객으로부터 직접적으로 주문을 받지 않고 자신의 제품을 중개하는 유통업자나 다른 도매업자를 통해 구매하도록 설득한다. 한 주류기업의 판매 사원은 술집과 거래할 때 자신이 아닌 지역적인 주류 유통업자로부터 특정 주류를 주문하라고 설득한다. 비슷하게 제약 기업의 영업사원 혹은 판촉 사원은 병원의 의사와 거래하면서 약을 소개할 때 의사에게 제품의 효능성을 과학적인 증거를 가지고 알려야 하고 전통적인 제약을 뛰어넘는 장점을 설명해야 하며 의사들의 환자에게 처방하도록 설득한다. 제약기업의 영업사원들은 제품을 직접적으로 의사에게 "판매"하지는 않는다. 이러한 방식을 전도 판매자라고 한다.

③ 기술적인 판매자

B2B 영업의 또 다른 기본은 현재와 잠재된 고객에게 기술적인 정보를 제공하면서 거래를 증가시키는 것이다. 이는 개인고객을 대상으로 하는 제품보다 B2B 고객과 거래하는 제품들이 대부분 기술적으로 복잡하고 어려운 부분을 포함하고 있기 때문이다. 한국 3M의 경우 B2B 거래를 80% 이상하고 있다. 대표적인 3M의 고객은 전자기업과 자동차 기업들이다. 이들 비즈니스 고객을 설득하기 위해 영업사원은 항상 R&D부서의 연구원과 같이 고객을 만나러 간다. 이 거래에는 기술적인 복잡함이 존재하기 때문이다. 대부분의 기술적인 판매는 제품과 관련된 서비스가 너무 많고 복잡해서 영업사원 혼자만으로는 모든 판매를 마스터 할 수 없기 때문에 기술팀과 같은 교차기능 팀 판매를 통해 달성되고 있다.

④ 새로운 신규 고객발굴자

B2B 영업의 또 다른 중요한 요소는 새로운 고객으로부터 사업을 발견하고 영업을 시작하는 것이다. 관계지향적 영업은 새로운 고객과의 관계를 확보하고 구축하는 것을 뜻한다. 즉 B2B 영업에서의 신규 고객발굴을 통해 매출과 수익을 확대해나가는 것을 의미한다. 이전의 3가지 유형은 기존 고객과의 관계를 활용하여 영업을 하는 것이고 이 분류는 새로운 고객과의 관계 창출을 하는 영업을 의미한다.

이상에서 살펴본 것처럼 각 다른 종류의 영업 직무는 다소 다른 활동과 다른 중요 요소들을 포함한다.

진정한 영업 과정을 이해하고 성공적인 영업사원들은 어떻게 영업직무를 수행하고 어떻게 고객을 효과적으로 관리하는지를 이해하기 위해서는 반드시 비즈니스 고객이 구매의사 결정을 어떻게 내리는지를 이해해야 한다. 결국 관계지향적 영업에서 영업사원의 목표는 고객의 필요성을 충족시키고 문제를 해결해 주는 것이다. 아래에서는 B2B구매 과정에서 참여하는 참가자들과 구매의사결정 과정에서의 단계 그리고 조직적 구매 상황의 본질에 대해서 알아보자.

조직 구매의사결정과정과
CRM

Part 4

이 장은 B2B 고객의 구매의사결정과정을 설명하는 조직구매의사결정과정의 개념과 각 과정에 대해서 알아본다. 조직구매의사결정과정에서 핵심적인 역할을 하는 구매센터에 대한 이해와 이에 대응하기 위한 판매기업의 팀영업 중심의 판매 센터에 대한 개념도 알아보자. 또한 조직구매를 잘 이행하고 효과적으로 고객을 관리하기 위한 CRM의 개념에 대해서도 알아보자. 이 장을 통해 여러분은 다음과 같은 내용을 학습하게 될 것이다.

- 조직의 구매 센터에서 다양한 참가자들의 역할을 나열하고 설명한다.
- 구매 센터와 판매 센터, 그리고 팀 판매의 본질 사이의 관계를 설명한다.
- 조직 구매자의 의사결정 단계를 설명한다.
- CRM의 개념과 어떻게 영업사원이 고객 및 시장 정보를 관리하는 데 도움이 되는지를 알아본다.

CRM 더 들여다보기

CRM이란 고객의 시선에 맞춘 마케팅 활동을 위한 툴이다. CRM이란 「Customer Relationship Management」의 약자로 한국어로는 「고객 관계 관리」를 의미한다. 고객과의 커뮤니케이션 관장 및 고객의 시각에 맞는 마케팅 활동에 기반한 양호한 관계 유지를 통해, 고객 생애 가치(LTV)를 향상시키는 개념이다. CRM은 고객관계를 최우선으로 한다는 넓은 의미의 경영철학과 전략을 의미하기도 하고 이를 위해 사용되는 시스템 및 툴을 의미하기도 한다. 많은 경우 툴을 포함하는 시스템적인 것을 CRM이라고 부르는 것이 일반적이다.

CRM이 등장한 이유 중 가장 큰 이유는 「고객 니즈의 변화에 대응할 필요성이 커졌다」라는 것이다. 시대와 함께 시장의 니즈도 빠르게 변화하고 있다. 오랜시간과 투자를 해서 만든 신제품 및 서비스가 순식간에 진부해지기도 한다. 그러므로 새로운 고객을 끌어들이고 기존 고객을 유지하기 위해서는 상황에 따라 변화하는 고객의 니즈와 더불어 때로는 고객 자신도 눈치 채지 못하는 잠재적인 니즈까지 예측하고 대응할 필요가 있다. 분석과 대응을 위한 툴 또한 필요로 하게 되었고 이러한 요구들로 인하여 탄생한 것이 CRM이다.

CRM을 통해 구체적으로 할 수 있는 업무는 한마디로 말하자면 「고객과의 커뮤니케이션을 기록하고 분석하고 업무에 활용하는 것」이다. 예를 들어 「언제 누가 무엇을 얼마나 구입했다」라는 고객 정보와 그 고객으로부터 문의 및 요구 사항, 클레임 등의 이력을 한 곳에 유기적으로 모아두면 현재까지의 경위를 바탕으로 대응할 수 있기 때문에 고객의 신뢰를 높일 수 있다. 영업에서 지속적인 관계를 활용하는 두가지 영업방식인 교차영업(Cross Selling : 고객에게 관련된 상품의 구입을 추천하는 판매 방식) 및 업영업(Up selling : 고객에게 고가격과 고품질의 상품을 추천하는 판매 방식)을 할 경우에도, 과거에 받은 요구 사항이나 상담 내용 등을 분석한 뒤 판매 확률을 높이기 위해선 어떤 제안을 해야 하는지 보여준다.

CRM은 고객과의 관계성에 집중한 툴이다. CRM은 고객 관리 툴의 하나로서 「고객과의 관계성을 관리」를 위한 것이다. 이를 위해서 CRM은 고객 정보 및 고객과의 커뮤니케이션 이력을 시간에 따라 축적하고 하나로 관리 하는 것을 가능하게 한다. 이렇게 축적된 정보는 팀 안에서 실시간으로 갱신, 공유될 수 있으며 여러 가지 기준으로 추출하여 분석하는 것 또한 가능하다. 방대한 정보를 바탕으로 현재의 고객과의 관계성에 입각한 최선의 행동을 이끌어내는 툴. 그것이 바로 CRM의 본질이다.

[출처] Salesforce.com

1. 조직 구매의사결정 과정의 참가자

오라클과 IBM과 같은 기업으로부터 정교한 IT 솔루션에 대한 구매 의사결정을 위해 어떤 부서의 어떤 사람들이 참여를 할까? 적어도 개인이 단독으로 구매의사결정을 하지는 않을 것이다. 어마어마한 자금이 소요되는 이 구매과정에는 다양한 사람들이 저마다의 역할을 수행하면서 참여할 것이다. 이 과정에서는 적어도 IT부서의 컴퓨터 분석가, 고객 서비스 담당 직원, 조달부서의 직원, 최종 솔루션을 이용하는 사용자 등의 많은 사람들이 구매의사결정 과정에 참가할 것이다. 다양한 참가자들은 다음과 같이 7가지의 범주로 그룹화 할 수 있다. 구매주창자, 사용자, 영향력을 행사하는 사람, 검증자, 구매자, 최종의사결정자, 그리고 조정자 등 이들 7가지 범주의 사람들이다. 이들은 구매 센터 직원들과 함께 구매에 참가하거나 구매과정에 영향을 미치는 사람들이다. 이들 7가지 범주의 구매 과정 참가자들에 대해서 알아보자.

(1) 구매주창자(Initiators)

구매주창자는 기업내에서 새로운 제품이나 서비스를 구매할 때 요구될 수 있는 문제나 기회를 최초로 인식한다. 그리고 이들은 구매 과정을 시작한다. 구매주창자들은 기업의 어떤 부서나 어떤 단계의 누구나가 될 수 있다. 시대에 뒤떨어지고 비효율적인 장비에 대한 직원들의 불평들은 새로운 기계를 구매할 수 있는 계기가 될 수 있다. 이때 불평하는 직원들이 구매주창자가 될 수 있다. 또한 장비 교체 결정은 관리자의 비용 효율성과 효과성에 근거한 전략적인 분석으로 부터 나올 수도 있다. 이때에는 관리자가 구매주창자가 될 수 있다.

(2) 사용자(Users)

조직구매의사결정에서 많은 경우 제품이나 서비스와 함께 반드시 일해야 하는 사용자들이 종종 구매 의사결정에 영향을 미친다. 예를 들어 어떤 제조기업에서 천공반에서 일하는 직원들은 더 오랫동안 날카로운 날을 유지하고 공장에서도 사용 시간을 줄일 수 있는 특정한 공급자로부터 생산된 드릴을 구매하라고 구매처에 요청할 수도 있다. 실제 제품을 사용하는 사용자는 구매의사결정과정에서 한 가지 이상의 역할을 하기도 한다. 사용자로서 구매를 촉발하는 역할도 하고 구매과정에서 영향을 미치기도 하고 제품에 대한 실질적인 검증자로서의 역할도 수행한다.

(3) 영향력을 행사하는 사람(Influencers)

영향력자는 대체적인 제품과 공급자를 평가하는 정보를 제공하고 때로는 구매 결정을 할 때 사양과 기준을 결정하는 중요한 역할을 한다. 영향력을 행사하는 사람들은 보통 기술적인 전문가들이다. 그들은 사용자를 포함할 수 있다. 보잉이나 에어버스와 같은 항공기업에서는 항공 기술자들과 조종사들이 종종 경험에 근거하여 영향력을 행사하기도 한다.

(4) 검증자 또는 문지기(Gatekeepers)

검증자 또는 문지기는 구매의사결정과정에 관여하는 다른 사람들에게 의사결정에 도움이 되는 정보를 제공하고 또한 정보의 종류와 양을 관리한다. 문지기들은 조직의 구매 담당자들, 공급자들의 영업인력들, 그리고 판매와 구매팀의 다른 사람들에게 정보를 통제한다. 최근에는 많은 경우 IT 부서의 사람들이 종종 문지기의 역할을 한다. 이들이 의사결정에 관한 중요한 정보를 가지고 있기 때문이다. 문지기에는 2가지 종류가 있다. 칸막이라고 불리는 사람들로 외부에서 걸려오는 어떤 사람의 전화가 고위층에게 전달될 지를 중간에 조정하고 결정하는 기업의 비서 역할을 하는 사람과 여과장치자로 불리며 기업들의 제안서를 검토하고 종합적으로 구매 기준을 설정하는 구매 담당자들처럼 역할을 하는 사람들이 있다. 문지기들은 구매의사결정과정을 확정하는 사람들이 아니라 기술적인 부분과 비용적인 부분 등에서 전문적인 지식을 바탕으로 의사결정에 도움을 주는 사람들이다.

(5) 구매자(Buyer)

구매자는 실제로 판매 조직과 주문을 체결하는 구매부서의 사람이다. 대부분의 조직에서 구매자들은 구매를 협상하는 권한을 가지고 있다. 구매는 기업의 비용과 직결되기 때문에 최근에는 구매전략의 관점에서 매우 중요한 기능을 수행하는 부서로 분류된다. 대부분의 예에서 구매부서는 넓은 재량권을 가지고 있다. 또 다른 한편으로 이들은 기술적인 사양이나 기술전문가나 최고 경영자에 의해 결정된 계약사항에 의해 영향을 받기도 한다. 기업에서 구매부서의 권한의 정도는 구매의 종류와 규모에 의해 결정된다. 많은 조직에서 구매의사 결정은 구매 위원회로부터 결정되기도 하고 때로는 투표를 통해 결정하기도 한다.

(6) 구매결정자(Decider)

결정자는 구매에 대한 최종적인 권한을 갖고 있는 사람을 말한다. 때로 구매자들이 이 권한을 갖고 있지만 보통 더 높은 고위층에 의해 통제를 받는다. 예컨대 기업에서 사무용 컴퓨터를 구매할 때 최종의사결정은 CEO나 고위층 관리자가 결정한다. 즉, 고관여와 고위험이 있는 제품의 구매시에는 결정자가 따로 존재하고 보통은 최고경영층이 결정한다. 하지만 정기적으로 발생하는 사무용품과 같은 저관여제품들의 경우에는 보통은 구매부서의 담당자가 결정자의 역할을 수행한다. 하지만 두 과정 모두 최종의사결정에 영향을 미치는 별도의 결정자가 존재할 수도 있다.

(7) 조정자(Controller)

조정자는 구매의 규모와 예산을 결정하는 사람이다. 기업에서의 예산배정은 많은 경우 독립적으로 설정된다. 예를 들어 기업의 관리부서는 회계 연도의 시작에 의해 설정된 예산을 받을 수 있다. 만일 복사기와 같은 고비용 기기가 교체 되어야 하거나 예상치 않은 높은 지출이 발생할 때 구매부서에서 찾아야 하는 가격은 예산 내로 책정되어야 한다. 때로 조정자들은 새로운 유지비를 예산 내에서 지키려 노력하는 기술자나 생산 관리자가 될 수 있다.

전형적인 구매를 위한 기업의 구매 센터에는 보통 적게는 2~3명에서 많게는 수십 명의 사람들이 있다. 구매 센터의 사람들은 구매의사결정 과정에서 각각이 다른 단계에 참가할 수 있고 영향력을 행사할 수 있다. 기업에서 구매부서가 아닌 현업부서의 사람들이라 할 수 있는 기술자들, 품질 관리자, 그리고 R&D로부터 온 사람들은 종종 구매 관리자가 합당한 제품을 고르는 데 시간을 보내는 동안 새로운 제품이 충족해야 할 범위와 기준에 대해서 설정하고 이를 가지고 구매의사결정과정에 영향을 미친다.

구매 센터의 역할과 관여도는 제품을 구매할 때 기업에서 인지하는 위험의 정도에 따라 달라진다. 과거에 구매했던 제품을 단순히 재주문할 때에는 무언가를 처음 구매하거나 위험해 보이는 것을 구매할 때 보다 구매담당자의 상대적인 영향력은 더 커지고 구매 센터의 역할은 더 작아지기 쉽다. 인지된 위험은 제품과 상황의 복잡성에 근거하고 구매의 중요성, 시간 압박, 그리고 불확실성의 정도에 따라 달라진다. 구매 센터는 기술적으로 복잡하거나 비싼 제품을 구매할 때 더 많은 참가자들을 포함하기 쉽다.

2. 구매 센터와 판매 센터

주요 고객들을 대상으로하는 판매 센터는 구매 센터와는 다르게 종종 다른 시각과 의견을 가진 다양한 기능적인 분야로부터 온 사람들로 구성된다. 예컨대 오늘날의 판매기업에서는 연구개발, 재무, 마케팅, 영업 등의 다양한 부서에서 온 사람들로 판매 센터를 구성하고 이들로 하여금 주요고객을 관리하도록 하고 있다. 최근 기업들은 고객에게 기본적인 관리 책임감을 가진 영업사원들이 참가하는 팀으로써 조직 주변으로부터 온 개개인을 합친 판매 센터 접근을 사용하기 시작하였다. 구매자들도 이와 같이 구매관점에서 하나로 통일된 조직인 구매 센터를 이용한다.

여기서 핵심적인 요소는 고객의 요구를 충족시키기 위해 영업 조직 내에서 팀 판매를 구축한다는 것이다. 팀판매의 일반적인 구조는 영업사원(고객 관리자)이 전체적인 판매 팀과의 협업을 주도하고 더욱 많은 책임감을 느끼게 만든다. 종종 이러한 고객 관계 팀은 기능적인 부서인 R&D, 운영, 그리고 재무의 대표자들을 포함한다. 고객 관계 팀은 고객 주변에서 관계를 유지하기 위해 종종 고객 시설의 근처에 위치한다.

구매센터의 구성원들은 보통 구매의사결정과정의 다른 단계들에서 각각 활동하기 때문에 판매 센터의 담당자는 연락해야 하는 사람이 누구인지, 언제 연락이 되어야 하는지, 누가 판매 팀에서 연락을 해야 하는지, 그리고 어떤 종류의 정보와 의사소통이 가장 유용하고 설득적인지를 결정해야 한다.

팀 영업은 투자를 많이 해야 하는 잠재적인 인적자원의 관리가 필요하다. 그래서 팀 기반의 접근은 잠재적인 사업이 시간이 지날수록 충분한 자금과 충분한 교차 기능적인 상호 작용을 보여주는 매우 구매 규모가 큰 고객에게 적용하기 쉽다. 아러한 고객은 종종 전략적 관리 고객이라 불린다. 이들은 일반적으로 전략고객 관리자라고 불리는 독립적인 팀에서 관리한다.

3. 조직 구매의사결정 단계

우선적으로 영업사원은 고객기업의 구매 센터의 관계자들이 구매의사결정과정에서 각각의 단계에서 어떠한 영향을 미치는가를 파악해야 한다. 어떤 단계가 구매의사결정과정에 포함되어 있는가를 파악하는 것은 기본이다. 기업 구매자들이 구매의사결정에 관리하는 7가지의 단계에 대해서 알아보자. (1) 문제와 요구 사항의 인식 혹은 기대, (2) 필요한 제품의 양과 특성에 대한 결정과 세부적인 서술, (3) 잠재적인 공급자의 탐색, (4) 제안서 공고 및 모집, (5) 공급자의 선별과 제안서의 평가, (6) 구매계약 및 실행 그리고 (7) 성과 평가와 피드백 등이 조직적인 구매의사결정의 7단계이다.

(1) 1단계: 문제와 요구 사항의 인식 혹은 기대

많은 조직적인 구매에서 요구되는 사항은 기업의 제품 특성, 생산 및 재고관리 혹은 매일 매일의 운영상황에 따라 달라진다. 이러한 조직구매측면에서의 요구들은 소비재에서 발생하는 파생 수요이다. 즉, 필요성들은 고객기업의 요구로부터 파생되고 이러한 고객기업의 요구는 고객의 고객인 최종소비자의 요구사항에 따라 파생된다. 예를 들어 여행용가방은 여행에 대한 개인소비자의 요구로부터 파생된다. 고객이 여행을 하지 않는다면 백화점의 여행용가방 판매 부서는 수요가 없고 여행용가방을 생산하는 제조기업은 망할 것이다. 이러한 파생수용적인 성격은 시장에서의 작은 변화가 수요적인 측면에서 매우 큰 변화를 가져올 수 있기 때문에 B2B 시장을 더욱 예측 불가하게 만든다.

다양한 상황들은 누군가를 특정 제품이나 서비스의 필요성을 깨닫게 할 수 있다. OO기업에서 재고 조사 시스템이 컴퓨터화 될 때 필요성 인식은 거의 자동적이다. 혹은 누군가가 운영하는 데 더 좋은 방법을 생각했을 때 필요성이 발생할 수 있다.

새로운 필요성은 또한 기업의 운영이 변화할 때, 고위 관리자가 새로운 제품 라인을 결정하기 때문에 진화할 수 있다. OO기업은 BB

기업이 그의 평균 판매와 제품당 이익을 증가할 더 전문적인 제품의 사업으로 뛰어들고 싶어 하기 때문에 AA기업을 소개했다. 모든 이러한 상황에서 사용자, 기술적인 인력, 고위 관리자, 그리고 구매 관리자와 같은 조직의 많은 사람들에 의해 필요성은 인식될 수 있고 구매과정은 시작될 수 있다.

(2) 2단계: 필요한 제품의 양과 특성에 대한 결정과 구체적인 서술

조직적인 B2B 구매 환경에서 구매대상인 제품과 서비스의 종류와 양을 결정하는 것은 구매기업의 필요와 욕구에 따라 달라지고 구매기업은 구체적인 제품의 요구사항과 가격 및 양에 대한 정보를 확정해야 한다. 일반적인 특징을 가진 제품도 구매의 대상이겠지만 보통은 매우 구체적이고 해당기업에만 요구되는 특별한 요구사항이 존재한다. 필요한 제품의 구체적인 사양에 대한 부분은 기술적으로 매우 정교함을 요구한다. 또한 양에 대한 요구사항은 반드시 초과적인 재고와 필요한 물품의 부족으로 발생하는 고장 시간 등을 피하기 위한 대안을 마련해야 한다. 이러한 이유로 제품이나 원료를 사용할 사람들뿐 아니라 기술적인 전문가들도 구매의사결정과정에 포함되어 있어야 한다.

그러나 필요한 제품을 위한 사양을 파악하기 위해 기술적인 전문가들과 타부서의 도움을 받는 것만으로는 충분하지 않다. 이들은 반드시 구매 센터의 다른 사람들과 교류해야 하고 뭐가 필요하고 얼마나 필요하고 언제 필요한지를 구체적으로 결정해야 한다.

(3) 3단계: 잠재적인 공급자 탐색

B2C상황에서 소비자들은 자신이 어떤 제품이 필요하고 이 제품

은 어디서 구매할 수 있는지를 잘 알고 있다. 하지만 B2B 상황에서 어떤 기업이 어떤 사양의 제품을 만들고 있는지를 파악하는 것은 쉽지 않다. 시장이 국내에만 한정되어 있지 않고 여러 가지 이유로 공급자들은 전세계에 퍼져서 존재한다. 따라서 일단 조직이 필요한 제품 혹은 아이템의 종류를 결정하였다면 잠재적인 공급자의 탐색이 시작되어야 한다. 만일 이전에 그 아이템을 구매한 경험이 있으면 이 탐색은 과거에 진행하였던 혹은 탐색된 몇 개의 공급자 혹은 하나의 공급자로 제한될 것이다. 판매자의 관점에서 관계지향적 영업의 한 가지 이점은 기존의 관계를 통해 이 단계가 건너뛰어도 될 수 있다는 점이다. 여기에서 중요한 점은 판매자가 구매자에게 충분히 친숙함과 신뢰를 심어줘야 한다는 것이다. 역사적으로 많은 자동차 기업들은 제품 투입의 양을 최소화시킬 가능성이 있는 친숙한 신뢰가 가는 공급자와 함께 일했다. 이러한 관계 기반의 접근은 언제든지 제조업자가 스펙 변화를 말하면 상호 조정이 가능하다는 신뢰가 밑바탕에 깔려 있다. 그런데 만일 구매자가 기존 아이템이아니라 새로운 아이템을 포함하거나 아이템이 더 복잡하고 비싸다면 조직 구매자들은 종종 몇몇의 잠재적인 공급자들을 찾게되고 자신이 원하는 최적의 제품을 제공하는 공급자를 선택하게 된다.

(4) 4단계: 제안서 공고 및 모집

잠재적인 공급자들이 결정이 되었다면 이후에는 이 공급자들을 대상으로 RFP(Request For Proposal: 제안서 공고)를 작성하고 공고를 해야 한다. 구매자는 거래의 세부적인 사항을 작성해야 한다. 구매하고자 하는 품목이 과거에 종종 구매가 되었고 표준화되거나 기술적으로 간단하다면 이 과정은 크게 어렵지 않고 단순한 과정이 될 수 있다.

과거의 품목보다 훨씬 더 복잡하고 많이 비싼 품목을 구매하는 상황에서는 구매자들은 보다 길고 세분화된 품목품 소개가 필요하고 각 잠재적 판매기업으로부터 제안서를 받아야 한다. 정부기관이나 공기업 혹은 대기업의 경우 정해진 온라인 사이트가 존재하고 철저하게 공개 모집을 통해 제안서를 받는다.

(5) 5단계: 공급자의 선별과 제안서의 평가

구매 과정의 이 단계 동안 구매 센터의 사람들은 다양한 제안서와 공급자의 접근을 상대해야 한다. 기나긴 평가과정을 통해 구매 조직은 특정 판매 기업을 최종 구매협상 대상자로 선정한다. 궁극적으로 하나 혹은 더 많은 공급자들이 선발되고 구매 동의서에 최종 사인한다.

구매 조직의 구매 부사에 있는 사람들은 이처럼 제안을 평가하고 공급자를 선택한다. 기술적이고 관리적인 인력과 같은 구매 센터의 사람들은 구매가 특히 복잡하고 규모가 클 때 중요한 역할을 한다.

구매 센터의 구성원들은 어떻게 공급자를 선발하는가? 조직 구매는 대체로 이성적인 결정 과정이어서 이성적인 요소와 기준은 매우 중요하다. 이성적인 요소가 가장 중요하지만 한편으로 부가가치의 측면과 사회적이고 감정적인 요소도 이 구매의사결정에 영향을 미칠 수 있다. 조직 구매자들과 다른 구매 센터의 구성원들은 B2C시장에 있는 다른 구매자들처럼 결국 사람이다. 사람이기 때문에 이성적인 부분과 감성적인 부분 모두에게 영향을 받는 것이다.

구매의사결정 사항은 구매조직의 구성원과 제품의 특성 등에 따라 달라질 수 있다. 예를 들어 제품의 질은 기술적으로 복잡한 제품의 구매에 더 중요하지만 가격과 고객 서비스는 상대적으로 더 표준화되고 기술적이지 않거나 일반적인 제품에서 더 중요하다. 관계지향적 영업은 구매 기업이 판매 기업을 선정할 때 가격을 유일한 결정으로 보지 않는 것과 관련하여 상당히 가능성을 증가시킨다. 대신 구매자들은 더 제품이나 영업사원에 대해 잘 알고 있기 때문에 가격 이외의 조직적 가치나 문화 등에 의해 의사결정을 할 가능성이 있다.

(6) 6단계: 구매계약 및 실행

구매 제품이 배달될 때까지 구매과정은 끝나지 않는다. 많은 경우 구매계약을 하고 나서 품목이 제대로 (제시간에 적합한 장소에) 전달되었을 때 비로소 계약서는 효력을 발휘한다. 한번의 배달이 완료되고 나면 후속적으로 주문을 하고 판매부서는 이를 지속화할 수 있도록 노력하고 관계를 구축한다. 계약과 관련된 구체적인 활동은 주문이 배달될 때 발생한다. 제품은 반드시 제시간에 도착해야 하고 검열되어야 하며 그 대가를 지불하여야 하고 기업의 재고 창고에 들어가서 관리가 되어야 한다. 많은 구매의 과정에서 가장 많은 불만은 납기와 관련이 있다. 구매의사결정과정에서도 특히 계약의 체결 및 실행은 구매와 판매 모두가 신경을 싸야 하는 부분이다.

(7) 7단계: 성과 평가와 피드백

구매 품목이 배달된 후 조직 구매자에 의한 평가가 시작된다. 이 평가는 제품과 공급자의 서비스 성과에 맞춰져 있다. 따라서 판매자의 입장에서 성과가 좌지우지되는 마지막 단계인 후속 조치 단계는 매우 중요하다. 입고된 품목은 판매자가 구매 동의서에 묘사된 것을 충족시켰는지를 평가한다. 이 후 구매기업의 사용자들은 구매 품목이 기대에 잘 부합하는지를 판단한다. 공급자의 성과는 또한 배달, 제품의 양, 그리고 판매 후 서비스도 평가에 포함된다.

많은 조직에서 이 평가는 사용자 부서로부터 작성된 보고서를 포함하여 공식적인 과정이다. 구매 부서는 제안서를 평가하고, 비슷한 구매가 다음 번에 만들어질 것에 대비하여 공급자 선택을 위해 정보를 유지한다.

4. 조직 구매의 종류

조직 구매의 종류는 고객이 상대적으로 복잡하고 비싼 제품이나 서비스를 처음으로 구매할 때의 상황에 따라 구분된다. 크게는 다음 세 가지 유형이 있다. 첫 번째는 새로운 구매에 크게 적용되는 상황이다 우리는 이를 새구매(New Buy)라고 한다. 두 번째는 고객이 제품 사양이나 가격 등의 조건을 수정하는 수정 구매(Modified Buy)인데, 단순 수정 구매가 있고 위에서 언급한 완전히 다른 수정을 대폭하거나 새로운 구매에 해단하는 구매가 있다. 마지막은 기존의 구매에 매우 만족하고 수정할 의사가 없이 단순 재구매하는(Straight Rebuy) 상황이 있다. 판매자의 입장에서는 가장 좋은 구매상황이다.

단순 재구매는 고객이 많은 시간을 구매했던 익숙한 항목을 수정 없이 단순 재구매하는 것이다. 반복적인 구매는 새로운 구매나 수정된 재 구매보다 더 많은 조직구매에서 나타나는 현상이다. 단순 재구매는 구매 부서의 사람들만 관여하고 탐색과 평가 단계의 많은 단계에 연관되어 있던 사람들이 필요 없게 된다. 대신에 구매자들은 미리 제시된 리스트에서 기업의 과거 만족도에 비추어 가장 친숙한 공급자를 선택한다.

구매 부서는 구매상황별로 다른 구매부서의 구성원이 관리하게

끔 한다. 예를 들어 새로운 구매는 많은 분석가와 지원자들이 많은 시간과 노력을 투입해야 하고 단순 재구매는 기본적인 내용만 관리하면 되어서 초보자들이 경험을 만드는 용으로 맡는 경우가 많다. 그런데 새로운 구매와 수정된 재 구매는 더 경험이 많은 베테랑들에 의해 관리되어야 한다.

구매자가 인정하는 공급자가 되는 것은 상당히 경쟁적인 발전의 원천이고 관계지향적 영업과정을 통해 현재 고객과의 위치를 만들어내는 것이다. 구매자가 인정하는 판매업자 리스트에 포함되지 않은 공급자들에게는 경쟁적 위치를 만들어내는 것이 거의 불가능하다. 즉, 소비자행동 이론에서 나오는 것처럼 구매자의 머릿속에 있는 고려군 (consideration set)에 포함되어 있지 않으면 고려대상 자체가 되기 어렵기 때문에 구매가능성은 매우 낮다. 새로운 진입을 원하는 공급자는 우선적으로 구매자의 리스트에 포함되어야 하고 고객이 자동적인 재주문의 절차에서 약간은 수정된 재 구매로의 변화 과정으로 나가는 것을 목표로 해야 한다.

5. CRM: 관계지향적 영업을 위한 정보를 관리하는 것

이상에서 살펴보았듯이 이 장의 메인 주제는 정보의 중요성이다. 정보를 다루는 기술은 고객에게 효과적으로 판매하기 위한 정보를 모으고 분석하고 사용하는 도구 및 방법을 제공한다. 불과 몇 년 전까지만 해도 영업사원들은 모든 거래를 노트에 수기로 기록했다. 하루의 끝에 그들은 이 노트를 기업에 비치된 양식에 요약하여 관리부서에 보냈다. 이 노트들이 기업의 고객 정보를 형성하였다. 오늘날 기술의 발달로 인해 과거의 이 과정이 얼마나 비효율적이고 힘든 일인가를 상상해볼 수 있다. 오늘날의 영업사원들에게 정보 습득과정은 새로운 기술과 함께 꽤 시스템적이 되었다. 이러한 정보기술의 변화의 시대에 가장 각광 받는 용어가 고객관계관리(CRM)이다. 영업 직무는 CRM이라는 새로운 기술 및 시스템에 의해 크게 발전되었고 CRM은 성공적인 관계지행적 영업을 위해 필요한 고객정보를 관리하는 방법이다.

CRM은 수익성이 높은 고객을 찾아내고 이들을 집중적으로 관리함으로써 수익을 극대화시키기 위한 새로운 비즈니스 모델이다. 더 자세하게 CRM은 고객과 기업이 소통할 수 있는 다양한 접점을 관리하여 준다. 이 점점에는 콜센터, 영업사원, 관리자, 지점망, 유통점, 최근의 온라인과 모바일 앱 혹은 이메일과 같은 디지털화된 보다 많은 접점이 존재하고 이들 중 가장 효과적인 접점을 찾게 도와준다. 이러한 접점들은 기업의 영업사원이 고객을 다루기 위한 다양한 수단을 보여준다. 전문적인 영업사원이 보다 효과적으로 고객과 소통할 수 있게 해주는 것이 접점이고 오늘날에는 이러한 접점관리가 디지털화되어 가고 있는 추세이다.

따라서 CRM은 기업이 고객의 구매행동으로부터 더 좋은 관리를 위해 찾는 전략, 과정, 조직적이고 기술적인 변화이다. 그래서 이것은 증가되는 수익성과 조직적인 효율성을 위한 정보와 고객에 대한 지식을 수반한다고 정의한다. 다음은 CRM의 3가지 주요한 역할이다.

- 고객 유지: CRM의 최우선적인 과제는 수익성 있고 충성하는 고객을 유지하고 사업적 성장성을 증가시킬 인력을 유지하는 능력이다.
- 고객 습득: 차선의 선택은 수익 증가나 성장에 근거한 신규 고객을 습득하는 것이다. 이는 CRM에서 제공하는 정보를 학습하는

과정에서 습득할 수 있다.

- 고객 수익성: 옳은 제품을 옳은 시간에 제공하는 동안 개개인의 고객 수익성의 증가를 만들어 낸다.

이러한 다양한 측면에서 고객관계관리를 통해 수익을 창출하고 지속적인 성과를 만들어 내는 CRM에는 대한 몇 가지 기본적인 요소가 있다.

(1) CRM은 관계지향적 판매를 증가시킨다.

CRM은 고객과의 장기적인 관계를 유지하고 지키며 강화하는 과정이다. 이 과정은 관계지향적인 영업과 일맥상통하며 본 저서의 전반적인 주제이다. 잘 실행된 CRM은 다음 몇몇의 장점을 제공한다.

- CRM은 고객이 원하는 고객의 필요성에 집중하여 특정 고객에 집중하는 것이 더 쉬워진다.
- 영업시에 가격이 아닌 서비스에 근거하여 고객에게 소구할 수 있도록 도와준다.
- 낮은 가치의 고객 보다 높은 가치의 고객에 집중할 수 있도록 한다.
- 항상 고객에 집중하여 언제든지 고객과 상호작용할 수 있도록 준비시켜 준다.

(2) CRM은 철학이고 기술이다.

CRM은 고객에 대한 전략적인 결정과 계획을 수립하는 통합적인 시스템이고 고객 가치에 공헌하는 모든 공급자들과 인력의 중심으로 고객을 생각하는 대단히 중요한 사업 철학이다.

오늘날 많은 기업들은 CRM을 조직의 임무 수행에 필수적인 전략으로 채택하고 있다. 이들은 내부 및 외부의 비즈니스 과정을 고객 중심으로 재설계하고 고객정보 시스템을 구축하고 이를 연동시킨다. CRM은 조직이 고객중심의 내외부 시스템에 집중하기 때문에 영업사원들은 고객과의 관계 구축 및 관리를 효과적으로 수행할 수 있다. 그리고 이는 CRM 성공의 핵심이 된다.

CRM의 개념은 새로운 것이 아니다. 20년 전의 마케팅 책에서도 볼 수 있고 많은 요소들이 서로 유사하다는 것을 알 수 있다. 현대 CRM의 통합적인 접근을 허락하는 환경에서 변한 것은 정교화된 기술이다. 고객의 자료에 대한 정교한 접근은 CRM의 중요한 요소이다. 사실 많은 기업들은 정교한 소프트웨어는 구입하였지만 성공을 불러 일으킬 수 있는 문화, 조직, 리더십 혹은 내부적인 기술은 고려하지 않았기 때문에 대부분의 기업에서 CRM은 실패를 가져왔다. 그리고 오늘날에도 이 부분에서 많은 기업들이 고군분투 하고 있다.

(3) CRM과정

CRM과정은 크게 4개의 요소로 나눠질 수 있다. ① 지식의 발견, ② 시장 설계, ③ 고객 상호작용, ④ 분석과 정제로 구분된다.

① 지식의 발견

기존에 언급되었던 수많은 고객 접점을 통해 고객 정보를 수집하고 분석하는 과정은 지식의 발견이라 불린다. 이러한 접점은 매장 시스템, 콜 센터, 인터넷, 직접적인 판매기록, 그리고 어떤 고객과의 경험 등 다양한 접점이 포함될 수 있다. 포괄적이고 고객 중심적인 데이터 웨어하우스는 고객의 정보를 다루고 그것을 통해 고객 전략을 개발하기 위해 유용한 정보로 변환시키는 최적의 접근이다. 데이터 웨어하우스 환경에서 마케터들은 많은 양의 정보를 혼합하고 현재와 잠재적인 고객에 대한 더 많은 정보를 알기 위해 추가적인 분석을 한다. 오늘날 다양한 R과 파이슨과 같은 소프트웨어 프로그램들은 빅데이터를 활용한 다양한 정보를 발견하는 데 큰 도움을 주고 있다.

② 시장 설계

고객 전략과 시장에서의 프로모션과 같은 프로그램은 시장 설계 과정에서 만들어진다. 발견한 지식의 결과물을 가지고 목표 시장을 설계하는데 활용할 수 있다. 시장설계의 과정에서 프로그램에 대한 계획은 마케팅 믹스의 사용, 특히 프로모션 믹스를 계획하는 것이 포함된다.

③ 고객 상호작용

고객 상호작용은 고객 전략과 함께 위에서 설계된 마케팅 프로그램이 실행될 시기에 관한 것이다. 영업사원들의 개인적인 판매 노력뿐 아니라 모든 고객과 관련된 상호작용을 포함하는 실질적인 프로그램의 실행과 관련된 것이다.

④ 분석과 정제

마지막으로 분석과 정제는 성과평가에 대한 부분으로 CRM과정에서 고객 반응을 근거로 한 학습에 관한 것이다. 고객과 계속되는 상호작용은 모든 고객의 피드백에 의해 발생된다. 기업은 계속적인 피드백에 근거하여 전반적인 고객 계획을 끊임없이 수정하고 수익성 있는 고객과의 장기적인 관계를 계속 강화하고 유지하는 데 더 많은 투자를 해야 한다.

(4) 핵심: CRM은 영업의 성공을 위해 필수적이다.

CRM은 고객 정보 관리를 통해 고객관계관리를 시스템적으로 접근하기 때문에 성공적인 관계지향적 영업을 향해 장기적으로 갈 수 있는 길을 제공한다. 앞서 언급한 CRM의 각 요소는 영업사원들이 고객과 직접적인 연관을 짓는데 가장 중요한 역할을 한다. 고객이야 말로 가장 중요한 접점이다.

관계지향적 영업은 상당한 유동성을 가진 방법이다. 관계지향적 영업은 어떤 전형적이고 구태연한 방식의 영업이 아니다. 영업 직무는 자율권, 다양성, 훌륭한 보상, 호의적인 업무 환경, 그리고 승진의 기회를 제공한다.

관계지향적 영업에서 중요한 요소는 전문성, 강한 역량, 영업사원이 능력을 극대화 시킬 수 있는 깊은 지식 등이다. 최근의 새로운 영업 활동은 기술이 발달하고 거래적에서 관계적으로 판매의 방향성이 옮겨감에 따라 최근에 많은 변화가 추가되었다. 이러한 판매 직무를 이해하는 것은 언제 그리고 어디서 판매 직무를 수행하는 지 결정하는 데 도움이 된다.

관계지향적 영업의 가장 중요한 것은 고객에게 집중하는 것이다. 조직 혹은 기관 영업에 대해 지식을 획득하는 것은 영업사원들의 고객 관계 관리자로서의 효과성을 증가시키는데 많은 도움을 준다. 많은 사람들은 구매자-판매자 관계 속에서 무엇을 구매할 것인지에 대한 결정에 영향을 받는다. 그리고 영업사원들은 고객이 반드시 구매하는 상황에서 발생할 수 있는 원동력을 파악하기 위해 고객을 학습해야 한다. 판매 기업은 종종 판매 센터를 형성하고 특히 크고 복잡한 고객에게 팀 판매를 제공한다. 물론 영업사원들은 고객의 구매의 사결정과정에 대한 단계를 이해해야 한다. 다른 조직구매 결정 환경은 구매자와 판매자 사이의 다른 교류를 요구하고 판매자는 적절한 과정을 관리하기 위해 각 구매의 본질에 대해 충분히 알아야 한다.

전반적으로 영업 전문가들이 어떻게 고객의 구매조직이 운영되고 어떻게 고객의 기업이 운영되는지를 잘 알수록 영업사원들은 더 많은 고객 문제를 해결할 수 있다. 그 결과 조직에 부가가치를 더많이 창출할 수 있다. 효과적인 정보의 관리는 어떤 영업사원들의 성공에도 중요한 역할을 한다. CRM은 그러한 정보 관리 과정에 시스템적인 과정을 제공한다.

관계지향적 영업의
가치 창출

Part 5

이 장은 관계지향적 영업에서 가장 중요한 개념 중 하나인 가치에 초점을 맞춘다. 부가 가치 판매(부가가치 판매? 아니면 가치판매?)는 고객관계를 확보, 구축, 유지하는 모든 것을 통합한다. 마케팅과 영업의 가장 핵심인 가치와 가치 창출을 이해하는 기회를 갖는 것은 영업사원이 판매 과정을 배우는데 대단히 도움이 될 것이다. 이 장에서 다루고자 하는 주제는 다음과 같다.

- 지각된 가치의 개념과 그것이 관계지향적 영업 내에서의 중요성을 이해할 수 있어야 한다.
- 판매의 역할과 기업 내 마케팅의 관계를 설명할 수 있어야 한다.
- 왜 고객 충성도가 사업 성공을 위해 중요한 지 설명할 수 있어야 한다.
- 가치 사슬을 인식하고 토론할 수 있어야 한다.
- 영업 메시지 내의 의사소통 가치의 각 카테고리를 정의하고 예시를 제시할 수 있어야 한다.
- 고객 기대를 관리하는 방법을 이해할 수 있어야 한다.

캐논코리아 주식회사, 사무기 · 카메라 하나되어 고객가치 업그레이드

'토털 이미징 솔루션(Total Imaging Solution)' 기업 캐논코리아는 국내 시장에 진출한 지 36년 만에 사무기 사업과 카메라 사업의 경영을 통합해 2021년 11월 1일 새 합병 법인으로 출범했다. 경영 통합을 통해 국내 사무기기와 전자기기의 제조 판매를 담당하는 사업 영역과 카메라 사업 영역의 전략적인 조직 재정비로 경영 효율성과 사업 역량을 강화해 B2B(기업 간 거래) 시장과 B2C(기업과 소비자 간 거래) 시장을 아우르는 강력한 시너지 효과를 만들어 나가고 있다.

캐논코리아는 오랜 기간 국내 시장의 각 분야에서 쌓아온 노하우와 기술력을 바탕으로 한층 업그레이드된 '토털 이미징 솔루션' 기업으로 거듭날 것으로 전망된다. 하나가 된 캐논코리아는 사무기 분야와 카메라 분야를 통합하면서 '입력에서 출력(INPUT TO OUTPUT)'까지 모두를 가능하게 하는 토털 이미징 솔루션 기업으로 새로운 방향성과 비즈니스 목표를 제시했다. 프린터, 복합기 등 출력 기기부터 카메라, 캠코더 등 입력 기기까지 모든 프로세스를 캐논 제품으로 활용할 수 있게 된 셈이다.

통합된 캐논코리아는 B2B와 B2C 영역을 포괄하면서 한층 다양한 분야에서 고객 친화적인 기업으로 재탄생하게 됐다. 사무기 영역에서는 복합기, 프린터, 스캐너, 프로젝터, 네트워크 카메라, 의료기기 등을 제공하고, 사진 및 영상 영역에서는 디지털 카메라와 렌즈, 캠코더, 방송용 영상 장비 등을 지원한다. 이를 통해 판매 채널을 다각화해 보다 다양한 유저의 니즈를 파악하고 이를 충족시키면서 한층 향상된 고객 가치를 창출할 것으로 보인다.

캐논코리아는 투명한 경영 활동을 위해 경제, 사회, 환경 등 지속가능 경영에 영향을 미칠 수 있는 주요 현안에 대해 정기적으로 이사회를 개최하며, 롯데와 캐논의 컴플라이언스 기준에 부합하는 투명한 경영 활동을 수행하고 있다. 특히 캐논코리아는 장애인 고용 창출에 기여하며 장애 포용적 문화를 조성하는 우수 기업으로 여러 차례 선정된 바 있다. 2013년에는 자회사형 장애인 표준사업장인 '엔젤위드'를 설립해 중증·여성 장애인 고용을 확대했다.

최세환 캐논코리아 대표는 "최첨단 광학 기술을 바탕으로 급변하는 환경 변화에 대응하는 혁신과 고객과의 신뢰를 통해 사무 혁신, 삶의 안전, 사회적 가치를 창출할 계획이다. 또한 고객으로부터 공감과 사랑을 받는 기업이 되기 위해 지속적으로 노력하고, 국가와 지역 경제 발전에 이바지할 것"이라고 덧붙였다.

[출처] 매일경제, 2022.03.22.

관계지향적 영업의 가치 창출

1. 당신의 마음속에, 무엇이 가치인가?

가치는 지각된 경험과 제품이나 용역에서부터 얻어진 값어치이다. 값어치는 어떤 것을 소중하고, 유용하고, 가치 있게 하는 '질'을 의미한다. 고객만족 이론의 가장 대표적인 기대불일치 이론에서는 가치와 만족에 대해서 다음과 같이 설명한다. 만약 가치가 기대를 초과하면, 고객은 매우 만족할 것이다. 만약 가치가 기대에 맞는다면 고객은 만족할 것이다. 만약 가치가 기대에 미치지 못한다면 고객은 만족하지 않을 것이다. 만족과 기대의 수준은 직접적으로 고객의 제품이나 서비스 재구매에 연관이 있다. 가치와 관련된 정의를 하기 위해 아래의 세 질문을 활용하면 도움이 된다.

Q1 고객에게 가치를 더하는 것의 중요성을 생각할 때는 언제인가? 그것이 당신에게 무엇을 의미하는가?

고객에게 가치를 더하는 것은 고객에게 물질적 값어치 이상의 기대를 초과하는 제품이나 서비스를 제공하는 것을 의미한다. 만약 고객이 유형의 제품을 구매했다면, 제품 특성이나 이점은 구매 과정에서의 관계 경험에 의해 강화될 것이다. 물론, 관계 경험이 고객의 값어치 기대를 초과했을 때, 강화되는 서비스 구매에서도 마찬가지이다.

Q2 당신의 조직에 가치를 더하기 위해 공급자가 하는 것 중에 가장 중요한 것은 무엇인가?

판매자는 태도, 헌신과 조직적 관계 설립이 시연되고 인식될 때, 'ㅇㅇ사에 가치를 더하기 시작했다'라고 한다. 태도, 헌신, 조직적 관계 설립이 되는 모든 세 가지 행동이 같이 일어날 때, 판매자는 순수하게 거래적 관계에서 전략적 파트너 관계로 이동한다.

Q3 당신의 경험으로부터, 한 공급자에게 충성도를 만들게 하는 것은 무엇인가? 즉, 어떤 것이 판매자가 하나의 고객에게 장기적 비즈니스를 제공하게 하는가?

다음은 공급자에게 고객으로부터 충성도를 얻어내게 하는 주요한 요소들이다.

공급자의 지속 가능성을 위한 핵심 요소
• 어떤 것이 고객에게 중요한 것인지 알아라.
• 파트너 태도를 가져라.
• 조직적 관계 설립에 투자해라.
• 질과 혁신에 대해 지속적으로 투자해라.
• 고객의 기업의 계획을 지지해라.
• 만일의 사태 계획에 있어 고객과 미리 선행하라.

2. 부가가치는 "마케팅 101"이다.

1장에서 우리는 가치를 고객이 영업사원이 판매하는 제품을 통해 얻은 이점의 통합이라고 정의했다. 영업 사원과 기업의 마케팅의 사소통의 형태는 고객이 이러한 장점을 가치 제안으로 인식할 수 있도록 만들어야 한다. 거래적 판매에서, 목적은 가격을 낮추는 것 그리고 가능한 가장 낮은 판매 가격을 설정하는 것이었다. 관계지향적 영업은 모든 가능한 방법을 통해 가치를 더하는 일을 한다.

부가가치 판매는 많은 영업 과정을 변화시켰다. 가치의 구성 요소은 다양하다. 중요한 점은 적절하게 지각된 가치란 어떤 것이 고객의 눈에 가치가 있는지 없는지를 의미하는 것이다. 그러나 보다 더 부가가치적인 접근으로 전환하는 것은 쉽지 않고 판매 가치는 영업 전문가가 직면한 가장 큰 도전 과제 중 하나이다.

왜 여기서 우리는 고객 가치에만 초점을 맞추는가? 두 가지 간단한 이유가 있다. 첫째는 고객과의 장기적 관계를 확보, 구축, 유지하는 것은 관계로부터 고객이 높은 가치를 얻는 것을 지각하는 것에 달려있기 때문이다. 두 번째는 많은 영업 사원이 가격 판매에서 가치 판매로의 변화를 겪고 있다. 관계지향적 영업과 영업관리에 대한 모델에서 보았듯이, 가치 창출은 고객 핵심에 가장 가까운 두 가지 이슈 중의 하나이다. 그래서 가치를 창출하고 의사소통 하는 것은 21세기 효과적 영업에서 성공의 핵심이다.

3. 가치의 개념 명확하게 하기

명백하게, 인적 판매와 마케팅 두 가지 모두는 고객에 대한 가치를 창출하고 의사소통하기 위한 필수 요소이다. 이 장 앞에서 제시된 예처럼 오늘날 판매의 기능과 마케팅 사이의 경계선은 흐려지고 있다. 특히, 복합 기능적 팀이 고객 관계 관리에 이용될 때, 마케터들은 고객과 직접적으로 연관된다. 마찬가지로 성공적인 관계지향적 영업에서, 영업사원은 효과적으로 고객에게 가치 제안을 전달하는데 그것은 제품과 기업과 관련된 가치 창출 요소의 모든 것을 의사소통하고 보여주는 것을 의미한다.

여기서 기업에 의해 고객 가치가 창출되는 방법과 영업 사원에 의해 의사소통 되는 방법에 대해서 이야기 해보자. 우선 가치와 관련된 몇 가지 이슈를 정리하면 다음과 같다.

(1) 가치는 고객 이점과 연관이 있다.

가치는 비용 대비 이익의 비율로 생각될 수 있다. 즉, 고객은 당신과의 비즈니스에 재정, 시간, 인적 자원(구매 센터의 구성원과 서포팅 그룹)을 포함하여 많은 비용을 "투자한다." 고객은 이러한 투자에 대하여 어떠한 이익의 총합을 취한다.

고객의 이익을 생각하는 방법 중의 하나는 고객에게 제공하는 유용성의 측면이 있다. 유용성은 원하는 것을 만족시키는 제품이나 서비스의 힘을 말한다. 유용성의 주요 4가지 종류가 있는데 형태, 장소, 시간, 소유이다. 형태 유용성은 기업이 원자재를 시장이 원하는 완제품으로 만들 때 생성된다. 장소, 시간, 소유 유용성은 마케팅에 의해 생성된다. 그것은 제품이 편리한 장소에서 고객이 사용 가능할 때, 고객이 그것을 구매하기를 원할 때, 교환 시설이 제품의 소유권을 판매자에게서 구매자로의 이전을 허용할 때 생긴다. 판매자는 고객의 가치를 몇 가지 방법으로 증가시킬 수 있다.

- 이익을 증가시킴
- 비용을 감소시킴
- 이익을 증가시키고 비용을 감소시킴
- 가격을 올리는 것보다 이익을 더 많이 증가시킴
- 비용을 줄이는 것보다 더 적게 이익을 줄임

여러분이 차를 쇼핑하고 있고 두 가지 모델 중에 선택하려고 하고 있다고 가정해보자. 당신의 구매 결정은 각 모델의 이점 대비 비용(단지 금전적이 아닌)의 비율에 의해 크게 영향을 받을 것이다. 당신의 결정을 이끄는 것은 단순한 가격이 아니다. 차 2에 비해 차 1이 가지고 있는 장점들(혹은 유용성)과 비교한 가격인 것이다.

유사하게, 영업 사원이 고객에게 의사소통하는 가치 제안은 단지 제품 자체의 이점뿐만 아니라, 고객이 전달하기로 약속한 모든 이점을 포함한다. 예를 들어 ○○사는 구매자에게 기업의 컴퓨터의 일괄 판매 능력과 고객맞춤화를 의사소통한다. 그러나 ○○사는 또한 판매 이후의 뛰어난 서비스를 의사소통하는 것과 그들의 웹 사이트에 쉽고 빠르게 접근할 수 있다는 것을 이야기한다. 이 기업들은 고객에게 제공하는 무수히 많은 장점들을 의사소통하는 것에 항상 신중하다. 지각된 가치는 특정한 고객의 요구를 명백하게 만족시키는 구매로부터 이끌어진 이익과 직접적으로 연관되어 있다.

몇 년 동안, 기업은 고객 만족을 측정하는 것에 사로잡혀 있었다. 그것은 고객이 제품, 서비스, 관계를 얼마나 좋아하는지 측정하는 가장 기본적인 수준의 방법이었다. 그러나 당신의 고객을 만족시키는 것 때문에 관계가 지속될 것이라고 확신하기는 충분하지 않다. 관계 중심 판매에서, 당신의 가치 제안은 반드시 고객의 과거 낮은 만족을 만족시키기에 충분해야 하고, 당신과 당신의 제품에 고객이 장기적으로 높은 수준의 고객 충성도로 헌신할 수 있도록 해야 한다. 충성적인 고객은 왜 그들이 다른 판매자로 변경하지 않는 지 많은 이유를 가지고 있다. 이러한 이유들은 거의 항상 당신과의 비즈니스를 하는 고객의 가치의 다양한 이유와 직접적으로 연관되어 있다.

충성적인 고객은 높은 수준의 만족을 경험한다. 그러나 모든 만족한 고객이 충성적인 것은 아니다. 만약 당신의 경쟁자가 당신보다 더 나은 가치를 제안한다면, 혹은 만약 당신의 가치 제안이 뒤처지거나 효과적으로 의사소통 되지 않는다면, 현재 만족한 고객은 빠르게 다른 판매자로 전환하는 후보자가 된다. 관계지향적 영업이 충성도를 형성하는데 매우 중요한 이유는 그것의 원원하는 특성이 고객과 제품 공급자를 연결시키고, 이 둘을 떨어트릴 강제적인 이유를 최소화하기 때문이다.

(2) 가치 사슬

가치와 만족의 전달을 이해하는 가장 유명한 방법은 가치 사슬이다. 그것은 하버드의 Michael Porter에 의해 판매 기업에서 더 많은 고객 가치를 창출하기 위한 방법을 정의하기 위해 고안되었다. 기본적으로 일반적인 가치 사슬의 개념은 모든 조직이 설계, 생산, 마케팅, 전달, 지지의 활동을 수반한다는 가정을 내포하고 있다. 가치 사슬은 9개의 전략적 활동(5개의 본원적 활동과 4개의 지원적 활동)을 나타낸다.

가치 사슬의 5가지 본원적 활동은 아래와 같다.
- 유입 로지스틱스: 어떻게 기업이 제품을 위한 원자재 구매에 착수하는지

- 생산: 어떻게 기업이 원자재를 최종 제품으로 변환하는지
- 유출 로지스틱스: 어떻게 기업이 최종 제품을 마켓플레이스에 운송하고 유통하는지
- 마케팅과 영업: 어떻게 기업이 마켓플레이스에 가치 제안을 의사소통 하는지
- 서비스: 어떻게 기업이 영업중이나 영업 후에 고객을 지원하는지에 관한 것이다

가치사슬의 4가지 지원적 활동은 다음과 같다.
- 기업 하부구조: 어떻게 기업이 사업을 위해 건립되는지. (내부 과정이 정렬적이고 효과적인가?)
- 인적 자원 관리: 어떻게 기업이 적절한 사람을 적절한 곳에 배치하고, 그들을 훈련하고, 그들을 유지하는지 확실하게 하는지
- 기술 개발: 기업이 고객을 만족시키기 위해 어떤 기술을 어떻게 사용하는지
- 조달에서의 이슈: 어떻게 기업이 판매자와 품질과 가격 문제를 다루는지

가치 사슬 개념은 조직적 수준에서 가치를 창출하는 주요 활동을 이해하는 데 매우 유용하다. 최근 최고 경영자들은 가치 사슬의 다양한 요소들을 정리하고자 애썼다. 그것은 기업의 모든 측면이 고객과의 장기적 관계를 확보, 구축, 유지하는 능력을 손상시키는 문제들을 없애기 위해 함께 작용하는 것을 의미한다.

공급자의 가치 사슬이 잘 작동될 때, 고객이 보고자 하는 것은 질 좋은 제품, 정시 배달, 좋은 사람들 등의 결과이다. 만약 가치 사

슬이 오직 하나의 약한 연결을 갖는 다면, 전체적인 관계지향적 영업의 과정은 팽개쳐질 것이다. 예를 들어 하나의 월마트 판매자의 가치사슬의 작은 문제는 월마트의 품절을 불러오는 배달 지연을 불러올수 있다. 만약 이것이 반복적으로 일어난다면, 이것은 전체적 관계를 손상시킬 수 있다. 이러한 문제의 잠재적 가능성을 줄이기 위해, 월마트(가치 사슬을 실행하는 선두자로 알려진)는 모든 판매자들이 그들의 IT시스템과 연결하도록 해서 주문 이행의 모든 과정이 매끄럽도록 했다.

(3) 고객의 평생가치

이윤은 기업에 의해 만들어진 총 매출에서 비용을 제외한 이익을 말한다. 관계지향적 영업의 목적은 고객과의 장기적 관계를 확보, 구축, 유지하는 것이라는 것을 알 것이다. 과거에는, 기업들이 너무많이 고객 만족에 관심을 기울여서 모든 만족한 고객들이 실제로는 수익성 있는 고객이 아니라는 것을 깨닫는 것에 실패했다. 그러나 오늘날 기업은 고객의 평생가치를 측정하는 데 매우 많은 신경을 쓴다. 그것은 고객의 평생 구매 기간 동안에 기대되는 미래 수익의 흐름의 현재 가치이다. 이렇게 기대되는 수익에서 고객 관계를 확보, 구축, 유지하는 데 예상되는 비용을 뺀다.

평생가치가 떨어지는 고객에게 판매하는 것은 장기적으로 적자를 내는 일이다. 기업은 이러한 고객을 유지하려고 노력하면 안 된다. 결론적으로 이러한 고객과는 관계를 끊어야 하는데 이런 고객에게 직접적으로 대체품이나 다른 유통경로를 통해 고래를 해야한다고 이야기하는 것은 쉽지 않다. 평생가치가 적은 고객에게 가는 노력을 평생가치가 높은 매력적인 고객을 유지하는 것에 더 투입할 수 있다는 점을 알아야 한다.

평생가치가 높은 수익성이 있는 기존 고객의 충성도 증가에 따른 유보율(고객을 오랫동안 유지하는 것)의 증가는 수익의 증가를 야기시킬 수 있다. 이것은 영업사원이 새로운 고객을 얻는 것보다, 기존 고객을 유지하는 것이 훨씬 비용이 적게 들기 때문이다.

평생가치를 수량화하는 것은 관계지향적 영업에서 중요한 요소이다. 지금까지, 가치 사슬 개념을 통해 판매 기업의 관점에서부터 가치 창출의 중요한 문제를 살펴보았다. 다음 부분에서는, 우리는 영업사원이 고객과 의사소통 할 수 있는 구체적인 가치 창출 요소에 대해 살펴보자.

고객평생가치(Customer Lifetime Value)

최근 기업 분석에서 고객평생가치란 지표가 사용되고 있다. 고객평생가치는 기업이 창출하는 장기적으로 지속 가능한 이익을 측정하는 여러 지표 중 하나이다. 다음은 고객평생가치의 의미와 산정 방법 그리고 고객평생가치를 높이는 마케팅에 대해 간단히 알아보자.

최근 마케팅과 관련해서 여러 기사나 저서에서 고객평생가치라는 단어를 들을 기회가 많아졌다. 고객평생가치의 기본적인 의미는 다음과 같다. 한 명의 고객이 기업과 거래를 시작한 다음 이를 멈출 때까지의 기간을 "고객 라이프 사이클"이라고 한다. 고객평생가치는 한 명의 고객이 "고객 라이프 사이클 기간 동안 기업에 얼마만큼의 이익을 가져왔는가"를 정량적으로 나타낸 것이다. 고객평생가치는 고객 중심의 관계 지향적 마케팅 기법이 성숙해지면서 주목받기 시작한 개념으로 고객과의 관계를 좋게 만들고 이를 기업의 이익으로 이어가는 것에 대한 중요한 지표라 할 수 있다.

고객평생가치가 높다는 것은 고객이 장기적으로 기업의 제품을 계속 선택하고 있다는 것이다. 즉, 기업은 자사 제품을 지속해서 이용하는 충성도 높은 고객들이 있고, 이들과 좋은 관계를 유지하고 있다는 것이다. 충성도가 높은 고객은 낮은 고객에 비해 자주 구매하고 구매 총 금액도 많다. 예를 들어 한번에 많은 돈을 소비하는 고객보다는 자주 방문하고 구매를 꾸준히 하는 고객이 고객평생가치가 높다는 것이다.

고객평생가치가 높다는 것은 기업이나 제품을 평가해주는 기존 고객 기반이 탄탄하다는 것을 뜻한다. 신규 고객에게 우리 제품을 알리고, 새로운 고객이 상품을 구매하게 하려면 설득하기도 어렵고 시간과 비용도 많이 든다. 반면에 기존 고객 유지비용은 신규 고객 1명을 유치하는 것의 약 5분의 1 정도이다. 빅데이터 등으로 소비자의 구매행동 예측이 다양한 방법으로 가능하지만 신규고객 보다는 기존 고객이 그들의 구매 이력을 통해 성향과 구매 행동 파악이 더 용이하다.

또한, 기존 고객의 평균 1회 구매 금액은 신규고객보다 더 커서 기업에게 더 큰 수익을 가져다준다. 따라서 기존 고객 유지는 기업 경영전략 측면에서 매우 중요하다고 할 수 있다. 기존 고객과의 관계를 더 좋게 만들고 이를 확대해 나아가는 관계지향적 영업 측면에서도 고객평생가치 분석은 매우 중요하다.

4. 영업 메시지에서 가치 의사소통 하기

관계지향적 영업에서 가장 중요한 내용 중에 하나인 가치 제안 판매에 대해 집중설명하고자 한다. 이를 위해 부가 가치 판매를 수행하기 위해 이러한 이점들을 이끌어낼 수 있는 12개의 이슈에 집중할 필요가 있다. 이 이슈들은 상대적인 요소들에 대한 고객의 관점이라는 것을 기억하자. 예를 들어 어떤 기업의 제품은 완벽한 품질을 가졌다고 하지만 만약 이 내용이 고객에게 잘 전달되지 않았다면, 고객은 이 제품이 완벽하다고 인식하지 않았을 것이다. 가치 의사소통에 대한 12개의 이슈는 다음과 같다.

- 품질
- 공급망
- 통합적 마케팅 커뮤니케이션

- 영업과 마케팅의 시너지
- 마케팅 믹스 프로그램 실행
- 구매자 – 판매자 관계의 질(신뢰)
- 서비스 품질
- 영업사원 전문성
- 브랜드 자산
- 기업 이미지/명성
- 기술의 적용
- 가격

(1) 품질

제품과 서비스의 품질에 대해 많은 논의가 있었는데 공통적인 요소로 제품의 가치를 더하는 품질의 중요한 8가지 요소가 있다.

- 효용: 제품의 주요한 사용상의 특징. 자동차에 있어서 이것은 안정성, 가속력, 안전, 핸들링과 같은 특성이 될 수 있다.
- 특성: 제품의 기초 능력이나 기능적 속성을 보완하는 특징. 설거지 기계에 있어서 이것은 4가지 분리된 세척 주기를 포함할 수 있다.
- 신뢰성: 특정한 시간 내에 고장이나 실패의 가능성
- 일치성: 제품의 설계와 산업특성이 제품 통제의 달성된 기준을 만족하는 정도. (예를 들어, 조립 라인에서 결과물과 관련된 몇 가지 문제 때문에 몇 번 다시 일해야 하는가) 일치성은 신뢰성과 연관이 있다.
- 지속성: 제품의 사용상의 지속성. 제품이 고장 나기 전까지 얼마나 고객이 제품을 사용하는가에 관한 이슈

- 서비스 가용성: 스피드, 공손함, 경쟁성, 그리고 제품에 대한 수리의 용이성
- 심미성: 제품이 어떻게 보이고, 느끼고, 들리고, 맛이 나고, 냄새가 나는지
- 지각된 품질: 얼마나 정확하게 제품의 질에 대한 고객의 관점과 그것의 실제 품질과의 일치성. 마케팅에서 소비자의 지각은 소비자에게는 사실이다.

(2) 공급망

훌륭한 공급망 관리 시스템을 가진 기업은 고객에게 많은 양의 가치를 더한다. 공급망은 제조기업이 소비자에게 도달하는 유통의 중간상이 가진 모든 요소를 포함한다. 우수한 기업은 고객에게 훌륭한 공급망을 주요 가치 제안으로 제공하는 기업이다. 이런 기업은 그들의 영업사원 뿐만 아니라 통합적 마케팅 커뮤니케이션(IMC) 전략을 통해 지속적으로 시장(고객 및 이해관계자)과의 의사소통을 해왔다.

(3) 통합적 마케팅 커뮤니케이션(IMC)

많은 학자들과 실무자들이 마케팅 메시지의 통합이 고객 관계를 관리함에 있어서 얼마나 중요한가를 주장해왔다. 어떤 사람이 직업을 구하기 위해 기업에 관해 탐색을 할 때 제일 먼저 인식하는 것은 기업의 이미지, 메시지, 그리고 기업의 로고 등이다. 그런데 많은 경우 이들 요소들이 불일치한 경우가 많다. 이러한 불일치는 부족한 IMC 때문이다. IMC는 기업의 미션, 비전, 목표와 가치를 수용하는 기업의 모든 구성원들로부터 시작된다. 그리고 메시지는 내부 가치 사슬을

이용하여 내-외부와 의사소통된다. 결국 이것은 프로모션 믹스를 통하여 고객과 다른 외부 이해관계자들에게 의사소통 된다. 고객은 기업의 부가 가치가 담긴 메시지가 제안되는 것에서 정보의 일치성을 기대한다. 훌륭한 IMC는 영업 사원이 고객 관계를 강하게 하도록 기업에 대해 잘 알려진 일치된 메시지를 언급함으로서 가능하다.

(4) 영업과 마케팅의 시너지

시너지의 쉬운 정의는 부분의 합보다 전체가 더 크다는 것이다. 영업과 마케팅은 그 둘이 고객의 더 큰 이익을 위해 협동할 때, 발생한다. 관계지향적 영업과 영업관리에 대한 모델의 전체 개념은 시너지를 중심으로 돌아가는데 즉 고객 관계를 관리하는 데 초점을 둔 매끄러운 조직적 과정을 말한다. 영업과 마케팅이 동시에 이뤄지지 않는다면, 고객은 소외감을 느끼고, 가치 제안은 약해진다. 시너지를 확실하게 하는 방법 중의 하나는 핵심 역할을 하는 마케팅 멤버를 포함시킨 다기능적 판매 팀을 통해서이다.

브랜드 관리는 마케팅 부서와 직접적으로 현장의 영업관리자와 함께 스케줄과 제품 믹스를 만들고 이미지 및 브랜드 자산을 관리하는 작업이다. 그러므로 영업 사원이 고객에게 새로운 홍보를 하게 될 때, 기업의 홍보적 의사 결정 안에서 고객의 니즈와 욕구가 고려된 사려 깊은 계획으로 가치를 제공할 수 있는 것이다.

(5) 마케팅 믹스 프로그램의 실행

마케팅 믹스를 통합하는 일을 하는 기업은 부가 가치 판매의 기회를 제공한다. 영업 사원은 그들의 기업의 제품 변화, 신제품 개발과 같은 계획에 대해 고객과 의사소통 하는 것을 즐긴다. 그리고 강한 마케팅 믹스 프로그램의 히스토리는 영업사원과 기업에 신뢰성을 주는데 이는 예상고객이 새 고객으로 전환될 수 있도록 도와준다. 고객들은 당신의 기업이 효과적인 마케팅 믹스 프로그램을 통해 그들의 제품을 지원할 것이라는 자신감을 갖는다.

(6) 구매자-판매자 관계의 질(신뢰)

관계 질에서 주요한 이슈는 신뢰이다. 신뢰는 다른 쪽이 관계 내에서 그들의 의무를 다할 것이라는 믿음이다. 명백하게, 신뢰를 구축하는 것은 관계지향적 영업에서 필수적이다. 이것은 영업 사원의 말(그리고 기업의 모든 사람의 말)을 믿게 할 수 있다는 자신감을 나타낸다. 영업 사원이 비즈니스 할 때 접근의 핵심에는 고객의 장기적인 이익이 있어야 함을 의미한다. 신뢰의 분위기는 관계에서 과정에 강력한 가치를 더한다.

(7) 서비스 품질

서비스는 제품과 다르다. 특히, 서비스는 아래와 같은 독특한 특징을 가지고 있다.
- 무형성: 서비스는 그들이 구매하기 전에 보고, 맛보고, 느끼고, 듣고 냄새 맡을 수 없다.
- 불가분성: 제품과는 다르게, 서비스는 일반적으로 동시적으로 제공되고 소비된다. 즉, 생산과 소비가 분리될 수 없다.
- 변동성: 서비스의 품질은 누가 서비스를 제공하는지, 그리고 언제, 어디서 그것이 제공되는 지에 따라 크게 다르다. 즉, 사람에 따라서 서비스의 품질이 달라질 수 있다.
- 소멸가능성: 서비스는 사용을 위해 저장될 수 없다. 생산과 동시

에 소멸되고 만다.

이런 독특한 서비스의 특성은 기업에게는 물리적인 제품 제공에 보이지 않는 가치를 더하고 그 가치를 활용 할 수 있는 기회를 가지게 한다. 또한 영업사원에게는 이러한 가치를 고객과 함께 의사소통 할 수 있는 기회를 제공한다.

(8) 영업사원의 전문성

영업사원이 당신의 고객을 다루는 방법에 대한 전문성의 수준은 그들에게 훌륭한 잠재적 원천이다. 전문성이란 무엇인가? 이것은 일에 대한 확고한 신념, 적절한 복장 코드, 좋은 매너, 그리고 긍정적인 태도와 같은 다양한 것을 포함한다. 고객들은 제품에 대해 궁금하기보다는 우선적으로 자신에게 도움이 되는 영업사원을 만나려고 한다. 이때 고객들이 가장 먼저 보는 것이 외향적인 모습이고 그중에서도 영업사원의 확고한 자신감이 있는 태도에 가장 많은 점수를 준다. 외모는 말 그대로 보이는 모습이지만 실질적인 외적인 모습은 내면의 자신감 즉, 전문성으로 무장된 확고한 태도로부터 나온다.

(9) 브랜드 자산

브랜드 자산은 브랜드 이름 안에 내포된 그리고 그 자체로 가지고 있는 가치이다. 브랜드 자산은 재무제표상의 호감의 개념과 같은 것이다. 만약 기업이 모든 유형 자산을 청산한다 해도, 좋은 브랜드는 여전히 기업에 훌륭한 가치를 가지고 있는 무형자산이다. 높은 자산을 갖고 있는 브랜드의 예시는 글로벌 브랜드로 애플, 구글, 아마존, 코카콜라, IBM, 맥도날드, 델 등이 있고 국내 브랜드로 삼성, LG, SK, 현대 등이 있다. 관계지향적 영업에서, 그 밖의 모든 것이 동등하다면, 만약 영업사원이 당신 브랜드의 가치를 판매할 수 있다면 영업활동은 더 쉬워진다. 관계지향적 영업에서 브랜드 자산의 개념을 적용하는 흥미로운 것은 영업사원 자신의 가치를 고객에게 판매하는 것이다.

(10) 기업의 이미지/명성

브랜드 자산과 밀접하게 관련한 것은 어떻게 기업의 이미지나 명성이 가치를 더하는지에 대한 개념이다. 재무적 문제가 생긴 예를 들어 매출 하락이나 수익성 하락을 겪고 있는 어떤 기업은 새로운 고객을 획득하기 위해 과거 기업의 명성에 기반하여 비즈니스를 새로 시작하기 위한 기회를 가질 수가 있다. 반면에, 기업의 명성을 잃고 난 다음 다시 되찾고자 하는 것은 매우 큰 위험성이 뒤따른다. 강하고 긍정적인 이미지를 갖고 있는 조직은 영업활동시에 이 이미지가 경쟁에서 이기는데 도움이 되고 고객에게 이미지가 가져오는 자신감은 다른 이슈들을 극복할 수 있게 해준다.

(11) 기술의 응용

몇몇 기술지향적인 기업은 기술을 통하여 고객 관계에 상당한 가치를 제공한다. 영업사원은 이러한 기술적인 가치를 고객들과의 커뮤니케이션에서 활용함으로써 종종 부가가치를 창출하기도 한다. 예를 들어 어떤 한 제약 기업은 특정 기업 고객의 비즈니스 활동을 돕기 위해 복잡한 소프트웨어를 개발했다. 이러한 활동은 전략적 파트너 십의 영역으로 관계지향적인 영업활동을 촉진시킨다. 그리고 이러한 활동은 기업이 상호 이익을 위해 자신의 지적 자산을 공유하는 매우 고도화된 관계이다.

(12) 가격

　　많은 영업 사원은 판매 가격을 판매 가치로 변환하는 데 어려움을 느낀다. 왜냐하면 고객이 생각하는 가격과 영업사원이 제시하는 가격에는 관점의 차이가 있기 때문이다. 고객에게는 비용적인 측면이 강하고 영업사원의 입장에서는 수익성과 직결된다. 따라서 너무 수익성을 내세우기보다는 고객의 관점에서 비용을 절감해준다는 느낌을 주어야 한다. 이것이 관계지향적 영업에서 핵심적인 가격제안이고 영업사원은 부가적인 가치 요소로서 가격을 보아야 할 것이다. 가치를 경제적 관점에서 비용 대비 이익을 언급한 것을 기억하라. 고객들에게 가치는 그들이 얻는 이익이 당신과 함께 사업을 하면서 들어간 다양한 비용의 투자를 넘어선 양이다. 그리고 그 가치를 증가시킬 수 있는 방법 중 하나는 비용을 감소시키는 것이다. 하지만 비용 감소는 단순히 비용을 줄이는 것이 아니라 매우 복잡하고 어려운 절차속에서 절감할 수 있는 뼈를 깎는 노력을 요구한다.

　　어떤 기업들에게 낮은 가격은 주요 마케팅 전략의 수단이다. 종종, 이러한 기업은 다른 경쟁자들보다 낮은 가격을 가짐으로써 가격 면에서 경쟁하는 것을 관리한다. 낮은 비용 구조는 훌륭한 제조 유효성, 낮은 노동비, 더 좋은 공급망 관리 시스템과 같은 많은 자원을 가지고 달성 할 수 있을 것이다. 가장 유명한, 할인점인 월마트는 저가전략(EDLP: Every Day Low Price)을 사용하여 성공적으로 경쟁하고 있다. 이 생산 유효성은 저가뿐만 아니라 더 나은 이윤으로도 나타난다.

5. 고객 기대 관리

앞에서 영업 사원이 그들의 기업의 가치 제안을 의사소통하는 데 있어서 다양한 범위의 요소를 이끌어 낼 수 있는 것을 보았다. 각각의 요소는 고객에게 의사소통 이점에 대한 풍부한 정황을 제공한다. 관계지향적 영업에서 고객의 적절한 기대 관리를 통해 고객 만족을 이끌어내기 위해서는 지나치게 약속하고 가치전달에 실수하지 말아야 한다.

고객 만족, 즉 고객의 기대를 넘어서는 것은 고객의 충성심을 얻는 것과 장기적 관계로 고착화시키는 강력한 방법이다. 지나치게 약속하는 것은 당신에게 처음의 판매를 가져다 줄 수 있지만 불만족한 고객은 당신에게 다시는 구매하려고 하지 않을 것이다. 그리고 다른 잠재 고객에게 당신과 당신의 기업을 피하라고 말할 것이다.

가치 제안에 대해 고객과 의사소통 하는 방법을 잘 아는 영업 사원은 성공적인 관계지향적 영업자가 되기 위한 길을 잘 가고 있다. 관계지향적 영업에서 부가 가치에 대한 고객의 인지는 중요하다. 영업과 마케팅은 가치 제안을 의사소통하는 데 있어서 주요한 역할을 한다. 이 메시지는 반드시 의사소통 되는 형태로 지속되어야 한다. 따라서 고객과의 지속적인 의사소통을 총괄하는 통합 마케팅 커뮤니케이션(IMC)은 매우 중요하다.

마이클 포터의 가치 사슬 개념은 기업 수준에서 가치의 생산과정을 이해하는 데 매우 유용한 모델이다. 영업 사원은 고객에게 있어 이익과 마찬가지로 가치의 다양한 관점을 의사소통하여 이끌어 낼 수 있다. 적절한 소통을 통해 기대를 관리하고 기대관리를 통해 만족을 이끌어내어 장기적인 관계를 구축하는 시발점이 되어야 한다.

영업과정에서의
윤리적-법적 문제

Part 6

윤리적인 관계는 관계지향적 영업의 기초이다. 매일 영업사원들은 윤리적인 판단을 요구 받는다. 그들의 관리자들 또한 기업 정책뿐 아니라 개인 영업사원에 영향을 미치는 윤리적 결정을 매번 반복해서 해야 한다. 지난 몇 년간의 사건들로 윤리적인 행동은 단순하게 잘하고 있다고 가정되어서는 안 된다는 것이 명확해졌다. 비즈니스 윤리는 조직 문화의 기초적인 요소가 되고 학습되어야 할 필요가 있다. 이 장에서는 많은 윤리적인 문제를 다뤄볼 것이고 영업 행동에 영향을 미치는 법적 문제를 이야기 해 볼 것이다. 이 장의 주요 논의 이슈는 다음과 같다.

- 관계지향적 영업과 영업관리에서 윤리적인 행동의 중요성을 이해하라.
- 윤리적인 이슈가 고객과 근로자들과 관계되어 있을 때 영업사원들에게 맞닥뜨려진 윤리적인 문제를 파악하라.
- 영업관리자들이 영업사원, 기업 방침, 그리고 국제적인 영업 문제와 관련이 있을 때 맞닥뜨려진 윤리적 문제를 파악하라.
- 관계지향적 영업에서 법적 문제를 토의하라.
- 판매 윤리의 개인적인 방법을 만들어라.

엔씨소프트, 윤송이 CSO 중심으로 AI 윤리 정립 나선다

엔씨소프트(대표 김택진)가 윤송이 CSO를 중심으로 AI 윤리 정립에 나서 눈길을 끌고 있다. 엔씨소프트는 지난해 3월 지속가능경영을 강화하기 위해 'ESG 경영위원회'를 신설한 뒤, 8월에는 지속가능경영보고서를 발간했다. 엔씨는 한국기업지배구조원(KCGS), 모건스탠리캐피털인터내셔널(MSCI) 등으로부터 환경, 사회적 책임, 지배구조(ESG) 평가에서 'A'등급을 획득하며 게임사 중 가장 우수한 평가를 받았다.

엔씨소프트 ESG경영의 키워드 중 하나는 'AI 시대의 리더십과 윤리(Leadership and ethics)'다. 기술을 개발하는데 그치지 않고 올바른 AI 윤리 정립에 앞장서겠다는 의미다. AI는 결론을 도출한 근거 또는 과정을 알아내는 데에 한계가 있어 종종 '블랙 박스(Black Box) 인공지능'으로 불린다. 이러한 이유로 책임 있는 인공지능(Responsible AI, RAI), 설명 가능한 인공지능(Explainable AI, XAI)의 중요성이 강조되고 있다.

엔씨소프트는 지난해 4월부터 연중 기획 'AI Framework' 시리즈를 공식 블로그와 유튜브를 통해 소개하는 중이다. 윤송이 CSO가 하버드대학교, 스탠포드대학교, 매사추세츠공과대학(MIT) 등 세계적인 석학과의 토론을 통해 AI 기술을 바라보는 새로운 관점과 방향을 제시한다.

엔씨소프트는 스탠포드 인간 중심 AI 연구소 페이페이 리(Fei-Fei Li) 공동소장, 롭 리쉬(Rob Reich) 교수와의 토론을 시작으로 하버드대에서 '임베디드 에틱스(Embedded Ethics)'를 이끌고 있는 석학들의 시선을 조명하고 있다. 해당 과정은 윤리적인 모듈을 개발하기 위한 하버드대의 프로그램이다. 엔지니어링 과정에서 윤리적, 사회적 의미를 고려할 수 있는 프로그램을 제공한다. 올 1월부터는 하버드대의 임베디드 에틱스 과정을 개설한 앨리슨 시몬스(Alison Simmons) 교수의 시각을 소개했다. 시몬스 교수는 대담을 통해 "별도의 윤리학 과목을 개설하는 것이 아닌, 학생들이 컴퓨터 과학자로서 윤리적 추론을 이어갈 수 있도록 돕고 싶었다"며 배경을 설명했다.

앞서 2020년부터 엔씨소프트는 스탠포드대학교, 메사추세츠공과대학(MIT)과 함께 AI 윤리 커리큘럼 개발에 나섰다. 지난해부터는 하버드대학도 참여했다. 국내에서는 2018년부터 '엔씨 펠로우십(NC Fellowship)'을 운영하며 AI 인재 육성에 힘쓰고 있다.

윤송이 CSO는 엔씨 AI Center 설립을 주도해 AI와 NLP(자연어처리, Natural Language Processing) 연구 개발 성과를 경영에 접목하고 있다. AI가 미치는 사회적 영향과 AI 윤리를 지속적으로 고민하며, 현재 미국 스탠포드 인간중심 AI 연구소(Human-Centered AI Institute, HAI) 자문 위원과 메사추세츠 공과대학(MIT) 이사회 이사로 활동 중이다. 엔씨소프트 측은 "윤송이 CSO를 중심으로 AI 윤리 정립을 위한 다양한 활동을 이어갈 예정"이라고 밝혔다.

[출처] 백민재 기자, 2022.03.18., 한경닷컴.

1. 21세기 윤리의 중요성

우리 모두는 일상생활 속에서 윤리적인 이슈를 매일 매일 시험받고 있다. 예를 들어 슈퍼의 점원이 당신에게 너무 많은 잔돈을 주었다면 어떻게 하겠는가? 음식점에서 당신이 먹은 음식값을 잘못 계산했을 경우는 어떻게 행동할 것인가? 당신에게 이익이 될 수도 있지만 누군가에게는 손해로 돌아간다. 당신의 친구가 당신에게 시험 시간에 답을 물어봤다면? 어떤 지침이 당신을 윤리적인 딜레마에 대한 결정을 하게 하는가?

직무의 본질을 보면 영업사원이 매일 윤리적인 문제에 맞서 있는 것은 놀랍지 않다. 이 전의 장에서 봤던 관계지향적 영업과 영업관리의 모델처럼 윤리는 구매자－판매자 관계에서 중요한 지침이다. 윤리적인 행동 없이 구매자들과 장기적인 관계를 유지하는 것은 어렵다. 그러나 영업사원들은 그들의 관리자, 고객, 그리고 다른 집단들을 포함한 다양한 자원으로부터 압박을 받는다. 어떤 사람을 위한 옳은 결정은 다른 사람을 실망시킬 수 있고, 결정은 더 복잡해진다. 예를 들어 정말로 필요하지 않는 고객에게 장기적인 서비스 계약 판매를 거절하는 것은 고객에게는 큰 이익일 수 있지만 기업에게는 이익이 되는 결정이라고 말할 수 없다.

　또한 윤리적인 규범은 매번 바뀐다. 이것은 영업사원들이 기업의 변화하는 정책과 고객 요구의 중간에 휘말리게 되는 불안감을 초래한다. 예를 들어 관계지향적 영업의 본질은 때로 구매자들과 판매자들이 제조와 가격에 대한 민감한 정보를 공유하는 것을 뜻한다. 그러나 많은 기업들은 여전히 너무 많은 정보를 고객과 공유하는 것을 경계한다. 불행하게도 윤리적인 행동을 정의하는 것은 매우 어렵다. 우리가 다루는 것은 사업 윤리이고 이것은 비즈니스의 세계에서 행동지침과 옳고 그름을 평가해주는 표준과 정책으로 구성되어 있다.

크라운제과 영업소장, 영업사원에 막말 논란

크라운제과에서 영업소 간부가 영업사원들에게 막말을 일삼으며 판매 실적 달성을 강요했다는 주장이 제기돼 논란이 일고 있다. 크라운제과는 문제를 인정하고 막말을 한 간부를 인사조치하고 재발 방지책 마련을 약속했다.

6일 크라운제과에 따르면 지난해 8월 크라운제과 소속 한 영업소장은 영업사원을 상대로 영업 실적 달성을 강요하며 폭언을 했다는 사실이 한 언론을 통해 보도됐다. 공개된 녹음 파일에서 영업소장은 영업소 평균 실적 미만을 기록하고 있는 영업사원을 암적인 존재로 표현하며 모욕적인 발언을 이어갔다. 이 같은 폭언과 갑질에 영업사원 A씨는 지난해 말 회사를 그만두기로 결심했다고 전했다. A씨는 판매 목표와 실제 매출간 차이가 커 달성하기 힘들었다고 전했다.

이 같은 폭로에 대해 크라운제과 측은 문제를 인정하고 해당 영업소장에 대한 즉각적인 인사조치를 취했으며 향후 재발 방지를 위한 노력을 진행하고 있다고 밝혔다. 다만 목표량을 과도하게 설정하지는 않았고 이를 달성하지 못했다고 영업사원에게 인사상 불이익 등을 주지는 않았다는 입장이다.

크라운제과 관계자는 "윤리경영에 어긋난 부적절한 발언에 대해 즉각 인사조치했고 올해부터는 영업목표 현실화와 선제적인 감시활동 강화로 재발방지는 물론 더

[출처] 김동현 기자, 2021.08.06., 뉴시스.

(1) 윤리적인 관행의 갱신

최근 'OO이 비윤리적이고 불법적인 행동을 했다' 와 같은 뉴스가 1면을 차지하고 있다. 영업사원이 직접적으로 불법적인 행동에 관여했든 안 했든 그들은 관리차원에서 윤리적인 실수에 대한 책임을 져야 한다. 이러한 스캔들을 통해 우리가 배울 수 있는 하나의 성과는 모든 조직 단계에서 윤리를 재조명하게 되었다는 것이다. 낮은 단계부터 근로자들은 기업의 윤리적인 관행을 배워야 한다. 많은 기업들은 그들의 가치나 행동을 발표하기도 하고, 이것은 그들이 사업을 하는 방법을 정의하기도 한다.

윤리가 가장 큰 영향을 미치는 분야가 영업분야이다. 구매자와 판매자 사이의 관계는 상호간의 신뢰에 기반되어 있다. 어떤 윤리적인 실수도 심각하게 고객의 신뢰를 손상 입힐 수 있다. 최근의 한 영업관리자 대상의 조사에서는 70%의 비즈니스 고객들이 구매 의사결정을 할 때 판매 기업의 윤리적인 평판을 고려한다고 하였다. 이처럼 윤리는 구매자와 판매자 모두에게 판매 결정 과정에서 중요한 역할을 하고 있다.

윤리는 미국에서만 제한된 것이 아니다. 세계적으로 기업들은 세계적인 윤리 정책을 만듦으로써 윤리적인 문제를 다루는 데 대응한다. 이것은 한 나라부터 다른 나라까지 그리고 지역에 의해 달라지는 윤리적 관행이다. 남미에서 받아들여지는 행동은 아마 미국이나 유럽에서는 법으로 금지될 수 있다. 예를 들어 사업성공 가능성을 증가시키기 위해 뇌물을 주는 것은 남미와 중동에서는 사업의 일부분으로 보이지만 미국에서는 불법이다. 이 장의 후반부에서 보는 것처럼 국제적인 윤리 관행과 정책은 그것이 어디서 왔든 어떤 기업에서도 쉽지 않다.

(2) 기업들은 사회적 책임을 솔선수범 한다.

윤리적인 행동의 문제를 넘어서 기업들이 매일 마주쳐야 하는 큰 문제가 있다. 우리의 사회적 책임이 무엇인가? 가장 최근의 글로벌 경제위기 때의 사례를 보면 사라진 주주의 부와 수많은 해고는 부족한 윤리적인 판단의 결과로 인한 것이었다. 수천 명의 사람들을 다양한 방법으로 상처 입힌 그러한 결정은 나쁜 기업 시민의식의 예이다. 기업들은 많은 이해관계자 그룹에 대한 책임감을 가지고 있다. 물론 기업은 가장 중요한 이해관계자인 그들의 고객에게 책임을 다해야 한다. 근로자들(지속적인 고용에 의존하는), 주주(기업의사결정에 투자한), 그리고 다른 독립체(공급자, 정부, 채권자)가 기업의 윤리적 행동을 기대하고 있기 때문이다.

2. 영업사원을 위한 윤리적인 문제

이 부문은 그들이 고객과 기업과 상호작용할 때 다뤄지는 윤리적인 문제이다. 이러한 문제들은 영업사원의 결정에 달려 있기 때문에 시간과 노력이 많이 들 수 있다.

(1) 고객과의 문제

영업사원들이 그들의 고객과의 관계에서 4가지의 주요한 윤리적인 문제가 있다. 그것은 부정직, 선물, 접대, 뇌물, 불공평한 태도, 기밀 누설이다.

① 부정직

영업사원들은 판매를 한다. 그것은 영업사원의 직업이고 직무의 일부분으로 그들의 제품을 고객에게 죄고의 방법으로 보여줘야 한다. 영업사원은 완벽하게 제품과 서비스에 대한 열정을 보여주어야 한다. 그러나 열정과 불법 사이의 선이 있다. 어떠한 일이 있어도 부정직은 받아들여지지 않고 고의로 틀린 정보를 고객에게 제공하면 안 된다. 그러나 만약 고객이 배송기한을 지킬 수 있는지 여부를 물어볼 때 영업사원은 만일 제조가 미뤄질 수 있으므로 확실하지 않다고 해야 할까? 문제는 법적인 것이 아니고 윤리적인 것이다. 그렇다면 어떻게 영업사원들은 열정이 나쁜 윤리적 판단이 되지 않도록 해야 하는가? 이것은 영업사원들이 거의 매일 맞이해야 하는 문제이다.

구매 물품의 하자 유무에 대해서는 매수자가 확인할 책임이 있다. 이것은 일반적으로 판매자의 진술에 대해 구매자가 어떤 허위사실도 밝혀내야 하는 책임이 있다는 것이다. 관계지향적 영업에서 영업사원은 반드시 얼마나 많은 정보를 고객에게 제공할 것인지를 결정해야 한다. 만일 성공적인 관계지향적 영업이 신뢰와 윤리적인 행동에 기반한다면 영업사원들은 정보를 숨기거나 반쪽 진실을 알려 줄수 없다. 고객들이 그러한 반쪽 진실을 알게 될 때 생기는 장기적인 손상은 정직해서 생긴 단기적인 손상보다 더 나쁠 수 있다. 부정직은 고객 관계에는 해를 끼치지 않지만 법적 행동을 만들 수 있고 큰 재정적인 심판을 받을 수 있다.

완전한 정보를 제공하기로 결정한 영업사원은 높은 정도의 신뢰성을 구축할 수 있다. 예를 들어 영업사원들이 더 정확한 정보를 제공하기 위해 고객에게 정직하고 완전히 공개된 태도를 보였다면 흥미롭게도 이 단순한 사실은 기업에 긍정적인 효과를 불러일으킬 수 있다.

② 선물 접대 뇌물

뇌물은 금전적 재무와 관련된 이슈가 담긴 비윤리적인 선물이다. 즉 뇌물은 구매 결정에 영향을 미치기 위해 구매자에게 주어진 재무적인 선물이다. 고객을 점심 때 만나는 것은 받아들여질 수 있는 사업적 관습이다. 역사적으로 구매자와 판매자가 일이 끝나가면서 더 많은 사적인 관계를 만들어왔다. 영업사원의 대다수는 그들의 고객에게 최소한 점심이라도 대접한다. 그러나 그들을 저녁식사에 초대하거나 나이트 클럽과 같은 유흥업소에서 만난다면? 만일 점심이 한 명당 5만원 이상이라면? 이것들은 모두 영업사원들이 대답해야 하는 질문들이다.

왜 몇몇의 영업사원들은 불법적인 선물이나 뇌물을 고객에게 주는가? 불행하게도 답은 그것이 통하기 때문이다. 여러 조사에 의하면 주문 성사여부와 주문의 양에도 선물이 영향을 미친다고 한다. 때로는 고객들이 영업사원을 의사결정이 불가능한 상황에 놓이게 하기도 한다. 심지어 영업사원이 윤리적이 되길 원해도 고객은 "특별한 고려"를 요청하기도 한다.

이러한 어려운 윤리적인 문제를 다루기 위해 많은 기업들은 구매자-판매자 관계에서 선물과 접대를 다루는 정책을 세웠다. 한편으로는 어떤 기업은 자사의 영업사원들에게 어떠한 일이 있어도 선물을 주어서는 안 된다고 명쾌하게 내규화하고 있고, 또 다른 기업들은 심지어 고객에게 주는 선물의 범위에도 제한을 둔다. 그리고 상호작용

(예컨대 고객은 반드시 기업 내부에서 만나야 한다 등)의 종류에도 제한을 둔다.

③ 불공평한 대우

고객의 본질을 들여다보면 각 고객들은 저마다 특성과 욕구가 굉장히 다르다. 몇몇의 고객은 새롭게 출시된 신제품이나 신기술에 더 많은 관심이 있고 더 많이 구매하고 더 큰 잠재성이 있다. 이러한 고객에게 특별한 가격이나 혜택을 주는 것은 적절하다. 그러나 영업 사원들은 고객들이 그 이상을 원할 때 윤리적인 걱정을 할 필요가 발생한다.

불공평한 대우에 대한 몇 가지 문제점이 있다. 특정 고객에 대한 특별한 대우는 비용이 들어가고 영업사원의 성과에도 장기적으로 나쁜 영향을 미친다. 어느 고객이 자신의 주문을 위해 추가적인 도움(혹은 선물)을 줄 수 있는 영업사원을 기대하고 있는 상황을 생각해 보라. 이때 영업사원은 반드시 그 고객의 고려군 속에 포함이 되어 있어야 한다. 영업 사원이 고객의 기대와 고려군에서 멀어지는 경우에는 영업사원의 좋은 성과를 기대하기 어렵다. 평소에 남다른 서비스와 대우를 제공해야하는가? 하지만 특정 고객에게만 특별한 서비스를 제공하는 것은 다른 고객들이 자신들은 이 영업사원에게 중요한 고객이 아니라고 느끼게 할 수 있고 이 고객들은 점점 멀어지게 될 것이다.

④ 기밀 누설

신뢰의 중요한 요소는 기밀을 지키는 것이고 기밀을 공유한다는 것은 민감한 정보의 공유이다. 영업사원은 자신들의 고객에 대한 정보를 수집하고 학습한다. 최소한 고객들이 취급하는 제품들이 어떤 가격에 그리고 어떻게 고객의 고객(최종고객)에게 전달되는지를 알고자 한다. 오늘날 영업사원의 고객에 대한 지식은 점점 더 넓어지고 깊어진다. 예를 들어 고객과 함께 일하는 데서 영업사원은 고객의 새로운 제품에 대한 니즈를 파악하고 이 제품에 대한 특성들을 학습할 수 있다. 또한 고객이 취급하는 제품에 대한 가격 구조와 고객 기업의 마케팅 믹스를 파악할 수 있다. 이러한 정보는 우리 고객기업의 경쟁사들에게 유용할 수 있고 그들 중 일부는 이미 영업사원의 고객일 수도 있다. 여기에서 자신의 고객기업에 대한 정보를 누설한다는 것은 치명적인 것이고 심하게는 범죄에 해당한다.

고객에 의해 공유된 정보에 있어 영업사원의 신뢰성은 필수이다. 민감한 정보를 다른 사람들에게 누설하는 것은 고객을 잃는 가장 큰 방법이다. 고객은 기밀을 확인되지 않은 사람이나 조직과 공유하는 영업사원을 쉽게 잊거나 용서하지 않는다.

📟 반도체 기술 빼돌려 중국에 넘긴 업체 대표 등 4명 기소

대구지검 반부패수사부(부장검사 김남훈)는 22일 국내 대기업의 반도체 웨이퍼 제조 관련 첨단 기술을 중국 업체에 유출한 혐의(산업기술보호법 위반 등)로 장비 업체 대표 A씨, 상무 B씨, 연구소장 C씨와 D씨를 불구속 기소했다. A·B·C씨는 2015년 8월부터 이듬해 1월까지 반도체 웨이퍼 제조 관련 국내 1위 업체인 E회사에서 제조 핵심 도구인 '핫존' 설계도면 수십 장을 자신들의 회사로 유출한 뒤 중국 반도체 업체에 누설한 혐의를 받고 있다. D씨는 2018년 3월 E회사의 하청업체로부터 반도체 웨이퍼 제조를 위한 기술인 '스케일 로드' 도면을 취득한 혐의로 기소됐다.
이들은 E회사 직원이던 C씨를 자신들의 업체에 연구소장으로 영입했다. C씨는 퇴사를 하면서 E회사의 반도체 웨이퍼 제조 관련 기밀을 무단으로 반출한 것으로 조사됐다. 2015년 A씨의 업체 매출은 9억 2천만원 정도에 불과했다. 그러다 범행 이후인 2016년부터 지난해 7월까지 기밀을 유출한 중국 업체에 6천 822만

달러(약 809억원) 상당의 장비를 수출한 것으로 드러났다.

기밀을 유출한 중국 업체는 2014년 6월 설립된 신생 업체임에도 이번 범행을 통해 2019년부터 지난해까지 약 610억원 상당의 영업 이익을 거뒀다. 검찰은 해당 중국 업체에 근무하는 한국인 한 명도 이번 범행에 가담한 것을 확인해 여권 무효화 등 조치를 마쳤다. E회사는 2019년 기준 연 매출이 1조5천429억원으로 전 세계 웨이퍼 판매량의 약 17%를 차지하는 기업이다.

대구지검 관계자는 "중국 업체에 누설된 설계 도면은 피해 회사에서 수년간 막대한 자금을 들여 완성한 첨단 기술이다"며 "세계 반도체 제조 시장에서 국내 기업의 산업 경쟁력을 약화시킬 수 있는 중대한 범행"이라고 밝혔다.

[출처] 허현정 기자, 2021.12.22., 매일신문.

(2) 근로자의 문제

영업사원의 윤리적인 문제는 모두 고객 관계에서만 이뤄지지 않는다. 근로자의 문제로 발생하는 다음 3가지의 윤리적인 문제는 ① 부정 행위, ② 기업 자원의 부적절한 사용, ③ 근로자와 고객의 부적절한 관계이다.

① 부정 행위

영업사원은 그들의 고용주로부터 멀리 떨어진 곳에서 일하므로 기업은 그들의 정직함을 믿어야 한다. 더 중요한 것은 영업사원은 고객과의 직접적인 의사소통하는 주요 자원이고 기업은 좋은 사업적 결정을 내리기 위해 그 정보를 믿어야 한다. 영업사원들은 거래의 수, 지출, 그리고 심지어 어떻게 판매 기록을 세웠는지에 대해 보고서를 쓰고, 이러한 정보는 진실되고 정확하다고 추정된다.

불행하게도 영업 사원들이 충분한 거래를 하지 못했을 때, 특정한 시간 내에 주문을 받아 판매 경쟁에서 이기고 싶을 때, 또는 그 밖의 수많은 상황에서 그들은 부정행위의 유혹을 받는다. 예를 들어 만일 영업 사원이 매주 거래 수로 평가 받는데 아직 성사되지 않은 거래지만 그가 다음 주에 전화하려고 했던 거래를 이번 주에 실적으로 적어도 될까? 비슷한 상황에서 어떻게 하겠는가?

② 기업 자원의 부적절한 사용

영업 사원들은 그들의 업무를 효과적으로 할 자원이 필요하기 때문에 필드에서 장비를 갖추고 판매 인력을 유지하는 것은 비용이 많이 든다. 자원들 중에는 기술(스마트 폰, 컴퓨터), 그리고 교통수단(자동차, 항공)이 있다. 정당한 사업상의 지출에는 고객을 점심에 초대하는 것도 포함되는데 그러기 위한 자격을 부여 받아야 한다. 영업 사원은 종종 휴대폰과 컴퓨터 같은 자원을 직접적으로 관리를 할 수 있다. 출장과 같은 다른 지출의 경우, 지출 품의서를 제출하여 기업이 부담한다. 또 다른 경우에는 영업 사원은 자동차와 같은 제품을 위한 예산을 받고 매년 끝에 어떻게 돈을 썼는지 보고서를 작성한다.

만약 영업 사원들이 추가적인 수입을 위하여 그들의 사업상의 지출을 남용한다면 그들은 윤리적인 선을 넘은 것이다. 종종 이것은 영업 사원이 보상이 적절하지 않다고 생각하거나 기업 방침이 합법적인 사업 지출을 보장할 만큼 충분하지 않다 생각했을 때 발생한다. 슬프게도 이러한 관행은 일반적이다. 미국의 한 대학교에서 실행한 한 연구에 따르면 미국에 발생한 직원 절도가 한해에 6백억 달러가 된다고 하였다. 또 다른 연구에서는 모든 사업 실패의 약 30%가 직원 절도에 의해 발생된다고 하였다. 더 자세하게 말하면, 영업관리자의

60%는 비용 지출 장부에서 거짓을 적은 부하직원을 잡아낸 적이 있다고 말하였다.

기업 보상 계획은 부적절할 수 있고 지출에 관한 정책은 불공평할 수 있지만 이것은 불법적이거나 비윤리적인 행동을 정당화하지 않는다. 우리는 관리를 위한 윤리적인 사례 부문에서 계획과 정책의 타당성에 대해 다룰 것이다. 어림잡아 말하면 영업사원이 사업상 관련된 지출을 발생시킬 때 자신의 생활 수준과 비교하거나 고려해서는 안 된다는 것이다. 회사의 비용으로 자신의 생활비와 같은 비용을 충당해서도 안 되고 또한 집에서 하는 것보다 더 호화로운 라이프 스타일을 경험하기 위해 기업 출장의 기회를 이용해서도 안 된다. 쉽게 집에서 사용하는 프린터의 A4용지를 회사에서 가져다 사용해서도 안 되고 가족이 사용하는 문서를 회사에서 출력해서도 안 된다.

비즈니스 자원을 개인적으로 사용하는 것이 비윤리적인지는 확실하지는 않다. 몇몇의 기업은 비즈니스 자산을 개인적 용도로 사용하게 한다. 기업 휴대폰을 생각해보자. 사업 시간이 끝나고 영업사원이 전화를 사용하는 것이 비윤리적인가? 기업들은 거의 항상 비즈니스 자원 사용에 대한 공식적인 정책을 가지고 있고, 영업사원들은 그 정책과 친근해져야 한다. 위반하는 것은 영업사원이 기업에 지속적으로 고용되는 것에 심각한 영향을 미친다.

ESC] 직장인들의 '소확횡', 범죄일까?

직장인 A씨는 출근해서 자리에 앉자마자 간당간당한 휴대전화 배터리를 충전하기 시작한다. 주말에 보러 가기로 한 콘서트 티켓을 회사 컬러 프린터로 출력하고, 비품실에서 사무용품을 두 개씩 가져와 하나는 가방에 넣는다. 옆자리 동료는 퇴근할 무렵 탕비실에서 티백을 한 움큼 들고나온다.

'소확횡'(소소하지만 확실한 횡령)이 직장인들 사이에서 높은 공감을 사고 있다. 작은 사치를 즐긴다는 의미의 '소확행'(소소하지만 확실한 행복)을 변형한 단어로 회사 물건을 소소하게 사적으로 소비하면서 만족감을 얻는 행동을 일컫는다.

회사 비품을 '슬쩍'하는 소확횡 놀이는 직장인이 회사에서 받은 스트레스를 해소하기 위한 일종의 보상 심리에서 비롯된 일탈 행동이다. 그래서인지 직장인들은 소확횡에 큰 죄의식을 느끼지 않고, 심지어 자신의 에스엔에스(SNS)에 '훔쳐 온 회사 비품'을 자랑하면서 소확횡 인증 사진을 올리기도 한다. 그렇다면 소확횡은 정말 횡령에 해당하지 않는 걸까?

다행히(?) 소확횡이 횡령죄에 언제나 해당하는 것은 아니다. 횡령죄는 '타인의 재물을 보관하는 자'가 그 물건을 반환하지 않은 경우 성립한다. 특별히 회사 비품을 관리, 보관하는 직원이 아닌 이상, 직원들은 회사의 재물을 보관하는 자가 아니기 때문에 횡령죄가 성립될 여지가 없는 것이다.

하지만 그렇다고 해서 소확횡이 죄가 되지 않는다는 말은 아니다. 횡령죄가 성립하지 않더라도, 타인의 재물을 그 타인의 허락 없이 가져가는 것은 절도죄에 해당한다. 즉, 회사의 재물인 회사 비품을 직원이 마음대로 가져가면 절도죄가 성립하는 것이다. '문서 출력 몇 장 한 것뿐인데 뭐 어떠냐'고 생각할 수도 있겠지만 훔친 재물의 양과 상관없이 절도죄에 해당하는 것에는 변함이 없다.

휴대전화를 충전한 것은 전기를 사용한 것이지 회사 물건을 취득한 것은 아니지 않으냐고 반문할 수도 있다. 하지만 우리 법은 '관리할 수 있는 동력'도 절도죄에서 말하는 재물에 포함되는 것으로 보고 있다. 그러니 회사에서 개인 전자제품을 충전하는 것은 회사의 재물을 훔치는 행동이 된다. 회사 물건을 마음대로 가져가는 것 말고 잠시 개인적으로 사용하고 제자리에 가져다 놓는 것은 어떨까? 이런 행동은 절도가 아니다. 절도란 타인의 소유물을 내가 '소유'하겠다는 의사로 가져가는 행동을 말하기 때문이다. 이것을 법률용어로 '불법영득(不法領得)의 의사'라고 한다. 회사 비품실 박스에서 펜을 여러 자루 꺼내 와, 그중 일부를 '가지려고' 가방에 몰래 넣는 것은 불법영득의 의사로 한 행동이지만, 그 펜으로 연애 편지를 쓰려고 가져왔다가 다시 비품실에 가져다 두는 것은 불법영득의 의사가 없다. 전자는 절도이지만, 후자는 그렇지 않다. 후자를 '사용절도'라고 한다.

혹시 '회사 물건을 가져가서 마음껏 사용한 뒤 다시 돌려놓으면 되는군!'이라고 생각할까 봐 덧붙이자면, '일시사용'이 아니라면 절도가 된다는 점을 유념해야 할 것이다. 타인의 물건을 나의 소유물인 것처럼 너무 오래 가지고 있었거나, 원래의 경제적 가치가 떨어질 정도로 많이 사용하는 것은 불법영득의 의사가 있는 것으로 보기 때문이다.

심지어 타인의 자동차를 함부로 운전한 뒤 200m 떨어진 곳에 세워두고 본래의 장소에 반환하지 않은 것은 소유자에게 돌려줄 의사가 없는 것이라고 보아 절도죄가 인정된 사례도 있다.

우리나라에서는 '소확절'이 관행화되어있고, 회사가 알면서도 문제 삼지 않는 경우가 많아 실제로 회사가 직원을 고소하는 일은 거의 없다. 하지만 '소소해도 확실하게 절도'에 해당하니 조심하시라!

[출처] 한겨레 신문, 2019.02.13.

③ 근로자와 고객의 부적절한 관계

오늘날의 직장 생활에서 남자와 여자는 다양한 상황에서, 같은 조직의 구성원으로서, 구매자와 공급자로서 가까이 함께 일한다. 대부분의 부서에서 남자와 여자는 상호간에 존경하며 프로페셔널하게 행동하며 일한다. 그러나 가끔씩 이러한 관계는 사적으로 더욱 친밀해지면서 모든 관련된 사람들을 위험에 빠뜨릴 수 있다. 설문에서 57%의 응답자는 기업에서 영업 사원과 로맨틱한 관계를 목격했고, 오직 15%의 기업들이 영업사원들의 사적인 관계에 관한 공식적인 정책을 가지고 있었다. 이것은 조직의 사람들이 하는 일과 그런 행동에 대한 기업의 정책 간에 격차를 만든다.

가장 큰 윤리적인 문제는 사람들의 관계와 그들이 사랑한 사람들 그리고 기업에 대한 잠정적으로 부정적인 영향들이다. 관계가 끝나면 어떻게 되는가? 기업은 성희롱으로 고소당하는가? 만일 고객과의 관계였으면 이것은 두 기업 간 관계에 어떤 영향을 미치는가? 이것은 개인적 결정뿐 아니라 기업에도 영향을 미치는 문제이다.

많은 기업들이 동료 사이의 개인적인 관계를 명확하게 금지하지 않는 동안, 개인적이고 비전문적인 관계로 선을 넘어가는 심각한 결과가 있음을 깨달아야 한다. 단순한 일반 상식이 영업사원이 그러한 상황을 피하는 데 도움이 된다. 예를 들어 항상 전문적이고 비즈니스 주제에 대한 대화를 나눠라. 성적인 문제나 개인적인 일에 관한 유머는 누군가에게 잘못된 인상을 줄 수 있다. 또한 당신을 오해할 만한 상황으로 몰지 마라. 동료를 근무 시간 후 저녁 식사에 혼자 초대하는 것은 그 사람에게 잘못된 인상을 줄 수 있다.

3. 관리를 위한 윤리적인 문제

영업 사원들이 윤리적인 문제를 맞이하는 유일한 사람들이 아니다. 관리자 또한 여러 가지 윤리적 이슈에 당면한다. 관리자는 반드시 (1) 영업 사원들, (2) 기업 정책, 그리고 (3) 국제적 고객과 정책에 관한 중요한 윤리적인 문제를 관리해야 한다.

(1) 영업 사원들과의 문제

영업관리자들은 그들의 근로자와 윤리적인 문제를 맞이한다. 만일 기업이 그들의 영업 사원들이 윤리적으로 행동하도록 기대한다면 그들은 반드시 윤리적으로 행동해야 한다. 관리는 영업 사원들의 전반적인 윤리적 행동에서 중요한 역할을 한다. 영업사원과 그들의 관계에서 관리자들은 3가지의 윤리적 문제를 다룬다. ① 영업 압박, ② 속임, ③ 영업사원 권리의 남용.

① 영업 압박

압박은 판매 직무의 일종이다. 영업사원은 그들이 얼마나 팔았는지, 수익은 얼마인지 거래의 실적에 의해 평가 받는다. 그러나 영업 압박이 공정하지 못하거나 너무 강경하게 적용된다면 관리는 비윤리적인 행동을 한 것이다. 전문적인 영업사원은 관리가 암묵적인 압박의 위협 없이 목표를 달성하길 바란다.

불행하게도 몇몇의 관리자들은 영업 결과를 위한 불공평한 압박을 하고 그들이 영업인력이 할 수 없는 목표를 설정한다. 비현실적인 목표는 특히 만일 그들이 할 수 없을 것이라 느낄 때 사람의 의욕을 꺾는다. 또한 영업사원들이 비윤리적인 행동을 고려하게 만드는 것도 영향을 미친다. 영업 목표를 정하고 영업사원들이 그러한 목표에 다가가도록 부추기는 것은 관리자의 직무지만 영업사원의 동기부여를 위한 현실적인 목표를 설정하는 것도 중요하다.

② 속임

무언가에 대해 오해하거나 잘못 전달한 속임은 관리자–영업인력 관계에서 존재할 수 없다. 그러나 관리자들은 종종 전적으로 정직했을 때 부정적인 결과가 오는 상황을 맞이하곤 한다. 예를 들어 영업 사원이 기업을 떠나도록 압박 받는 상황에는 어떤지 생각해보자. 관리자는 추천인을 요청하기 위해 장래의 고용주에게 뭐라고 말해야 하나? 관리자는 그 직원이 지속적으로 성과가 좋지 않고 판매에 미래가 없다고 정직하게 말해야 하나? 오늘날의 법적인 환경에서 완전히 정직한 사람이 되는 것은 비싼 소송을 불러 일으킨다. 그러나 일반적으로 정직은 여전히 최고의 정책이다.

사람들을 직접적으로 다룰 때 관리자들은 말하는 것에 있어서 정직하고 명확해야 한다. 예를 들어 영업사원이 안 좋게 행동하고 미래가 밝지 않다고 해서 더 나쁜 상황으로 배치해서는 안 된다. 예를 들어, 이러한 영업사원들을 성과가 작은 영역이나 작은 잠재성의 고객과 함께 배치하는 것을 들 수 있다. 쉽지 않은 결정이지만, 사람을 잘못 이끄는 것은 장기적으로 볼 때 더욱 나쁜 결과를 초래한다.

③ 영업사원 권리의 남용

모든 근로자들은 특정한 권리가 있고 관리자들은 법적 윤리적인 문제를 피할 수 있어야 한다. 이러한 권리는 (a) 계약 만료와 관련된 절차와 정책 따르기, (b) 개인적인 정보의 기밀 유지하기, (c) 어떤 차별이나 편견에서 자유로운 환경 만들기, 그리고 (d) 성과 칭찬, 보상, 그리고 혜택과 관련된 정책을 따르기와 같은 근로 문제를 다룬다.

그들은 영업사원이 그것을 하고 있다고 말할 때 옳은 일을 하는 것을 포함한다. 예를 들어 편견이나 차별의 사례가 아닌 것은 비윤리적일 뿐 아니라 불법적이다. 영업사원에게 적절한 알림이나 절차 없이 계약을 종료하는 것은 또한 비윤리적이고 잠재적으로 불법적이다. 계속해서 관리자들의 실수는 생략(적절한 절차를 모르는 것)으로부터 기인한다. 관리자들이 적극적으로 영업사원들의 권리를 보호하고 방어해야 하는 것은 중요한 관리업무이다.

(2) 기업 정책과의 문제

영업관리자의 주요한 역할은 그들이 영업사원과 관계되어 있는 것처럼 조직의 절차를 설명하고 시행하고 관리하고 실시하는 것이다. 여러 사례에서 나타나듯이 이러한 정책은 공정하고 윤리적이다. 불행하게도 몇몇 기업의 정책들은 상당한 윤리적인 도전을 불러 일으킨다. 우리는 두 가지의 사례를 살펴 볼 것이다. 하나는 비윤리적인 풍조. 그리고 또 다른 하나는 불공평한 정책이다.

① 비윤리적인 기업 문화

모든 조직은 근로자들의 행동에 영향을 미치는 문서로 만들어지지 않은 규범과 규칙인 기업 문화를 가지고 있다. 한편으로 특정 기업은 개인과 기업 윤리의 엄격한 규칙을 따른다. 이런 기업의 분위기는 사람들을 윤리적인 태도로 행동하도록 부추긴다. 이것은 위에서 언급한 관리에 대한 개인적인 믿음에 기반되어 있다.

다른 한편으로 이름을 언급할 수 없는 00기업은 90년대 말 고위 관리직을 시작으로 도덕과 윤리적인 판단의 지속적이고 심각한 부족을 보여준다. 많은 일선의 영업관리자들의 문제는 기업 문화가 그들의 통제를 넘어선 결과라는 것이다. 세부적으로 간부직 스타일(그들의 행동은 말과 일치하는가?) 조직의 설립된 문화, 그리고 외부적인 압박(고객 불만족과 같은)은 비윤리적이고 불법적인 행동이 참아질 수 있고 심지어 추구된다는 분위기를 만들어 낸다. 00기업에서 영업사원들은 그것이 기업 문화라고 봤기 때문에 비윤리적인 행동이 받아들여질 수 있다고 생각했다.

관리자들은 윤리적인 행동이 규범으로 받아들여지는 분위기를 만들어야 한다. 열린 의사소통을 독려하여 영업사원들이 부정적인 결과의 두려움 없이 관리에서 정직해 질 수 있도록 도와야 한다. 상호 간의 존중과 같은 분위기를 만들어라. 여러 조사에 따르면 윤리적인 분위기가 영업사원의 직무 만족과 조직적 몰입을 향상시키고 이직률을 낮추는 데 도움이 된다고 한다.

② 불공평한 기업 정책

종종 관리자들은 기업 정책이나 절차를 만들지 않지만 그것들을 따라야 한다. 기업 정책은 조직 내 다양한 분야로부터 발전되었다. 고용, 계약만료, 직무 규칙, 지출, 압박, 그리고 성과와 같은 문제에서 인적자원 부서는 거의 항상 기업의 정책을 승인한다. 하지만 그런 관점이 판매 인력에게는 반드시 형성되지는 않는다. 때때로 다른 조직에서는 잘 통하는 정책과 절차가 판매 분야에서 문제를 만들어 낸다. 예를 들어 기업은 근로자들이 지출 품의서를 한 달에 한번 제출하도록 요구할 수 있다. 그러나 시간의 대부분을 출장 가는 영업사원들은 기업의 비용처리를 기다리는 것이 불공평한 재정적 부담이 될 수 있다.

관리자들은 그들이 기업 정책과 절차를 따를 때 독특한 상황을 고려할 수 있는 유연성이 있어야 한다. 영업사원들은 기업 밖에서 대부분 그들의 고객과 만나는 데 시간을 보내기 때문에 기업의 규칙을 따르기 어려운 경우가 많다. 좋은 관리자들은 그들의 영업사원에게 공평한 자세로 기업의 정책의 중요성을 이해시켜야 한다.

4. 국제적인 윤리 문제

구매자－판매자 관계는 특정 국가가 아닌 전세계에서 발생한다. 복잡한 관계는 세계 어디에서도 존재하고 윤리적인 문제는 어디에 있든 발생한다. 다른 나라의 고객들은 영업사원과 관리에 다른 측면에서 윤리적인 문제를 제기하기도 한다. 이런 차이는 특히 (1) 문화적인 차이와 (2) 기업의 정책의 차이때문에 발생한다.

(1) 문화적인 차이

문화는 모든 사람들의 인식에 상당한 영향을 미친다. 모든 문화는 사람들의 규범, 받아들여지는 행동, 그리고 그들 스스로를 문화적 차이로 드러내 보이는 믿음을 만들어 낸다. 예를 들어 미국 문화는 개인주의에 높은 가치를 두지만 많은 한국을 비롯한 아시아권의 문화는 그룹 가치에 더 힘을 싣는다. 심지어 이웃 나라도 다른 문화적 시스템을 가지고 있다. 독일과 프랑스 문화는 지리적으로 매우 가깝지만 매우 다르다. 그래서 국가 간의 차이에 대한 이해가 필요하다. 중요한 영업 단계에서 문화와 관습의 차이와 같은 주요한 것들을 기억해야 한다. 특히 영업사원들은 반드시 지역적 비즈니스 관습을 위반하지 않기 위해 이러한 차이를 이해해야 한다.

기업들이 세계의 고객들과 일을 할 때 문화적인 차이는 윤리적인 사업 결정에 큰 영향을 미친다. 가장 중요한 것은 지불의 사용이나 구매 결정에서의 뇌물이다. 앞에서도 언급했듯이, 미국의 비즈니스 문화는 뇌물을 비윤리적이고 불법적으로 생각한다. 그러나 몇몇의 아시아와 남미 문화에서 그것은 받아들여질 뿐 아니라 때때로 구매 결정에서 구매자들을 지원하기 위해 선물이나 뇌물을 주도록 기대하기도 한다.

또한 접대를 사업적인 도구로 바라봐야 한다. 미국 기업은 이러한 측면을 엄격히 금지하고 있지만 아시안 문화에서 영업사원들은 사회적인 상황에서 구매하기 전 고객과 시간을 보내야 한다. 이러한 문화 차이는 개인적인 윤리적 딜레마를 만들어낼 수 있다.

(2) 기업 판매 정책의 차이

"하나의 사이즈가 다 맞다."라는 접근은 영업사원이 미국, 독일, 그리고 중국에 있는 고객에게 판매할 때 효과적이지 않다. 기업은 자신들의 판매 정책을 다른 나라마다 각기 다르게 적용해야 한다. 그러나 이러한 정책은 너무 모순될 수 있다. 예를 들어 많은 중동 문화는 여자들이 리더십 역할을 할 수 없다. 심지어 재능 있는 여성은 최고의 능력있는 직원으로도 여겨지지 않는다. 이는 분명히 오늘날의 양성평등이 이슈가 되는 우리나라와 같은 국가들에서는 문제가 심각할 수 있다.

관리자들에게 세계의 다양한 문화를 다루는 윤리적 규칙을 균형 있게 관리하는 것은 도전적이다. 미국 기업들은 특히 미국의 문화가 세계의 많은 부분보다 어렵기 때문에 난관을 겪는다. 해외 부정 지불 방지법은 문화적인 규범과 관련된 작은 지불을 허락한다. 기업 문화가 지역적인 문화 관습과 충돌이 있을 때 영업사원들은 어려운 상황에 놓인다. 만일 영업사원이 기업의 정책을 따른다면 그들은 사회적인 기반을 잃을 것이지만 만일 그들이 지역적인 사업 관습에 따른다면 그들은 기업 내부의 윤리적 정책에 치명적인 오점을 남길 수 있다. 높은 윤리적 의식이 있는 영업사원들과 관리자들도 많은 어려운 선택 앞에 놓인다. 최근 한 조사에 따르면 기업이 실행할 관례를 정의하고 적용하고 윤리적인 정책을 영업사원의 교육과 훈련에 포함시키고 윤리적인 정책을 하도록 격려할 때 영업사원들이 더 편안한 결정을 할 수 있다고 한다.

5. 관계지향적 영업에서 법적인 문제

여기까지 우리는 윤리적인 판매 기준과 행동에 대해 알아보았다. 사회는 또한 구매자와 판매자의 행동을 정의하는 기준을 보여준다. 거의 모든 나라가 각 나라만의 법을 가지고 있다. 미국의 경우 수년간 수많은 법은 연방, 주, 그리고 지역적인 단계에서 재정되고 수정되고 실행되어 왔다. 법을 위반한 영업사원(혹은 관리자들)은 그들이 속한 기업과 개인적인 평판을 위험에 몰아넣을 수 있다. 여러 스캔들의 결과 새로운 법이 실행되고 존재하는 법은 그들을 어긴 사람들을 위한 감옥뿐 아니라 큰 재정적인 처벌을 주기 위해 강화되었다.

(1) 판매를 위한 법적인 형태

누군가가 당신에게 판매의 법적 정의가 무엇이냐 물어본다면 무엇이라 말할 수 있겠는가? 영업사원과 구매자들에게 법적 의무가 무엇인가? 보증을 내포하는 것과 표현하는 것의 차이는 무엇인가? 이것들은 모두 중요한 용어들이고 영업사원들은 반드시 그들이 말하는 법적 영향을 알아야 한다.

통일 상법전은 미국 루이지애나 주를 제외하고 모든 주가 채택하고 있다. 원래 연방국가인 미국에서 상법 또한 주마다 독자적인 것이 원칙이지만, 그렇게 되면 주 간의 상업거래에 심각한 난항이 생기기 때문에 1952년 모든 주에 통용되는 상법전을 제정한 것을 미국 통일 상법전(UCC: Uniform Commercial Code)이라고 한다. 미국 계약법에서 가장 중요한 부분 중 하나인데, 일반적으로 물품의 매매에만 적용되며, 그 외의 분야에는 주로 보통법(Common Law)을 적용한다. 이렇게 판매에 영향을 미치는 통일 상법전은 영업과 관련된 용어들을 정의하고 있다. UCC는 9개의 조항을 담고 각 주에 의해 수정되었다. UCC 중 영업과 가장 관련 있는 부분은 2번 조항 즉, 간단하게 "판매" 라고 적혀 있는 부분이다. 이 조항은 판매와 관련된 용어를 정의하고 구매자와 판매자를 위한 법적 의무를 설명한다.

📑 우리나라 방문판매법

방문판매 등에 관한 법률은 다단계판매, 통신판매에 의한 상품의 판매 및 용역의 제공에 관한 거래를 공정하게 하여 상품의 유통 및 용역의 제공을 원활히 하며 소비자 등의 이익을 보호함으로써 국민경제의 건전한 발전에 이바지함을 목적으로 한다. 방문판매 등에 관한 법률은 1995년 12월 29일 법률 제5086호로 전문 개정되었으며, 총칙, 방문판매, 통신판매, 다단계판매, 보칙, 벌칙 등 총 64조와 부칙으로 되어 있다. 방문판매는 상품의 판매업자나 용역을 유상으로 제공하는 것을 직업으로 하는 자(용역업자)가 방문 등의 방법으로 그의 영업소·대리점 기타 산업자원부령이 정하는 영업장소(사업장)외의 장소에서 소비자에게 권유하여 계약의 청약을 받거나, 또는 계약을 체결하여 상품을 판매하거나 용역을 제공하는 것을 말한다(방문판매 등에 관한 법률 제2조).

UCC는 가장 기초적인 법적 형태이고 거의 모든 거래에서 영향을 미치기 때문에 영업인력들과 관리자들은 이것과 친해져야 한다. 실수는 기업과 영업인력에게 많은 비용을 끼친다. 영업사원은 중요한 법적 책임감을 가지고 있고 다음과 같이 요약된다.

- 기업의 대표: 영업사원은 기업의 법적 대표이기 때문에 영업사원의 말은 법적 의무를 수반한다. 간단하게, 영업사원들은 고객의 앞에 있을 때 전체 기업을 대표해서 말하고 행동하는 것이다. 어떤 말, 약속 혹은 행동도 기술적으로 기업으로부터 온 말이고 법적인 약속이다.
- 구어 vs 서면: UCC는 기업과 속한 영업사원으로부터의 구어적

인 약속을 포함한다. $500가 넘는 판매는 서면 동의서가 필요하다. 그러나 영업사원들은 고객 앞에서 한 말이 서면 동의서만큼 중요하다는 것을 알아야 한다.

• 묵시적 담보와 명시적 담보: 제품과 서비스는 종종 구매자에게 제품이 잘 작동될 것을 확신하는 명시적 담보와 함께 온다. 그러나 영업사원은 그들이 제품/서비스 성과와 관련된 결정을 할 때 그들이 기업의 자원으로 구성이 되어 있지 않더라도 조심스러워 해야 한다. 이것은 특히 관계적 판매에서 중요하다. 만일 영업사원이 고객의 요구에 대해 배운 후 해결책으로써 제품을 보여준다면 제품이 잘 작동할 것이라는 묵시적인 담보가 있는 것이다.

(2) 불법 비즈니스 활동

UCC뿐 아니라 수많은 법률이 영업에 영향을 미치고 있다. 이러한 법에는 셔먼 트러스트 금지법, 클레이튼 법, 그리고 로빈슨 패트맨 법 등이 포함된다. 주와 지역적인 지방 자치제는 또한 비슷한 법규를 많은 사례에서 따른다. 예를 들어 모든 주가 실제 부동산법을 가지고 있다면 그것은 그 주에서 부동산의 판매에 영향을 미칠 것이다.

불법적인 상행위의 가장 대표적인 것으로는 공모, 거래 제한, 호혜, 경쟁자 방해, 명예 훼손, 그리고 가격차별 등이 있다.

① 공모

경쟁하는 기업들이 가격을 고정시키고 고객이나 지역을 나누며 제 3의 집단에게 해를 끼치는 행동을 할 때 그들은 공모에 속해있다. 이러한 종류의 하나의 예는 두 개의 기업이 제3의 경쟁자를 이윤이 없거나 경쟁적이지 않은 지위로 내리기 위해 가격을 고정시킨다. 두 개의 경쟁자 사이의 어떤 활동도 불법이다.

② 거래 제한

유통 채널에 강력한 영향을 미치는 기업들은 복잡한 유통시스템을 보유하고 있다. 그러나 어떤 기업도 유통시스템 내에서 거래를 제한하는 것은 불법인데 이것은 딜러와 함께 조심해야 할 부분으로 경쟁사의 제품을 유통 채널의 사람들에게 전달해서 판매되는 것을 막는 것을 뜻한다.

③ 호혜

기업 서로간의 양방향으로 구매하는 관례는 합법이고 그 자체가 불법적이지는 않다. 기업은 공급자로부터 원료나 자재를 구매하고 생산한 후 완제품의 형태로 공급자에게 반대로 판매하기도 한다. 그러나 공급자와 구매자의 상호 판매와 구매가 다른 경쟁자를 제한하면 이것은 불법적이며 반드시 그만둬야 한다.

④ 경쟁자 방해

영업사원들이 경쟁자를 방해하는 데 참가하면 불법인데, 이것은 고객의 접근에 방해가 되는 행위이다. 즉, 자사가 경쟁자의 제품이나 마케팅에 간섭하면 불법이다. 영업을 하면서 상대방의 제품 원가를 낮추라던지 생산 시스템 등을 변경하라는 등의 간섭을 하는 것은 합법적인 권한외의 해동이다.

⑤ 명예 훼손

직접적인 경쟁사 방해는 가끔 일어나는데 비해 영업사원들에게 더 많이 일어나는 문제는 명예 훼손이다. 기업의 생산품, 혹은 거기서 일하는 사람들에 대한 공정하지 않고 사실이 아닌 말을 만들어 내는 것은 불법이다. 평정하지 못한 말들은 증명하기 어려운 말들이고 경쟁자를 시장에서 불리하게 만든다. 그래서 신뢰 있지 못한 말들은 고의로 거짓을 말하는 것이다. 상처받은 집단을 위한 정지명령이 있는데 이것은 효과적으로 기업에게 그만 하게 하거나 몇 가지 벌책을 줄 수 있다.

훼손에는 2가지 종류가 있다. 모략은 경쟁자나 기업을 위해 일하는 개인의 평판에 물질적으로 해를 끼치는 불공정하고 신뢰 없는 말이다(예를 들어 소개 동안 잘못된 말을 만들어 내는 영업 사원). 비방은 경쟁자나 기업을 위해 일하는 개인의 평판에 물질적으로 해를 끼치는 불공정하고 신뢰 있지 못한 행동이다(예를 들면 영업 제안서나 거래를 작성할 때 공정치 못한 말을 쓰는 사원).

훼손은 불법적일 뿐 아니라 나쁜 생각이다. 경쟁자를 폄하하는 것은 나쁜 판매이고 고객과의 강한 관계를 구축하는 것을 도와주지 않는다. 당신의 제품과 경쟁자 사이의 사실적인 비교는 영업 관례로 받아들여지는 동안 당신의 경쟁사를 하찮게 만들기 보다 제품에 집중하는 것이 최고이다.

⑥ 가격 차별

간단하게 말해서 가격에 근거하여 차별하는 것은 불법이다. 가격 차별은 똑같은 양의 제품과 서비스를 구매하는 다른 고객들에게 할인이나 다른 가격을 주는 것을 말한다. 물론 기업은 만일 (a) 그들이 운영비에서 차이점을 보였을 때(제조, 영업, 혹은 운반), (b) 그들이 좋은 신뢰로 경쟁사 가격을 맞췄을 때 혹은 (c) 그들이 제품 구매의 양이나 질에서 차이점을 보였을 때는 합법적이다. 예를 들어 더 많이 사는 사람들이나 경쟁사로부터 더 좋은 가격을 받는 사람들에게 낮은 가격을 부과하는 것은 완전히 합법적이다. 이 문제는 결국 모든 고객을 공정하게 대우하는 것이다.

6. 판매 윤리 강령

당신의 삶을 다스리는 규칙은 무엇인가? 당신은 어떻게 윤리적인 결정을 하는가? 우리는 모두 시간이 지날수록 옳고 그름을 배우고 자신만의 윤리 강령을 기른다. 자신의 삶에서 자신을 이끌기 위해 개인적인 강령을 정의하고 사용한다. 유감스럽게도 때로는 우리의 윤리 강령을 재차 확인하거나 타협하려는 사람과 상황에 의해 시험 받을 때도 있다. 많은 윤리적 강령을 실험한 것처럼 당신은 얼마나 윤리적인 결정을 하는 것이 어려운지 알고 있다. 영업사원들이 매일 윤리적인 문제에 맞닥뜨렸을 때 어떻게 윤리 강령이 도움이 되는지 알아보자.

(1) 기업 윤리 강령

영업사원(모든 근로자들도)들은 그들 스스로의 강령과 기업의 윤리 강령, 2가지의 윤리적 체계를 사용하여 의사결정을 한다. 모든 기업들이 서면의 윤리 강령을 쓰는 것은 아니지만 모든 기업은 받아들여질 수 있고 받아들여질 수 없는 윤리적 행동을 정의하는 문화가 있다.

기업 윤리 강령은 3가지의 이유로 중요하다. 첫 번째 그들은 -

혹은 최소한 그래야 하는 - 사업을 하는 기업의 접근이다. 두 번째로 기업의 가치를 정의함으로써 기업 윤리 강령은 개인 근로자 행동의 참고가 된다. 세 번째로 강한 기업 윤리 강령은 고객과 다른 조직에게 긍정적인 영향을 미친다.

기업은 그들이 믿고 있는 것과 사업을 수행하기 위해 근로자들에게 바라는 점이 정의되어 있는 강령을 실행한다. 개인적인 윤리 강령과 같은 기업 윤리 강령은 모든 가능한 윤리적인 상황에서 하는 것을 정의하지 않는다. 대신 영업사원의 의사결정을 도와주는 주요한 기준과 특성을 확인한다. 기업이 그들을 진실하게 지지해 줄 것이라는 것을 아는 영업사원들에게는 강력한 도구이다.

물론 윤리 강령을 말하는 가치와 행동이 기업의 기업 문화의 일부분이라는 것은 필수적이다. 최근에 신문지상에서 문제가 되었듯이 기업은 강령을 갖고 있었지만 중요한 관리자들은 비윤리적이고 불법적으로 행동하기도 한다. 상위 관리는 말만 할 것이 아니라 실제로 행동으로 보여주고 윤리적인 문화 분위기를 조성해야 한다.

(2) 개인적인 윤리 강령

모든 사람들은 자신만의 윤리가 있고 이것은 특정 상황에서 스스로 결정을 할 때 영향을 미친다. 하지만 불행하게도 몇몇의 사례에서 영업사원은 비윤리적인 선택을 한다. 그러나 영업사원과 관리자들의 대부분은 윤리적이고 우리가 이 장에서 보았던 어려운 결정들을 할 수 있는 방법을 찾는다.

개인적인 윤리 강령은 판매를 하는 모든 사람들에게 가치 있는 도구가 될 수 있다. 이는 평가하는 상황의 뼈대를 줄 수 있고 그들만의 개인적인 가치 시스템을 개개인과 맞출 수 있고 윤리적인 영업 행동의 지침을 설립할 수 있도록 도와준다. 이 과정은 옳고 그른 것의 당신만의 정의로 시작한다. 어릴 적 우리는 부모님으로부터 배운 가치관과 종교적 혹은 도덕적 믿음으로 생긴 가치관을 개발시킨다. 또한 우리의 기업 윤리 강령과 받아들여진 사업 관례에서도 배운다. 여러 조사에서는 영업사원의 개인적 윤리 강령이 기업과 관리와 한결같을 때 일반적으로 더 성공적이라고 말한다.

현재의 상황을 제대로 평가하고 가능한 범위 내에서 결정을 하는 것이 도움이 된다. 이때 윤리적인 문제에 따라 체크리스트를 사용하는 것도 도움이 된다. 이러한 분석의 목적은 각 영업사원들이 최고의 윤리적 결정을 할 수 있도록 돕는 것이다. 윤리에 대해 생각하는 때는 어려운 윤리적인 상황의 중간이 아니라 환경에 들어가기 전이다. 이것은 기업과 개인의 윤리강령이 중요하다는 이유이다. 관리자는 영업사원들에게 마지막 윤리적 결정에서 큰 자신감을 주어야 한다.

윤리는 성공적인 관계지향적 영업의 핵심 정책이다. 본 장에서는 윤리적이고 합법적인 문제에 대해 알아보았다. 영업사원들은 매일 윤리적인 어려운 상황에 처해있고 그들이 만드는 결정은 그들 자신뿐 아니라 기업에도 영향을 미친다. 관리자는 또한 많은 윤리적인 도전을 맞이한다.

영업사원들은 2가지 기초적인 윤리 무대에 직면해 있다. 첫 번째로 그들은 그들의 고객, 선물, 접대, 그리고 뇌물, 불공평한 처사, 그리고 기밀 누설과 같은 수많은 윤리적 도전에 맞서 있다. 정직하지 않은 것은 사업 관례에서 절대 받아들여질 수 없고 영업사원들은 부정직한 행동을 한 후 고객과 관계를 유지하는 것이 불가능하다는 것을 알아야 한다. 작은 감사를 보내거나 고객을 사업 점심에 초대하는 것은 적절하다. 그러나 선물이나 접대가 선을 넘고 비윤리적이나 심지어 불법적인 측면으로 보이는 수준을 알아야 한다. 모든 고객들은 동일하지 않지만 고객들에게 보증되지 않고 불공평한 대우를 하는 것은 비윤리적이다. 몇몇의 고객은 불공평한 서비스를 사업의 일환으로 요구한다. 이러한 상황에서 영업사원들은 반드시 그들의 기업의 지지를 받아야 한다. 마지막으로 오늘날의 복잡한 판매 관계의 측면에서 영업인력들은 그들의 고객에게 기밀을 보장해야 한다. 기밀을 누설하는 것은 좋은 고객 관계를 파괴시키기는 가장 빠른 길이다.

윤리적인 문제의 2번째 분야는 그들의 근로자들의 문제이다. 영업사원들이 알아야 하는 3가지 분야가 있다. 속임수, 기업 자원의 오용, 그리고 다른 근로자들과 부적절한 관계. 속임수는 (잘못된 정보를 제공하는 것 같은) 그 어떤 기업에서도 참을 수 없고 해고당할 수도 있다. 또한 기업 자원을 잘못 사용하는 것은 비윤리적이다. 사실상 그것은 불공평한 회색 방침이 있을지라도 기업으로부터 훔치는 것이다. 마지막으로 고성과를 가져오는 판매의 본질은 영업사원들이 많은 동료와 고객과 관계를 맺는 곳에 있다. 부적절한 관계를 키우는 것은 위험하고 영업인력이나 기업에 이득이 아니다.

영업관리자는 반드시 3가지의 윤리적 문제를 다뤄야 한다. 영업관리자는 너무 많은 압박을 영업사원들에게 주면 안 되는데, 그것은 비윤리적인 행동으로 이어질 수 있기 때문이다. 단지 기업이 그들의 영업사원들에게 정직함을 바라는 것처럼 관리자가 영업사원들에게 정직해야 한다. 마지막으로 영업사원들은 관리자와 함께 일할 권리가 있다. 기업은 성과 칭찬과 계약 만료에 대한 정책을 따라야 하고 차별로부터 자유로운 환경을 만들어야 한다. 기업의 정책을 반하는 관리자들은 비윤리적으로 행동하는 것이다.

모든 기업들은 사업 분위기나 문화를 만들고 이것은 영업사원의 행동에 영향을 미칠 수 있다. 관리자는 영업사원들이 윤리적인 결정을 할 수 있도록 북돋아 주는 분위기를 만들어야 한다. 또한 (가능할때) 공정한 기업 정책과 절차를 만들고 이를 따라야 한다. 또한 그들 직무의 특징을 고려하지 않은 기업의 정책으로 영업사원들을 벌하는 것은 잘못된 것이다.

국제적인 윤리는 관리자들의 마지막 윤리적인 고려사항이다. 문화적인 차이는 영업사원들이 글로벌 고객을 다루는 과정에서 국가별로 겪는 큰 도전이다. 예시로는 판매 결정에 영향을 미치는 선물이나 뇌물의 사용인데 이것은 다른 몇몇 문화권에서는 받아들여지고 있다. 그리고 이것은 또 다른 문제를 발생시킨다. 관리되어야 하는 판매 정책의 다양한 차이점을 알고 있다면 영업사원들은 효과적으로 다국적의 고객들과의 관계를 관리할 수 있다. 그러나 만일 기업 정책이 일관성이 없고 영업사원들의 이해도가 떨어지면 고객들은 헷갈려 할 것이고 영업사원들은 어려운 상황에 처할 수 있다.

윤리뿐 아니라 지역, 주, 그리고 연방 단계의 법은 판매 활동에 제약을 준다. 앞에서도 언급했듯이 판매에 영향을 미치는 가장 기초적인 법은 미국에서 법적으로 사업 관례를, 더 자세히 영업 사원들의 책임감을 정의해 주는 UCC법이다. 불법적인 사업 활동은 공모, 거래 방해, 호혜, 경쟁자 차단, 경쟁자 폄하, 그리고 가격차별이다.

윤리강령은 영업사원들이 어려운 윤리적 상황을 통해 업무를 할 수 있도록 도와준다. 대부분의 영업사원들은 윤리적인 결정을 할 때 2가지의 강령을 사용한다. 개인적인 윤리강령은 옳고 그름의 정의이다. 기업의 윤리강령은 조직 내 모든 근로자들의 행동을 정의한다.

관계지향적
영업의 주요 직무 활동

Part 7

영업 활동에서 사용되는 시간의 비율은 아마 영업사원들 혹은 나라마다 다를 것이다. 예를 들어 영국, 프랑스, 이탈리아, 그리고 독일에서 실시한 영업사원들에 관한 조사에서는 그들이 미국에 있는 영업사원들보다 고객들을 보기 위한 출장과 기다림에 더 많은 시간을 보낸다는 것을 알려준다. 환경은 영업사원들의 직무에 많은 영향을 미치고 있고 또한 영업사원들도 영업할 동시에 환경을 철저하게 고려해서 직무를 수행해야 할 것이다. 이 장에서는 중요한 영업활동에는 어떤 직무들이 있는지에 대한 내용을 다루어 볼 것이다.

- 영업사원의 영업활동에 대한 기본적인 이해를 높인다.
- 영업사원의 직무 다양성에 대해 이해한다.
- 영업사원이 해야 하는 주요직무를 이해한다.
- 시간과 구역관리의 중요성을 학습한다.

"영업사원, 자존심 · 자긍심 잃지 말고 당당해야"

국내 제약사 병원영업 1세대 정연진 전 일동제약 부회장(현 일동홀딩스 고문)이 '반백년 영업외길 이런 일들이'를 펴냈다. 제약 영업현장과 임원 자리에서 46년 간 경험한 일들을 묶은 책에서 정연진 부회장은 다양한 일화를 통해 성공을 이끄는 소통방법, 리더십 등을 생생하게 알려준다.
이 책에서 정 부회장은 영업현장을 발로 뛰는 후배들에게 '이렇게 하라'고 다그치지 않는다. '무작정 참으라'라는 말도 않는다. 대신 경험을 진솔하게 들려주며 '당당한 태도'를 강조한다. 지나친 저자세는 오히려 영업의 적이라는 게 정 부회장 영업철학이자 소통 노하우다.
'자존감을 지켜내는 힘'도 '영업 달인'이 될 수 있었던 비결이다. '을'일 수밖에 없는 영업사원이라 해도 무조건 저자세로 굽히는 것은 인간관계를 지속하는데 이롭지 않았다는 게 정 부회장 경험담이다. 저자세만 굽히는 것은 인간관계를 지속하는 데 결코 도움이 되지 않고, 부탁할 때 무조건 저자세가 아닌, 진심이 전달되면 성취된다는 말이다.
'지금 이 시간에도 현장에서 땀 흘리고 있을 영업사원 후배들에게 보탬이 되고 희망을 주고 싶어 글을 적었고, 직장 내에서 영업직들이 보다 존중받기를 원한다'는 정연진 부회장은 최근 만나 진행된 인터뷰에서 "영업사원이 당당하면 안되지만 때에 따라서는 당당할 필요가 있다. '을'의 권한도 있다. 비굴하면 안 되고 영업사원 자긍심과 자존심을 잃지 말아야 한다"고 전했다. 또 "매출 주역들이 날개를 활짝 펴고 마음껏 활동할 수 있도록 기회를 주고 마음을 열 수 있도록 해야 한다"고 강조했다.

[출처] 이권구, 2021.08.23., 팜뉴스.

관계지향적 영업의 주요 직무 활동

1. 영업관리자로서의 직무

영업사원들은 때때로 관리 역할을 맞는다. 즉, 그들의 일반적인 영업 직무의 일부분으로 시간과 구역 관리, 그리고 영업관리 지원을 말한다.

표 7.1 영업의 주요 활동

활동 이름	선택된 활동들
판매 기능	선두를 찾는다; 판매 소개를 준비한다; 거래를 한다; 반대를 극복한다.
주문을 다루는 일	주문을 바로잡다; 주문을 신속히 처리한다; 배송 문제를 해결한다.
제품의 서비스	장비를 테스트; 안전 수칙을 가르치고 설치를 감독한다.
정보 관리	상관에게 피드백을 제공; 고객으로부터 피드백을 받는다.
고객 서비스	재고; 구매의 시점을 설정; 재고품을 넣어둔다.
학회/회의	판매 학회에 참가, 전시 설치, 거래 보여준다.
훈련/채용	새로운 판매사원 고용, 새로운 사원들 훈련
즐거움	고객들을 점심, 골프, 낚시, 테니스 등에 부른다.
출장	도시 밖의 출장을 나가서 길에서 밤을 보낸다.
배급업자와 일함	배급업자들과 관계를 쌓는다. 신뢰를 확장. 만기가 지난 고객을 수집

(1) 시간과 구역 관리(TTM: Time and Territory Management)

시간과 구역 관리는 영업성과를 향상시키기 위한 영업 활동의 계획, 조직, 그리고 시행을 포함한다. TTM의 기본적인 업무는 어떤 활동이 가장 영업 성공에 좋은지, 그리고 이러한 활동을 수행하는 것이 좋은지 결정하는 것이다. 자신들의 TTM을 증가시키고 싶은 영업사원들은 표 7.2에 있는 제안으로 시작해야 한다. TTM을 더 효과적으로 수행하기 위해 영업사원들은 반드시 3가지의 주요한 활동을 해야 한다. ① 자신의 일의 우선순위를 정하고 계획하는 것, ② 효율적인 방법으로 자신의 일을 하는 것, 그리고 ③ 자신의 노력을 분석하고 계속적인 개선을 위한 방안을 찾는 것.

① 우선순위의 설정

많은 조직에서 영업사원들의 우선순위는 일별, 주별, 월별, 분기별, 그리고 심지어 개개인의 거래 목표로 나누어진 연간 목표로 정해진다. 측정 가능한 목표가 없는 영업사원들은 중요하지는 않지만 본인이 좋아하는 직무에 집중하기 쉽다. 그 결과 영업관리자들은 중요한 업무에 집중하지 않는 영업사원들에게 불평을 하는 경우가 많다. 그러나 사실 잘못은 영업사원들에 대한 의미 있는 목적을 무시하는 영업관리에 있다.

우선순위 설정의 또 다른 부분은 어떻게 영업사원들의 한정된 시간을 자신들의 고객에게 할당할 수 있는지 결정하는 것이다. 기업 매출의 80%는 20%의 고객으로부터 온다는 파레토 법칙, 혹은 80/20 규칙은 너무 유명해서 상투적인 생각이 될 수 있다. 그럼에도 불구하고 우선순위 기반에 다라 다양한 고객들과의 시간을 계획해야 한다.

표 7.2 시간과 구역 관리를 위한 제안

1. 우선의 제품에 집중하고 각 거래마다 측정할 수 있는 목적을 설정하라.
2. 망설임과 지연하는 것을 피하라. 지나친 연기는 직무 불안과 뇌의 불필요한 것을 야기시킨다.
3. 언제든지 구매자와 판매자를 위한 최대한의 편리함이 가능할 때 약속을 잡아라.
4. 일상의 활동을 간단히 하기 위한 전자 메모 같은 기억 치료를 이용하라.
5. 시간 절약을 자동화하라. 팩스, 자동차 핸드폰, 이메일, 정보, 그리고 생산성 증가의 소프트웨어를 일을 잘 하기 위해 사용하라.
6. 고객들에게 다양한 연락을 하기 위해 직접적으로 편지를 사용하라.
7. 만일 가능하다면 대표를 하라. 예를 들어 전화 마케터들은 영업 업무를 하기 위해 고용된다.
8. 만일 불필요한 잡담이 제거될 수 있다면 거래를 분석하라.
9. 작은 문제들을 그들이 큰 문제가 되기 전 바로 다루어라.
10. 영업 거래의 빈번함을 분석하라. 만일 몇몇의 고객들이 자주 안 보인다면 적절한 범위가 달성될 수 있는가?

모든 고객이 기업에 똑같이 중요하지 않고 몇몇은 다른 사람들보다 더 많은 관심을 가져야 한다는 것을 명확하게 알아야 한다.

② 효율적인 업무 수행

영업사원들이 일을 우선순위화 할 뿐 아니라 반드시 그것을 효율적으로 시행해야 한다. 이것은 출장이 포함될 때 길을 다시 찾는다던가 불필요한 길에서의 시간 낭비를 피하기 위해서 조심스러운 계획이 필요하다. 출장 계획은 정교한 컴퓨터 알고리즘에 의해 만들어 질 수 있고 만나고자 하는 소비자 위치를 나타내는 지도로 간단해지거나 뒤이어 있는 영업미팅 등에 의해 만들어질 수 있다.

출장 계획은 길을 결정하는 것이 포함된다. 모텔이나 비행기 예약을 잡는 것이 필요할 수 있고 사업상 점심을 위한 장소를 찾고 다른 요소를 다루는 것이 필요할 수 있다. 출장 계획에서 필요한 다른 요소들은 영업 거래 스케쥴인데 이것은 모든 고객들을 다루고 있어야 한다.

영업사원들은 정기적으로 각 고객들을 보기 위한 계획을 짜야 하지만 거래 빈도는 각 고객의 중요도에 따라 다를 것이다. 예를 들어 중요한 고객은 월별로 만나고, 덜 중요한 고객은 분기별로 만난다.

영업미팅 스케쥴은 고객의 중요성이나 다른 상황적 요소에 따라 다르다. 또한 평균적인 스케쥴을 계획하는 데서 영업사원들은 고객의 선호도를 고려해야 한다. 예를 들어 몇 조직은 영업사원들을 일주일에 몇 일만 혹은 명시된 시간 동안만 만날 수 있다.

③ 노력과 결과의 분석

영업사원들과 영업관리자들은 지속적으로 영업관련 활동에 투입되는 시간 생산성을 향상시키기 위해 분석해야 한다. 개인별 영업 거래를 분석하는 하나의 표준적인 도구는 거래 보고서이다. 보고서는 손으로 작성된 형식일 수 있고 휴대용 테이프 녹음기로 기록될 수 있고 혹은 휴대용 컴퓨터로 입력될 수 있다. 수단에 상관없이 보고는 거래 발생이후 빨리 잊혀질 수 있기 때문에 거래 후 즉시 기록되어야 한다.

거래 보고서는 형태가 다양하다. 예를 들어 몇몇의 거래 보고서는 영업사원들이 간단히 아이템을 체크하면서 빨리 정보를 기록할 수 있도록 체크리스트를 사용한다. 다른 것은 해설을 요구하기도 하고 어떤 경우에는 영업사원들의 활동에 관리자의 메모가 있기도 하다. 체크리스트 요소와 해설이 섞인 거래 보고서의 예제는 다음 표 7.3에서 볼 수 있다. 일반적으로 거래 보고서에서 요구되는 정보는 아래 표 7.3의 내용들을 포함한다.

정기적인 영업사원 그리고 영업관리자에 의한 영업 거래의 분석

표 7.3 거래 보고 시 체크리스트

- 이름, 주소, 그리고 고객의 중요한 연락처
- 거래의 결과
- 얻어진 사업(세부적으로)
- 잃은 사업(이유도 같이)
- 보유된 사업
- 다음 예정된 거래의 날짜
- 획득한 경쟁자 정보
- 추가 필요한 정보
- 영업관리를 포함한 파냄 팀의 다른 구성원들로부터 요구된 지원

은 영업 향상을 이끌어내는 시간과 구역 관리의 효율성을 증가시킬 수 있다. 예를 들어 정보통신 분야의 거대 기업인 OO은 새로운 시장에 다가가고 통합된 정보와 고객들을 위한 해결방안을 제공해야 할 필요성을 느꼈다. 변화를 만들기 위해, OO기업은 그의 영업사원들에게 고객과 영업, 재무, 의사소통, 그리고 조사와 개발과 같은 부서와의 의사소통을 통합할 수 있도록 노트북을 주었다. 그 결과 영업 사원들이 고객과 27%보다 더 많은 시간을 보내고 전반적인 판매 생산이 극적으로 40%까지 올랐음을 알 수 있었다. 영업사원들의 TTM책임감을 요약하자면 영업사원들을 가치 있는 자산의 관리자로써 실제 그리고 잠재적 판매를 일으켜 커다란 경제적 이익을 발생시킬 수 있는 고객 관계이다. 영업사원들은 그들의 기업이 지불하고 있는 봉급, 수수료, 부가 혜택, 그리고 다른 판매비용에 대한 투자수익률을 분석해야 한다. 효율적인 시간과 구역 관리는 이러한 생산성을 극대화시켜 투자에 대한 회수율을 극대화 시킬 수 있다.

2. 영업관리 지원

앞의 표 7.1에서 보여지듯 영업사원들은 그들의 시간을 영업관리자를 도와주는 데 사용한다. 전형적인 영업관리 지원 활동은 영업사원들을 채용하고 훈련하고 창고를 관리하고 자사의 생산직 사원들을 감독하는 데 있다.

채용과 선발 과정에서 영업사원들은 영업 직무 적합도를 확인하는 인터뷰를 하거나 후보자들에게 직무 소개를 하기 위해 현장에서 시간을 보내는 것을 요청 받는다. 이것은 기업의 임대 아울렛 운영자를 채용할 책임이 있는 OO기업의 영업사원들의 예처럼 몇몇 일부 영업사원들에게 더 중요한 직무 활동이 되었다. 새로운 영업사원들을 훈련하는 것은 대부분의 산업에서 일반적인 영업사원들의 책임이다. 신입 영업사원들이 베테랑들과 시간을 보내는 것은 유서 깊은 전통이다. 그리고 영업사원들은 영업 지원자들과 기업의 영업사원들을 보충해주는 사원들을 감독할 책임이 있다.

이러한 모든 활동들은 직접적으로 영업관리 기능에 기여한다. 또한 영업사원들은 조직 내 다른 분야를 지지하는 활동들도 한다. 우리는 이제 그 활동과 관련하여 몇 가지를 살펴볼 것이다.

(1) 조직 지원 활동

조직 지원 활동에 있는 3가지 주요한 유형은 ① 관리, ② 시장정보, 그리고 ③ 회의 참가이다.

① 관리적인 의무

앞서 언급한 거래 보고서를 마치는 것뿐 아니라 영업인력들은

표 7.4 인간관계 달인의 법칙
1. 노크
2. 거울
3. 베품
4. 짝지
5. 낭만

채권을 추적하고 관리하는 의무를 수행해야 한다.

영업사원들은 이러한 내부적인 의사소통 네트워크에 정보와 같은 중요한 투입을 제공한다. 네트워크는 영업, 마케팅, 제조, 그리고 통합된 의사소통 시스템에 있는 다른 분야와 연결된다.

② 시장 정보 활동

앞에서 영업사원의 시장 조사를 제공하고 그들의 근로자들에게 피드백을 제공하는 역할에 대해 설명하였다. 이러한 활동의 몇몇은 영업관리뿐 아니라 기업 내 다른 분야, 생산, 재무, 혹은 일반적인 관리분야도 지원한다. 영업사원들의 투입은 마케팅 전략을 만들어 내고, 다른 마케팅 도구를 지원하는 데 사용된다. 예를 들어 경기도에 있는 OO기업은 경쟁자가 한 영업사원의 구역에 들어오려고 계획한다는 것을 알게 되었다. 영업사원은 자사제품의 소매구역까지 배급을 확장시켜서 경쟁자의 접근을 제한 받도록 하였다. 또한 경쟁자의 전략을 카탈로그와 산업계 모임 등의 공식적인 접촉을 통해 알아내었다. 이것은 미래 판매를 극대화할 수 있는 가격 구조와 변화된 프로모션을 가져왔다.

③ 회의 참가

표 7.1에서 보았듯이 영업사원들은 일상적으로 훈련, 계획, 성과의 재평가, 영업사원의 동기부여 혹은 직무 보상에 관련된 다양한 목적의 회의와 학회에 참가해야 한다. 이 분야에서 다른 활동들은 화상회의, 그리고 영업관리자와의 1:1 회의가 있다.

대부분의 영업사원들이 비판매부문의 활동에 많은 시간을 투입하는데 이는 영업사원들의 가장 중요한 역할인 성공적인 실행, 판매를 위해 필수적이다. 판매 과정은 전통적으로 적합한 고객을 찾는 것으로 시작하여 연관된 단계의 연속적인 활동으로 묘사된다. 거기서 영업사원은 제품 소개를 계획하고 고객을 찾기 위해 약속을 잡고 판매를 마치고 판매 후 활동을 한다.

영업과정은 간단하게 보면 관계관리 과정이다. 이러한 판매 과정의 개념화에서 영업사원들은 그들의 고객과 관계를 지속하기 위해 노력한다. 그러한 관계의 기본은 다양할 수 있지만 고객과 영업사원과의 신뢰 요소는 관계를 지속하는 데 필수적인 부분이다. 고객의 신뢰를 얻기 위해 영업사원들은 고객 지향적이어야 하고, 정직하며 믿을 수 있고 유능하고 호감이 가야 한다. 성공적인 영업사원이 되기 위해서는 반드시 책임감과 신뢰가 있어야 하고 고객을 위해 시간의 100%를 다쓰면서 일하고 좋은 후속 조치 역량을 가지고 있으며 매우 좋은 통찰력이 있어야 한다. 그리고 자신이 판매하는 제품을 충분히 알아서 항상 현명하게 말할 수 있어야 한다. 사람들이 다른 사람들로부터 구매를 하는 가장 큰 이유는 영업 사원들을 믿을 수 있기 때문이다. 만일 구매자가 영업사원을 신뢰할 수 있다면 일반적으로 고객이 영업사원을 한 인격체로서 존중하고 좋아한다는 말이다. 우리 모두가 알고 있듯 대부분의 경우 고객은 그들이 좋아하는 사람(영업사원)으로부터 구매를 하고 싶어 한다. 만일 고객이 영업사원을 믿을 수 있다면 그 영업사원은 항상 존재감이 넘쳐 견고할 수 있다. 고객과의 좋은 관계를 달성할 수 있는 또 다른 중요한 요소는 개별적인 고객들과 그들의 특정한 요구가 적절한 판매 전략으로 다뤄져야 한다는 것이다.

인적 판매의
접근법

Part 8

본 장에서는 인적 판매(Personal Selling)의 전략과 접근방법에 대해서 설명한다. 또한 인적 판매의 시대적인 변화에 대해서도 알아보고 그 접근방법이 어떻게 진화해왔는지를 알아본다. 그리고 개별판매의 5가지 접근법에 대해서 상세하게 설명하였다. 이 장에서 다루고자 하는 이슈는 다음과 같다.

- 고대부터 현대까지 개별 판매의 진화를 묘사하라.
- 인적 판매가 사회, 기업, 그리고 고객에게 미치는 공헌을 설명하라.
- 인적 판매의 5가지 대안 접근을 이야기하라.
- 인적 판매 직무의 다른 종류를 설명하라.

교과서에 나오는 여러 학자들의 인적 판매에 관한 의미

인적 판매(personal selling)는 고객과의 직접 대화를 통해서 자사의 제품이나 서비스를 구매하도록 설득하는 촉진활동이다. 잠재고객과 직접 접촉하는 인적 판매는 촉진의 중요한 도구이자 가장 효과적인 커뮤니케이션 방법이다. 인적 판매는 고객과의 개인적인 접촉을 통해서 고객의 욕구를 직접 관찰할 수 있다. 광고, 홍보, PR 등의 촉진 활동은 일방적인 커뮤니케이션이지만 인적 판매는 고객과의 대화를 통한 쌍방향 커뮤니케이션이다. 비록 관리가 어렵고 비용이 많이 들지만 고객의 최종구매욕구를 자극할 수 있는 장점이 있다.

인적 판매를 수행하기 전에 기업은 먼저 광고, 홍보 등의 촉진전략을 통해 소비자에게 자사제품을 알려야 하는데 제품에 대한 인지가 부족한 상태에서는 인적 판매의 효과가 떨어지기 때문이다. 이미 어느 정도 제품에 대한 호감이 형성된 상태에서 판매원이 고객에게 구매에 대한 확신을 제공함으로써 구매를 유도할 수 있다.

인적 판매는 잠재고객과 판매원간의 쌍방향 커뮤니케이션이기 때문에 판매원은 고객의 욕구와 상황을 관찰하고 대처할 수 있다. 따라서 인적 판매는 판매원과 고객간에 원만한 커뮤니케이션이 요구되기 때문에 판매원은 제품에 대한 전문적인 지식을 갖추어야 하고 의사소통 기술을 습득해야 하며 고객의 욕구를 파악하고 충족시킬 수 있어야 한다.

인적 판매는 즉각적인 고객의 반응을 얻을 수 있고 이를 바로 피드백 할 수 있다는 장점이 있다. 또한 다른 촉진수단에 비해 비교적 많은 정보를 고객에게 제공할 수 있고 고객의 구매욕구를 자극하는 데 효과적이다. 그러나 촉진활동의 범위가 크지 않고 판매원을 선발, 교육, 관리하는데 많은 비용이 든다. 또한 판매원의 행동에 따라 고객에게 기업이나 제품에 대한 부정적인 이미지를 줄 수 있다.

인적 판매의 접근법

1. 인적 판매의 진화

오늘날의 성공적인 영업사원은 말하기보다 듣는 것을 더 잘하고 높은 강도, 단기의 영업 기술에 강조하기보다 고객과 장기적인 관계를 설립하는 데 집중하며 길고 복잡한 영업 과정들을 견딜 수 있는 참을성을 가지고 있다. 영업 전문가에 의해 보여지는 개별 판매는 과거 10여 년 전보다 꽤 다른 활동으로 진화하였다. 이러한 과정의 이해를 통해 당신은 새로운 기술과 이러한 기술에 의해 습득된 영업스킬에 대해서 알게 될 것이다. 이 장은 오늘날의 영업사원과 영업관리자들의 영업에 대한 시각을 제공하면서 개별적인 판매의 개요를 보여준다. 높은 경쟁 상태에서 시장의 복잡한 환경, 개별적인 판매, 그리고 판매 관리는 기업에서 매우 중요한 기능이다.

(1) 인적 판매의 기원

고대 그리스 역사에서 교환활동으로써의 인적 판매와 영업사원이라는 단어는 플라톤의 글에서 유래되었다. 그러나 오로지 판매에 의해 살아가는 진짜 인적 판매 인력들은 18세기 중반부터 19세기 중반까지였던 영국에서의 산업 혁명 때까지 그 숫자가 많지 않았다. 그

이전에는 거래자, 상인, 그리고 장인들이 판매 기능도 같이 수행하고 있었다. 이때에는 종종 속임수가 판매 시에 당연하게 사용되었기 때문에 판매행위 자체가 멸시를 받았다.

중세시대 후 처음으로 집집마다 돌아다니는 판매원의 형태로 영업 사원이 나타났다. 판매원은 특정 지역의 농부에게 제품을 사모으고 이를 도시인들에게 팔았으며, 도시에서 제조된 물품을 사서 시골의 농부들에 팔았다. 다른 초기의 영업 사원들처럼 그들은 중요한 마케팅 기능을 수행하였다. 이 경우에는 구매하고, 모으고 정리하고 재분배하는 기능이 그것이다.

길드 시스템의 출현은 개별 판매의 진화에서 중요한 개발로 떠올랐다. 상인과 장인의 협회를 만드는 것에서 길드 시스템은 경쟁자들을 연합하는 효과를 가졌고 새로운 지리적 지역으로의 영업 원정을 막았다. 그러나 이것은 길드에 의해 지지되는 높은 윤리적인 표준이 모든 기업가들의 사회적 지위를 높여주었기 때문에 좋은 효과도 있었다.

(2) 산업혁명 시대

산업혁명이 18세기의 중반에 꽃을 피기 시작하자 영업사원들을 위한 경제적인 타당성이 탄력을 받기 시작했다. 지역 경제는 더 이상 자급자족할 수 없었고 도시 간, 국제간 교역은 번성하기 시작하였으며 제조에서의 경제도 지역적으로 멀리 떨어진 지역에 대량 판매 시장의 성장으로 박차를 가하기 시작했다. 이렇게 멀리 떨어진 시장에 있는 새로운 고객에게 접근하는 요구는 더 많은 영업사원들을 필요로 했다.

산업 혁명 시대의 처음 영업사원의 직무 활동은 흥미롭다. 다음 인용구는 고객들과 제조업자들의 결합을 제공했던 영업사원을 묘사한다.

제조기업을 대표하고 기업의 제품 샘플로 무장한 영업사원들은 많은 숫자의 잠재 고객들의 주목을 가져올 수 있었다. 다른 사람들에게 판매하기 위해 구매하든 생산 수요를 충족시키기 위해 원료를 구매하든 영업사원의 방문이 없는 사람들은 제품의 존재를 알 수 없었고 그들의 설명에 의존하였다. 심지어 영업사원들이 제품을 판매하는 데 성공하지 못하더라도 그들은 시장의 상태에 대한 가치 있는 정보를 들을 수 있었고 판매 거절에 대한 이유도 알 수 있었다. 이 정보는 영업인력들에게 매우 유용했다.

(3) 산업혁명 이후의 시대

1800년대 초기까지 개별 판매는 영국에서 잘 자리잡았지만 미국에서는 갓 시작했을 뿐이었다. 이러한 상황은 1850년대 이후로 급격하게 바뀌었고 그 세기 후반까지 영업사원들은 미국에서 사업의 일부분으로 잘 자리잡았다. 경제사에서 흥미로운 시간이었던 20세기 초반에 마케팅, 특히 광고와 개별 판매는 농업에서부터 대량생산과 효율적인 운송수단까지 경제의 빠른 발전에 중요한 역할을 하였다. 초기 1900년대 영업사원들의 삶을 잠깐 들여다보면 새로운 시장의 경계에서 일하는 모험적이었고 공격적이었으며 가치 있는 일을 하는 집단이었다. 그러나 곧 새로운 시장에서 초기에 열정적이었던 독립적인 영업사원들은 사라지기 시작했다. 판매는 더 구조화된 활동이 되었다.

(4) 전쟁과 대공황 시대

1915년부터 1945년까지 30년의 시간은 3가지의 큰 사건으로 기록된다. 1차와 2차 세계대전과 직후의 미국의 대공황이다. 경제적인 활동이 전쟁 노력에 집중되었기 때문에 새로운 판매 방법은 이 시기에 빨리 개발되지 않았다. 그러나 대공황 동안 판매고를 갈망하는 기업들은 종종 수익을 창출하기 위해 공격적인 영업인력들을 고용하였다. 그리고 제2차 세계대전 후에 재개된 번영시기에서 영업사원들은 통합된 마케팅 프로그램의 혜택을 깨닫기 시작한 기업에서 중요한 근로자로 등장하였다.

(5) 전문성의 시대: 현대

1940년대 중반에 개별 판매는 더 전문적이기 시작했다. 구매자들이 영업인력들로부터 더 많은 요구를 할 뿐 아니라 그들은 또한 높은 압박, 빨리 말하는 영업사원들, 잘 알기보다 선호하는 것, 고객 집중적인 영업사원들을 참을 수 없어 했다. 1947년에 Havard Business Review는 영업사원들이 그들의 전문적인 처신을 개발시키면서 영업의 효과성을 증가시키기 위해 많은 사람들에 의한 전통적인 기사인 "낮은 압박의 판매"를 출판하였다.

영업 전문성에 대한 강조는 현대에 와서 더 중요해지고 있다. 이 용어는 다양한 의미를 가지고 있지만 이 문맥에서 우리는 그것을 고객과 기업 모두에 장기적인 요구를 충족시킬 수 있는 조종하지 않는 전략과 근로자들이 정직하다는 의미인 고객지향적인 접근으로 볼 것이다. 오늘날 영업사원들의 효과성은 더 이상 정보의 단순한 전달자가 아니라 판매 전, 동안, 후에 고객의 다양한 요구에 응답하는 능력으로 대표되어야 한다. 게다가 영업사원들은 반드시 그들 조직 내의 다른 사람들과 고객 기대를 초과하거나 충족하기 위해 효과적으로 일해야 한다.

미래는 고객의 요구에 맞추기 위한 새로운 판매 역량을 요구할 것이다. 자사의 제품과 서비스를 고객의 요구에 맞추지 않고 등돌리는 것은 어제의 판매 방법이다. 새로운 방법은 제품 뒤에 숨어 있는 고객의 문제를 물어보고 듣고 이해하는 능력을 요구한다. 영업이라는 직무는 고객에게 왜 이 제품이 다른 것보다 좋은지 말하는 것이 아니라 고객의 요구와 문제를 이해하고 해결 방안을 제공하는 것이다. 만일 당신이 고객의 성공에 공헌하지 않는다면 당신은 21세기의 판매에 준비가 되어있지 않은 것이다.

오늘날의 환경에서 판매에 고객 지향적인 접근의 중요성은 간단하게 시간이 없거나 자기 잇속만 차리는 영업사원과의 만남에 흥미가 없는 고객들에 의해 행해진다. 고객 지향적인 영업사원을 만나는 것을 더 선호하는 것은 많은 영업관리자들의 생각이 반영된 것이다. 영업관리자들은 영업사원에게 들은 가장 나쁜 질문이 '당신 기업이 하는 일이 무엇입니까?'라는 질문이라고 하였다. 영업사원들은 이 질문을 영업을 개시하기 전에 알고 있어야 한다. 자사의 제품을 고객들에게 가르칠 시간이 없다. 영업에 관한 가장 최고의 질문은 당신이 찾는 부가가치의 종류가 무엇인가라는 질문이다. 영업사원에게 부가가치는 적시에 배송하는 것 혹은 우리에게 전문가를 제공하는 것과 같은 가격보다 더 중요한 것이다.

(6) 진화의 시대: 생각을 결론지으며

영업사원들은 계속해서 부정적인 이미지를 극복하려 노력해왔다. 영업사원들이 더 전문적이게 되고 영업사원들의 유익한 역할이 더 명확해 질 때 부정적인 면이 점차 사라질 것이다.

개별 판매의 진화에서 또 다른 중요한 요소는 그것의 경제적인 공헌도 때문에 독특한 직업이라는 인식의 증가이다. 영업사원들은 손익분기점을 달성하는 사업 운영에서 중요한 자원들이다. 또한 영업사원들은 단기적인 경제 범위를 엄격하게 정의하는 사회구조 밖에서 많은 공헌을 한다. 우리는 이러한 공헌들을 다음 장에서 살펴볼 것이다.

미래 진화는 내일의 영업사원이 더 복잡하고 역동적인 환경에 대응해야 하는 것처럼 불가피하다. 또한 구매자들의 증가된 교양과 새로운 기술의 발달은 영업사원의 다음 세대들부터 더 많이 요구될 것이다.

2. 인적 판매의 공헌

광고가 전통적으로 대부분의 학생과 조사원들의 주목을 끌지만 인적 판매는 사실 기업에서 활용하는 마케팅 의사소통의 가장 중요한 부분이다. 그 어떤 마케팅 의사소통보다 더 많은 돈이 광고, 판매 프로모션, 언론, 혹은 대중적인 관계와 같은 개별 판매에 쓰인다. 그러나 사실 서비스 부문에 의해 더 많이 지배되는 현대 경제에서의 변화는 인적 판매의 역할에 주목하고 있다. 특히 B2B기업에서 인적 판매는 매우 중요한 기능을 수행한다.

다른 마케팅 의사소통과 같이 인적 판매에도 상당한 투자가 선행되어야 한다. 채용 후 상당한 훈련과 교육에 비용이 투자된다. 그리그 인적 판매는 매우 비싼 판촉도구이다. 그러므로 영업관리자는 어떻게 우리가 그러한 투자를 지불하는가?를 지속적으로 물어봐야 한다. 우리는 이제 어떻게 인적 판매에 대한 투자가 사회, 기업, 그리고 고객에게 공헌하고 있는지를 살펴볼 것이다.

표 8.1: 인적 판매의 진화

변화	영업사원의 응답
강화된 경쟁	신뢰 경영, 장기적인 고객 관계를 유지하고 개발하는 데 더 많이 강조
판매 생산성을 증가하는 데 더 강조	기술 사용의 증가(예, 노트북, 이메일, 팩스) 거래당 낮은 비용 방법 사용의 증가(예, 몇 고객에게 전화 마케팅) 수익성에서 더 많은 강조(예, 매상 총 이익)
전통적인 고객 기초의 분열	특정 고객 유형을 위한 판매 전문가 다양한 판매 인력들(예, 주요한 고객 프로그램, 전화 마케팅, 전자적인 네트워크) 판매 노력의 세계화
품질 표준을 좌우하는 고객과 판매 기업에 의해 충족될 수 있는 재고/배송 절차	팀 판매 고객 만족과 팀 성과에 근거한 영업사원 보상
구매 결정의 조언으로써 깊고 전문화된 지식의 요구	팀 판매 고객 중심 판매 훈련에 더 많은 집중

3. 영업사원과 사회

국가가 설립된 때부터 우리 사회는 계속해서 경제적인 성장의 목표를 지지해왔다. 영업인력들은 2가지 방법으로 이 과정에 공헌한다. 그들은 경제적인 거래의 자극제로 역할을 하고 거래에서 발생한 혁신을 확산시키는 것이다.

(1) 경제적 자극제로써의 영업인력

영업사원들은 사업 관계에서 자극제의 역할을 한다. 등락을 거듭하는 경제에서 영업사원들은 아이디어, 제품, 그리고 현금의 순환을 회복시키는데 도와주고 상대적으로 번성기에는 그 체계를 지탱시키는 데 도움을 준다. 우리 경제시스템은 지속적인 물질 및 심리적 증가와 같은 문제를 다루기 때문에 고객만족과 품질향상 프로그램 등 경쟁력 강화에 도움이 되는 방법을 고민하고 있다. 이러한 고민을 하는데 영업사원들은 기업이 성장과 생존에 필요한 경쟁우위 확보를 위해 지속적인 자극을 제공하고 있다.

(2) 영업사원과 혁신의 확산

영업사원들은 새로운 제품, 서비스, 그리고 생각들이 사회의 구성원들에게 나눠지는 과정인 혁신의 확산에서 중요한 역할을 한다. 혁신에서 얼리어답터가 되고 싶어하는 고객들은 종종 영업사원들을 정보의 초기제공자로 이용한다. 꽤 잘 알려지고 전문화된 영업사원들은 잠재 고객들에게 유용한 정보를 제공하고 낮은 비용으로 구매하게 한다. 산업적인 제품과 서비스의 확산에서 영업사원들의 역할은 꽤 중요하다. 유능한 영업사원이나 판매 팀 없이 기업 전반에 걸친 컴퓨터 시스템을 구매하려 노력한다 가정해보라!

혁신의 대리인으로 활동하는 동안 영업사원은 변함없이 혁신확산 과정 중에 변화에 대한 강한 저항을 만난다. 현재의 상황은 많은 집단들에게 꽤 만족스러운 것처럼 보이지만 그럼에도 불구하고 장기적으로 변화는 생존에 필요하다. 혁신적인 제품이나 서비스의 채택을 북돋는 영업사원은 사회변화에 긍정적인 효과를 불러올 수 있다. 예를 들어 우리의 교육적인 시스템은 학급에 컴퓨터를 도입하면서 증가되었고 이러한 발전은 영업사원들의 노력이 없었다면 아주 더디게 진행되었을지 모른다.

4. 영업사원과 고용 기업

앞선 장에서 영업사원들의 직무 활동에 대해 다루었는데 이 장에서는 영업사원들이 그들의 기업에게 공헌하는 것에 대해 이야기 하고자 한다. 즉 영업사원이 기업의 직접적인 수익 창출자로써, 마케팅적인 측면에서 시장 조사와 피드백의 자원으로써 그리고 관리자 지위의 후보자로써의 업무에 대해 알아보자.

(1) 수익 창출로의 영업사원들

영업사원들은 그들의 기업에서 수익 창출자의 독특한 역할을 차지한다. 그 결과 그들은 보통 기업의 관리와 함께 기업 성장에 대한 압박감을 느낄 수 있다. 회계사들과 재정업무 근로자들이 최종 결과의 수익성만 걱정하는 반면 영업사원들은 끊임없이 건강한 수익과 손실을 달성하기 위한 그들의 책임감을 생각해야 한다. 이것은 영업사원들이 전반적인 수익성이 아니라 오로지 판매 수익만 걱정한다는 것이 아니다. 게다가 영업사원들은 점차적으로 판매 수익을 만들 뿐 아니라 그들의 행동의 생산성도 증가시키며 수익성에 책임져야 한다.

(2) 시장 조사와 피드백 역할 수행

영업사원들은 그들의 고객과의 직접적인 접촉에 많은 시간을 보내기 때문에 당연히 시장 조사와 그 결과를 기업에게 피드백을 제공하는 중요한 역할을 한다. 예를 들어 영업사원들은 종종 고객들의 시각을 기업의 마케팅 팀과 제품개발부서에 전달한다. 이러한 행동은 제품 개발, 제품 증가, 그리고 서비스 혁신에 가치 있는 투입이 된다. 이러한 영업사원들로부터 받는 피드백은 마케팅 전략을 수립하는 데 도움이 되고 나아가서 고객 관계를 강화시킨다.

일부는 영업사원들이 시장 조사원으로써 훈련이 되어 있지 않다고 말하거나 영업사원들의 시간은 조사나 피드백 활동보다 수익을 창출하는 활동에 사용되어야 한다 말한다. 그러나 많은 기업들은 영업사원들을 아이디어의 저장소로 이용하는 다양한 방법을 찾아내면서 이러한 주장을 반박한다. 하지만 많은 기업들이 영업사원의 피드백과 조사활동 없이 영업조직을 운영하는 게 힘들다고 하는 것은 전혀 과장된 것이 아니다.

(3) 미래 관리자로써의 영업사원들

최근에 마케팅과 영업사원들은 상위 관리업무에 집중하도록 강하게 요구받고 있다. 판매에서 훈련된 최고 관리의 필요성을 인식하면서 많은 기업들은 판매 직무를 미래 임무를 위한 기초를 제공하는 입문 단계로 사용한다. 시장을 이끌어가는 기업이 고객 지향을 기본적인 운영 개념으로 채택하기 때문에 고객의 요구를 충족시키는 것을 배운 영업사원들은 관리 직무를 위한 좋은 후보자가 될 것이다.

경쟁이 심화됨에 따라 영업사원들은 가치 있는 인적 자원이 될 것이다. 비록 그들이 영업사원으로써 중요한 공헌을 하였지만 고객 지향적인 기업의 최고 관리자로써 더 중요한 공헌을 할 것이다.

5. 영업사원과 고객

어느 교육 컨설팅 기업이 구매자들이 영업사원들에 대해 가진 기대감에 대해 조사한 결과에 의하면, 구매자들은 다음과 같은 특성을 가진 영업사원들과 일하고 싶어했다.

- 모든 것에 투명하고 정직한
- 일반적인 사업과 경제 동향뿐 아니라 구매자의 사업도 잘 이해하는
- 판매 과정을 통해 올바른 지침서를 제공하는
- 구매자의 문제를 해결하는 것을 도와주는
- 밝은 성격과 좋은 외모와 전문적인 면을 가지고 있는
- 그리고 자신의 일을 잘 조직화하는 영업사원

전반적인 결론은 구매자들이 자신의 사업 성공을 도와줄 수 있는 영업사원들을 기대한다는 것이다. 고객들은 영업사원들에 의해 제공되는 정보에 가치를 두었고 전보다 훨씬 더 영업사원들의 문제 해결 역량에 가치를 두었다.

영업사원은 그들의 고객에게 도움이 되면서 동시에 그들의 기업과 사회에 도움이 된다. 하지만 이러한 집단들의 이해가 서로 충돌될 때 영업사원은 중간에서 끼일 수 있다. 이러한 충돌을 그들의 직무의 일부분으로서 그 충돌을 해결하는 방법을 배우면서 더 나아가 문제해결을 위한 개선에 기반을 둔 사업 시스템을 개발할 수 있다. 고객과 영업사원 사이에서 잠재적인 충돌의 해결의 중요한 부분은 영업사원들이 고객 지향적 윤리를 가지는 것이다. 이러한 관례는 표 8.2에서 살펴볼 수 있다.

표 8.2: 전문적 영업사원들의 윤리적 관례

전문적인 영업인으로써 나는 사람들과 조직을 따를 것을 약속합니다.		
고객: 모든 고객 관계에서 나는 약속한다.	기업: 내 근로자, 동료, 내가 대표하는 집단과의 관계에서 나는 이렇게 할 것이다.	경쟁자: 내가 시장에서 경쟁하는 사람들에 관해 나는 약속한다.
고객과 잠재 고객과의 내 관계에서 정직함과 진실성을 유지한다. 구매자와 판매자의 수익과 혜택의 원칙과 일치하는 결정을 할 수 있도록 내 제품과 서비스를 정확히 보여준다. 내 고객이 내 제품과 서비스를 이용하면서 그들의 목표를 달성하는 데 도움이 될 관련된 정보를 잘 알아 둔다.	오로지 정당한 사업을 위한 처리를 목적으로 그들의 자원을 사용한다. 나의 기업이 나에게 맡긴 독점적이고 기밀 정보를 보호하고 존중한다.	오로지 합법적이고 윤리적인 방법을 통해 정보를 얻는다. 내 경쟁자들과 그들의 제품 서비스를 정직하고 신뢰 있으며 입증할 수 있는 정확한 정보로 묘사한다.

6. 인적 판매 접근의 분류

인적 판매를 수행하는 데에는 기본접근법이 있다. 자극 반응법, 인지 상태법, 욕구충족법, 문제 해결법. 그리고 컨설팅적 접근법이라 불리는 인적 판매의 접근법이 대표적이다. 이러한 인적 판매의 5가지의 접근법은 오늘날에도 매우 유용하게 사용되며, 많은 영업사원들은 그들의 인적 판매 상황에서 하나 이상의 접근법을 사용하는 것으로 나타났다.

인적 판매는 영업 조직에 있는 근로자나 중개상에 의해 수행되기 때문에 다른 마케팅 의사소통의 형태와 다르다는 것을 명심해야 한다. 영업사원은 제품을 소개하거나 혹은 다른 상황과 다른 고객을 맞이하는 동안 자신의 판매 메시지와 방법을 바꿀 기회가 있다. 다시 말해 다른 상황에서 다른 고객을 설득 할 때 다른 접근법을 사용할 수 있다는 것이다. 이것을 우리는 적절한 접근법을 사용하는 적합한 거래라고 부른다. 영업사원들은 종종 국내외에서 다문화의 고객을 만나고 설득하는 과정을 거치기 때문에 적합한 거래는 매우 중요한 개념이다.

대부분의 전문적 영업사원들은 다양한 고객들의 요구를 충족시키는 과정에서 적합한 거래를 시도한다. 예를 들어 단지 안면이 있는 고객의 소개를 가져오는 전통적인 판매 접근은 증권 중개인들에게 효과적이지 않다고 한다. 증권 중개인들은 주식 거래를 하기 위한 슈퍼 컴퓨터의 가치에 대해서 확신하지 못한다. 그래서 전문영업사원은 고객 사이트에 거래를 위한 시스템 개발시켰고 이를 통해 며칠 동안 실제 거래 시장을 확인하게 하였다. 거래시스템이 성공적이라는 것이 판명된 후 증권중개인인 고객은 영업사원으로부터 슈퍼 컴퓨터를 구입하였다. 즉 제품을 판매하기에 앞서 실제 경험하고 가치를 확인하게 함으로써 적합한 거래를 할 수 있게 한 것이다.

또 다른 중요한 점은 인적 판매가 거래 기반의 방법에서 관계 기반의 방법으로 옮겨간다는 것이다. 단기적으로 판매를 극대화시키려 노력하는 것 보다 관계 기반 판매 접근은 고객 문제를 해결하고 고객에게 새로운 기회를 제공하여 고객의 사업에 장기적으로 가치를 부가하는 데 집중하는 것이다. 표 8.3은 어떻게 거래 기반 판매가 관계 기반 판매와 다른지를 보여준다.

구분	거래 기반 전통 판매	신뢰 기반 관계지향적 영업
초기 관점	영업사원과 판매 기업	고객과 고객의 고객
개별 판매 접근	자극 반응, 정신 상태	필요 만족, 문제 해결, 상담적
요구되는 결과	폐쇄 판매	신뢰, 합동 기획, 상호 이익, 이익 증가
영업사원의 역할	거래를 만들고 판매를 폐쇄	고객 사업에서 사업 상담가, 그리고 장기적인 동맹
의사소통의 본질	하나의 방법, 영업사원부터 고객까지	2가지 방법과 협동
고객의 결과 결정 과정에서 영업사원의 관여의 정도	고객의 결정 과정에서 고립시키는 것	고객의 결정 과정에 활발하게 참여
요구되는 지식	기업의 제품 경쟁자 지원 고객 전략 비용 기회	기업의 제품, 자원 경쟁자 지원 고객 전략 비용 기회 일반적인 사업과 산업 지식과 통찰력 고객의 제품, 경쟁, 그리고 고객
일반적으로 요구되는 역량	판매 역량	판매 역량 정보 수집 듣기와 질문 전략적 문제 해결 독특하고 부가가치 해결을 만들고 실행 팀 구축과 팀워크

구분	거래 기반 전통 판매	신뢰 기반 관계지향적 영업
판매 후 조치	거의 없거나 아예 없다: 다음 고객에게 넘어감	다음을 통해 계속된다. 고객 만족을 확인하는 것 고객을 알게 하는 것 고객 가치를 부가시키는 것 관리 기회

(1) 자극 반응 판매

인적 판매의 5가지 관점 중 자극 반응 판매는 가장 간단하다. 이 접근의 이론적인 배경은 동물 자극 및 행동의 초창기 실험에서 비롯된다. 대표적인 것이 조건 반사 실험이다. 특정한 조건에 따라 동물이 반응하는 것을 관찰하여 조건 반사라는 이론을 만들었다. 이처럼 자극 반응 접근법의 주요 아이디어는 영업사원의 다양한 자극에 대한 고객의 다양한 예상된 반응을 끌어낼 수 있다는 것이다. 영업사원들은 고객들이 예상된 응답을 만들어 내도록 설계된 활동과 단어로부터 자극을 제공한다. 이러한 판매 접근은 그림 8.1에 나와있다.

그림 8.1 자극 반응 접근

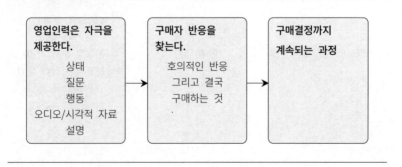

자극 반응 판매는 영업사원의 연속되는 질문에 대해 구매자가 긍정적으로 대답하도록 설계되었다는 것이다. 이 방법은 종종 텔레마케팅 인력에 의해 사용되는데, 이들은 판매 대본을 읽거나 정해진 기억대로 질문을 전달한다.

자극 반응 영업 전략은 특히 준비된 제품을 소개할 때 영업사원에게 많은 장점이 있다. 영업사원의 판매 메시지는 논리적인 순서로 구조화될 수 있다. 구매자들로부터의 질문과 반대는 보통 구매자−판매자간의 상호작용 동안 이루어진다. 익숙하지 못한 영업사원은 특정 상황에서 자극 반응 판매 방법에 의존할 수 있고 판매 전문 기술을 습득하는 데에 도움이 될 수 있다.

그러나 특히 영업사원이 전문적인 구매자와 일을 할 때 자극 반응 방법은 심각한 문제를 발생시킬 수 있다. 대부분의 전문구매자들은 영업사원과의 대화에서 보다 적극적으로 역할을 하기를 좋아하고 자극 반응 접근은 영업사원들이 대화의 흐름을 선점할 수 있도록 도와준다. 이 접근에서 유연성이 부족한 것 또한 구매자의 반응과 예상치 못한 방해가 자극의 효과성을 무효화 시키거나 손상을 가할 수 있다는 것이 단점이다.

이 방법의 장점과 단점의 효과를 고려하면 자극반응법은 상대적으로 덜 중요한 구매를 할 때, 시간이 속박되어 있을 때 그리고 구매자가 전문가가 아닐 때 가장 적합하다. 다시 말해 소비자들이 더 세련되어 지거나 전문가가 된다면 이접근법은 문제가 더 많아질 것이다.

영업사원은 구매자들에게 영향을 미치는 자극과 해결책을 제공하면서 호의적인 반응을 얻게 된다. 고객의 반응이 우호적인 상태가 된 후 영업사원은 긍정적인 구매 결정을 이끌어내기 위한 노력을 한다.

(2) 인지 상태 판매

인지 상태 접근법은 대부분 구매자의 구매 과정이 기본적으로 동일하고 구매자의 반응을 특정한 인지 상태나 단계를 통해 이끌어 낼 수 있다는 것이다. 이러한 인지 상태는 전형적으로 AIDA(주의, 흥미, 욕구, 그리고 행동)로 언급된다. 적절한 판매 메시지는 하나의 인지상태에서 다음으로 이동하는 것을 제공한다. 즉, 주의라는 인지상태에서 영업사원의 판매 메시지를 통해 흥미라는 상태로 변화하는 것을 의미한다.

자극 반응 판매처럼 인지 상태 접근은 높게 구조화된 제품 소개에 이상적이다. 영업사원은 고객으로부터 받는 피드백이 소개의 흐름에 방해될 수 있기 때문에 대부분 대화를 주도하려고 한다.

이 방법의 긍정적인 측면은 이것이 영업사원이 고객과의 상호작용 전에 제품 소개를 계획하는 데 집중한다는 것이다. 또한 구매 결정 요소에서 시간이 굉장히 중요하고 조심스러운 듣기는 구매자가 구매를 결정하는 데 필수적이라는 것을 인식하는 데 도움이 된다.

인지 상태 방법의 문제점은 고객이 어떤 상태에 있는지를 파악하는 것이 굉장히 어렵다는 것이다. 때때로 고객은 좋거나 나쁜 2가지의 정신상태에 있거나 제품을 소개 동안 이 2가지의 상태를 왔다 갔다 할 수 있다. 따라서 영업사원이 행해야 하는 중대한 지침은 구조는 적절하지 않을 수 있고 헷갈릴 수 있으며 심지어 영업 효과성에 역효과를 낳을 수 있다. 우리는 또한 이 방법이 고객 지향적이지 않다는 것에 주목해야 한다. 영업사원이 각 고객들에게 소개를 조정함에도 불구하고 이것은 고객의 필요보다 고객 정신 상태를 아는 것이 더 중요해진다.

정신 상태	판매원	중요한 판매 업무
호기심	주의	고객을 흥미롭게 하고 그들이 당신을 좋아하게 하라.
흥미	흥미	인터뷰: 필요성과 욕구
확신	확신	"나를 위한 무엇이 있나요?" 제품 - "그것이 내가 하고 싶 어하는 것을 하나요?" 가격 - "그만한 가치가 있나?", "교환하는 데 번거롭나?", "다른 데보다 싼가?" 동료 - "다른 사람들은 어떻게 생각하나?" 우선순위 - "지금 필요하나?" (긴급한 감각)
욕구	욕구	그들의 핑계를 극복한다.
행동	완료	대안 선택을 종료: 만일 아니면 어떤 게!

인지 상태 방법은 표 8.4에서 보여진다. 이 접근법은 흥미와 욕구 사이에 중간 단계로 "신념"을 포함한다. 흥미상태에서 구매하고 싶다는 욕구로 가기 전에 개인적인 믿음 혹은 구매에 대한 확신이 생겨야 구매욕구로 발전한다는 것이다.

(3) 욕구 충족 판매

욕구 충족 판매는 고객이 특정한 욕구나 필요성을 충족시키기 위해 구매하는 것에 주목한다. 이 접근은 그림 8.2에서 나타나있다. 충족되어야 할 고객의 욕구를 알아내고 고객이 이를 충족시키도록 도와줘야 하는 것이 영업사원의 기본 업무이다. 인지상태법이나 자극반응 방법과는 다르게 욕구충족법은 영업사원보다 고객에게 초점이 맞춰져 있다. 영업사원은 중요한 고객의 욕구를 파악하기 위해 여러 가지 질문을 사용한다. 판매과정의 상호작용을 통해 고객의 욕구를 파악한 후에 영업사원은 자신의 해결책이 고객의 요구를 충족시킬 수 있는지를 알아보기 시작한다.

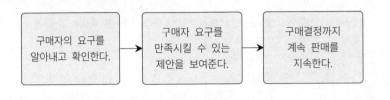

이 욕구 충족 판매 방법은 고객들이 선호하는 방법으로 여겨진다. 영업사원은 제품 소개나 판매 제안을 만들기 이전에 고객의 욕구나 필요성을 파악하는 예비 만남에 상당한 시간을 보낸다. 이 예비 만남은 고객에 대한 학습과정이라고 할 수 있다.

영업사원은 자사의 제품이나 서비스와 관련된 고객의 욕구를 파악하기 위해 시도한다. 욕구를 파악하기 위해서는 판매 과정의 초기단계에서부터 많은 질문을 요구한다. 고객의 욕구를 확인한 후 영업사원 자신의 제안 혹은 해결책이 어떻게 고객의 욕구를 충족시킬 수 있는지에 관한 소개를 준비한다.

(4) 문제 해결 판매

문제 해결 판매는 욕구충족판매기법의 확대판이다. 고객의 욕구를 파악하는 것을 넘어서서 근본적인 문제를 파악하고 이를 해결할 수 있는 해결책을 개발한다. 문제 해결 접근은 그림 8.3에서처럼 대안을 제시하는 것에 초점을 맞추는데 때때로 경쟁자의 해결책까지 구매결정의 대안으로 제시한다.

문제 해결 방법은 시간이 많이 소요된다. 하지만 무작정 영업사원이 이렇게 많은 시간을 각 고객들에게 사용할 수는 없다. 한편으로 고객들도 구매에 많은 시간을 소모하고 싶지 않을 것이다. 문제 해결

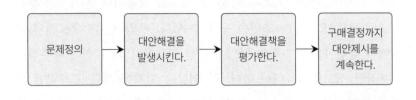

접근법은 전자 전기와 같은 기술집약적인 산업 판매 환경에 가장 성공적인 것처럼 보이고, 여기에 속한 기업들은 보통 과학적인 이유와 과정지향적이기 때문에 문제해결적인 접근법을 잘 수용한다.

영업사원은 다양한 대안에 의해 해결될 수 있는 고객의 문제를 잘 정의하는 것부터 시작하여야 한다. 그리고 해결책의 제공은 최소한 제시할 수 있는 대안들 중 하나를 보여주어야 한다. 모든 대안은 구매가 결정되기 전 고객과 같이 조심스럽게 평가된다.

(5) 컨설팅적 판매

컨설팅적 판매는 기업이 가진 제품, 서비스, 그리고 전문 기술 등의 모든 판매조직의 자원을 활용하여 고객이 그들의 전략적인 목표에 도달하도록 돕는 과정이다. 이 접근법은 단지 요구를 충족시키고 문제를 해결하는 것이 아니라 고객의 전략적인 목표를 달성하는 데 집중한다는 것에 주목하여야 한다. 영업사원은 고객의 전략적인 목표를 확인하고 고객과 함께 이 목표를 달성하기 위해 노력해야 한다.

컨설팅적 판매에서 영업사원은 3가지의 주요한 역할을 한다. 전략적인 조정자, 사업 컨설턴트, 그리고 장기적인 동맹자로서의 역할이다. 전략적인 조정자로써 영업사원은 영업 조직의 자원의 사용을 고객을 만족시키기 위한 노력으로 정렬한다. 이것은 보통 영업 조직에 있는 다른 사람들에게 도움을 요청한다. 예를 들어 영업사원은 완전히 고객의 문제나 기회를 다룰 수 있도록 제품이나 논리적인 부분을 다른 사람으로부터 조언을 구할 수 있다. 사업 컨설턴트로서의 역할에서 영업사원은 고객의 사업에 대한 전문가가 되기 위해 내부적 – 외부적인 정보원천을 활용한다. 이 역할은 고객에 대한 교육적인 요소도 포함한다. 다시 말해 영업사원은 고객에게 제공하는 제품에 대해 어떻게 이 제품이 경쟁사에 비해 좋은지를 설명해야 한다. 장기적인 동맹자의 역할에서 영업사원은 어떤 거래에 대해서 즉각적인 판매가 이루어 지지 않을 때에도 항상 고객편에서 고객을 지지한다.

7. 인적 판매 직무의 분류

굉장히 다양한 업무가 있기 때문에 영업사원이라는 단어는 단순히 몇 개의 단어로 정의할 수 없는 용어이다. 영업사원은 바쁜 시내 교차로의 꽃 장수가 될 수도 있고 혹은 중국에서 기계의 판매를 협상하는 영업 임원일 수도 있다.

판매하는 서비스와 제품은 확연히 다른 접근을 필요로 한다. 소매 판매는 단순히 판매하는 행위부터 판매기관까지 매우 다양한 것을 의미한다. 텔레 마케팅 판매는 현장에서의 판매와 매우 다르다. 이처럼 영업 업무에 관한 리스트는 끝도 없을 것이다. 다음에서 간단하게 인적 판매 업무의 6가지 종류를 설명해보자.

- 판매 지원
- 새로운 고객창출
- 기존 고객 유지
- 내부 판매(소매상이 아닌)

- 고객에게 직접적인 판매
- 판매 직무의 혼합

(1) 판매 지원

판매 지원 인력은 보통 구매를 위해 설득하는 과정에서는 포함되지 않는다. 대신에 그들의 주요한 임무는 판매를 자극시키도록 계획된 다른 활동의 정보와 자원을 지원하는 것이다. 그들은 전반적인 판매 노력을 지원하기 위해 분배된 인력의 최종 사용자 단계나 혹은 다른 단계에 집중할 것이다. 지원인력은 또 다른 영업사원에게 보고할 수 있고 구매를 직접적으로 다루는 책임이 있거나 판매를 관리하는 관리자의 역할을 한다. 판매지원 영업사원은 2가지의 부문으로 나뉜다. 영업사절단과 영업사원을 세분화하고 기술적인 지원을 하는 영업사원들이 있다.

영업사절단은 보통 제조업자들을 위해 일하지만 특히 식료품 산업에서 중개인이나 제조 사원들을 위해 일하기도 한다. 영업 사절단과 종교적인 선교사들 사이에는 공통점이 있다. 영업 사절단은 선교사들처럼 개종의 목적으로 말을 전하고 다닌다. 측, 선교사들이 타종교를 믿는 사람들을 개종시켜서 자신이 믿는 종교인으로 만드는 것처럼 자사제품을 사용하도록 전도하는 역할을 하는 것이 영업사절단이다. 일단 변화가 되면 고객은 강화된 메시지, 새로운 정보 그리고 구매자와 판매자 사이의 관계를 강화시키는 사절단의 행동에 의해 다양한 혜택을 받는다.

제약 산업에서 판촉 사원들은 중대한 구매 시점에서 노력하는 영업사원들을 지원하는 책임이 있다. 약국의 약사들과 일하는 판촉 사원들은 약사들이 약을 처방할 때 얻을 수 있는 약의 효능과 단점에 관한 가치 있는 정보를 제공한다. 제약 기업에서 나온 또 다른 영업 사원은 도매상이나 약사에게 직접적으로 약을 판매하지만 약사에게 요청하는 직접적인 판매 노력을 지원하는 것은 판촉 사원들의 업무이다.

기술적인 전문가들은 때때로 판매 지원 인력으로 분류된다. 기술적인 지원 영업사원들은 디자인이나 특정한 과정, 장비의 설치, 고객의 근로자를 훈련시키는 것, 그리고 기술적인 후속 조치 서비스 등 다양한 기술적인 면에서 지원을 한다. 이들은 때로 적절한 제품이나 서비스를 추천하면서 고객의 요구를 파악하고 만족시키는 데 특화되어 있는 영업사원들을 포함하기도 한다.

(2) 새로운 고객 창출

새로운 고객 창출은 새로운 고객을 추가하고 새로운 제품을 시장에 소개하면서 발생한다. 새로운 고객 창출을 하는 영업사원은 개척자와 주문 창출자의 두 가지 종류가 있다.

이들은 새로운 제품 혹은 새로운 고객 또는 둘 다에 포함되어 있다. 이러한 영업사원의 업무는 창조적인 판매와 함께 잠재 고객에게 나오기 쉬운 변화에 저항할 수 있는 능력을 필요로 한다. 개척자들은 판매원들이 새로운 가맹점을 찾기 위해 도시마다 출장 다니기 쉬운 가맹 사업에서 잘 대표된다. 그들은 또한 소비자 그리고 B2B 기업에서 잘 발견 되는데, 여기에서 새로운 고객들은 일단 개척자가 구매자－판매자 관계를 세우면 다른 영업사원들에게 옮겨간다.

주문 창출자는 보통 높은 경쟁 환경에서 활동적으로 주문을 찾는 영업사원들이다. 모든 개척자들은 주문 창출자이다. 주문 창출자는 계속해서 현존하는 고객을 다루고 반면 개척자는 가능한 새로운 고객들에게 옮겨 간다. 주문 창출자는 현재의 고객에게 제품 라인의 부가적인 상품들을 판매하면서 새로운 사업을 찾는다. 잘 알려진 전략은 라인에 있는 하나의 제품을 고객에게 팔고 그 다음 제품 라인에 있는 다른 제품을 파는 것이다.

대부분의 기업은 판매 성장을 강조하고 개척자와 주문 창출자로써 행동하는 영업사원은 판매 성장 목표의 심장이 된다. 이러한 역할을 수행하는 압박은 꽤 강하다. 이러한 이유로 새로운 사업의 영업사원은 종종 기업의 영업사원들 중 엘리트에 속해있다.

(3) 현존하는 사업

새로운 사업의 영업사원과 반대로 다른 영업사원들의 주요한 책임감은 현존하는 고객들과 관계를 유지하는 것이다. 그렇다고 이러한 영업사원들은 새로운 사업의 영업사원들보다 덜 가치 있는 것은 아니지만, 창의적인 판매 역량은 이 부문에서 덜 중요하다. 그들의 강점은 고객이 편리를 확신하기 위해 믿음직하고 능숙하다는 것이다. 고객들은 이러한 종류의 영업 사원들이 제공한 서비스에 의존한다. 대부분의 시장이 더 경쟁적이 되어가기 때문에 때로는 현존하는 영업사원의 역할은 고객의 붕괴를 막는 데 중요한 역할을 수행한다.

새로운 고객을 찾는 것 보다 수익성 있는 고객을 유지하고 보호하는 것이 더 쉽다고 믿는 많은 기업들은 존재하는 고객들을 위한 판매 노력을 강화한다. 잘나가는 기업은 고객 만족 조사를 영업 인력들의 듣기, 소개, 그리고 문제 해결 역량을 평가하기 위해 사용한다.

현존하는 사업을 유지하는 데 특화되어 있는 영업사원은 주문 수주자를 포함한다. 재고품들의 재 주문을 받으면서 고객 기반이 설립된 곳에서 일하던 영업사원들이 주문 수주자들이다. 이들은 종종 도매업자들을 위해 일하고 그들은 창조적인 판매에 너무 많이 포함되어 있지 않다고 한다. 그들은 때때로 선구자 영업사원들을 따르고 개척자들이 초기 판매를 만든 후 고객들을 책임진다.

(4) 내부 판매

내부 판매는 외부에서 고객들을 다루는 동안 판매 장소(매장)에 남아 있는 내부근무 영업사원들을 의미한다. 내부 판매 운영은 보충적인 판매 전략뿐 아니라 현장 판매의 대안으로 최근에 상당한 주목을 받아 왔다.

내부 판매는 적극적인 혹은 수동적인 판매를 행할 수 있다. 적극적인 내부 판매는 텔레마케팅 운영이나 고객이 판매자의 시설에 들어올 때 호객행위를 하는 것을 포함한다. 수동적인 내부 판매는 고객의 주문을 요청하기보다 수락하는 것을 내포한다. 우리는 고객 서비스가 때때로 내부 판매 인력으로써 그리고 그들의 직무의 일부분으로써 기능한다는 것을 알아야 한다.

(5) 직접적인 고객 판매

직접적인 고객 판매는 가장 많은 영업직군이다. 대한민국에는 얼마나 많은 영업사원이 존재할까? 우리나라에서 영업 분야에 종사하고 있는 사람의 수는 얼마나 될까? 아쉽게도 신뢰성 있는 통계 자료가 없기 때문에 규모를 정확하게 알기는 어렵다. 여러 가지 단편적인 자료들을 통해서 추산해보면 줄잡아 700~800만 명 이상은 될 것으로 보인다. 이들 중 많은 사람들이 소매 영업사원으로 종사 중이고 또 다른 사람들은 부동산, 보험 등의 유무형자산을 판매하고 있을 것이다.

이렇게 다양한 범주는 소매상의 파트 타임, 계약직부터 금융업에서 고용되어 전문적으로 훈련받는 중개인을 포함한다. 일반적으로 말하면 도전적인 직접 소비자 판매직에는 보험이나 금융 서비스와 같은 눈에 보이지 않는 서비스를 더 많이 포함한다.

(6) 영업 직무의 혼합

우리는 이제 몇 가지의 기본적인 판매 종류를 알아보았고 영업사원들이 하나의 직위라는 틀 안에 수많은 다양한 종류의 업무를 하는 것을 알았다. 치약을 포함한 제품을 만드는 생활용품 기업은 소비자 제품의 범위를 음식, 약, 다양성, 그리고 대량 구매자에게 초점을 맞추고 있다. 구역 관리자는 새로운 사업을 개발하고 유지하며 현존하는 사업을 더욱 활성화시키기 위해 영업사원들을 자극하고 동기부여하는 영업 지원 활동을 하기 위한 책임감을 가져야 한다.

현장에서 일상적으로 구역 관리자는 개인 소매상 단계에서 구매나 점포 내 프로모션과 같은 지원 활동을 관리한다. 고객과의 계약을 유지하고 점포 인력을 관리하는 것은 또 다른 지역관리 업무이다. 구역 관리자는 현재 진행 중인 사업을 관리하고 새로운 사업을 찾는 본부 인력과 소통도 중요하다. 그리고 기업의 새로운 제품을 시장에 소개하는 사람도 바로 구역 관리자이다.

인적 판매의 역사는 먼 고대 그리스 시대부터 추적된다. 산업 혁명은 영업사원의 중요성을 증가시켰고 오늘날 우리가 알고 있는 개별 판매는 20세기 초기에 뿌리가 있다.

영업사원들은 경제 과정에 자극제로 행동하면서 그리고 혁신의 확산에 도움을 주면서 공헌한다. 그들은 그들의 근로자들에게 수익을 생산하고 시장과 고객에 대해 조사와 피드백 활동을 제공하고 미래 관리자들의 인력을 비교하면서 공헌한다. 그리고 그들은 고객들에게 문제를 해결하는 데 도움이 되는 지식을 제공하면서 도움이 된다.

대안 접근은 자극 반응, 인지 상태, 요구 만족, 문제 해결 그리고 컨설팅적 접근을 포함한다. 자극 반응 판매는 종종 모든 고객들에게 같은 판매를 할 때 사용한다. 인지 상태 접근은 영업사원이 구매 과정을 통해 구매자들을 이끌 때 사용한다. 요구 만족 판매는 판매자의 제품이나 서비스가 구매자의 특정한 상황과 관련된 혜택에 집중한다. 문제 해결 방법은 구매자의 가능한 대안에 집중하는 요구 만족의 확장편이다. 컨설팅적인 판매는 단지 요구를 만족시키거나 문제를 해결하는 것이 아니라 고객들이 전략적인 목표를 달성하는 데 도움이 된다. 상담적인 판매에서 영업사원들은 3가지 주요한 역할을 한다. 전략적인 조정자, 사업 컨설턴트, 그리고 고객에게 장기적인 동맹자 역할.

셀 수 없이 많은 다른 개별 판매 직무 중 다음 6가지가 있다. 판매 지원, 새로운 사업, 현존하는 사업, 내부 판매(비 소매적), 고객에게 직접적인 판매, 그리고 혼합이다. 판매 지원 직위는 사절단 혹은 영업사원들을 기술적으로 도와주는 역할을 한다. 새로운 사업 영업사원들의 2가지 종류는 개척자와 주문 창출자이다. 현존하는 사업에 있는 영업사원들의 주요한 책임감은 일반적인 판매와 후 조치를 통해 현재 고객과의 관계를 유지하는 것이다. 내부 판매는 텔레마케팅 운영에서 전형적이고 판매 이행을 다루는 데 사용된다. 고객에게 직접적인 판매는 소매업뿐 아니라 보험 판매, 보안, 그리고 부동산을 포함한다. 판매 직무의 혼합은 일반적이고 새로운 사업과 지원 그리고 현존하는 사업 책임감을 혼합시킬 수 있다.

관계지향적 영업 과정
:효과적 영업

Part 9

이 장은 어떻게 영업 사원이 성공적으로 고객 방문을 전망하고 계획하는지에 대한 중요한 문제를 다룬다. 고객방문에 앞서 이러한 중요한 활동은 관계지향적 영업에서 성공을 위한 단계를 갖는다. 이 장에서 다루고자 하는 중점 이슈는 다음과 같다.

- 어떠한 것들을 전망고객이 될 수 있는지 리드 고객을 분석할 수 있다.
- 관계 영업에서 장기적 성공을 위해 왜 전망이 중요한지 설명할 수 있어야 한다.
- 전망의 다양한 원천을 나열할 수 있어야 한다.
- 전망 계획을 준비할 수 있어야 한다.
- 전화 기피를 설명하고 그것을 극복하기 위한 방안을 제시할 수 있어야 한다.
- 접근 전의 요소들과 왜 계획 활동이 고객 방문 성공에 있어 중요한지 설명할 수 있어야 한다.
- 전망과 고객 방문 계획에 있어 영업관리자의 역할을 이해할 수 있어야 한다.

관계영업을 잘 하는 방법

영업실무자와 고객과의 관계는 영업의 질과 성과를 결정하는 매우 중요한 요소이다. 다양한 영업패턴(거래적 영업, 일상적 영업, 관계영업, 가격영업, 컨설팅영업 등)들이 있지만 관계영업은 대부분의 영업실무자가들이 영업의 기본으로 생각하는 영업패턴이다. 그리고 관계영업을 잘 한다는 것은 영업성과향상에 직접적인 도움이 된다.

관계영업은 상호간 무리한 요구보다는 영업실무자와 고객간의 인간관계 및 신뢰관계를 중요 시여기는 영업패턴이다. 고객이 영업실무자와 좋은 관계를 구축하는 목적은 자신이 필요할 때 필요한 가치를 경험하기를 바라기 때문이다. 영업실무자가 고객과 좋은 관계를 구축하는 것은 고객을 통해 더 많은 영업의 기회를 확보하기 위해서이다. 영업실무자는 이러한 기대의 차이를 잘 이해하고, 고객과 우호적이고 신뢰가 쌓인 관계를 만드는데 노력을 해야 한다.

관계영업에서 놓치지 말아야 할 것은 네트워크 효과이다. 네트워크 효과는 "사용자가 많을수록 다른 사용자가 더 많이 발생하는 것으로 기존 고객을 통한 매출향상의 기회를 확보"하는 것이다. 마이크로소프사의 윈도우가 PC운영체제의 표준이 되었듯이 기업의 제품을 고객의 소비표준(생활의 한 부분, 없어서는 안 되는)이 되어 더 많이 더 자주 사용하도록 한다면 지속적인 매출을 보장받을 수 있을 것이다.

이러한 네트워 효과를 관계영업에 적용하기 위해서는 고객과의 관계 수준을 수평적으로나 수직적으로 확장을 할 필요가 있다. 수직적 확장은 고객과의 더 긴밀한 관계구축을 통해 더 다양한 영업의 기회와 교차영업, 업셀링, 반복판매의 기회를 확보함과 동시에 가망고객 주변에 영업실무자를 도와줄 챔피언(내편)을 만드는 것이다. 반면 수평적 확장은 고객의 외부 네트워크(사회활동 등)을 영업의 기회로 확보하는 것으로 더 다양한 고객을 추천 받는 등의 방법으로 활용할 수 있는 것이다.

수직적 확장은 고객과 강한 네트워크를 형성함으로써 다음의 그림과 같은 매출의 패턴이 만들어져야 한다. 고객과 강한 네트워크를 형성하였다면 그 고객의 다양한 부서 업무수행에서 제품을 더 많이 사용하도록 하는 것이다. 이러한 강한 네트워크를 구축해 영업의 수직적 확장을 위해서는 다음의 지침들이 활용되어야 한다.

첫째, 고객과의 밀착도를 강화해야 한다. 고객과의 밀착도를 증가시키기 위해 늘 연결되어 있어야 하고, 신속한 반응과 대응이 필수적이다. 즉, 고객과의 커뮤니케이션 채널이 늘 열려 있어야 한다. 제품과 서비스에 대한 다양한 정보를 고객/소비자가 얻을 수 있도록 도와주거나 블로그 등을 만들어 소통하는 것도 유용한 방법이다.

둘째, 신뢰구축이다. 신뢰는 Trust와 Credibility가 있다. Trust는 인간적인 신뢰를 의미하는 것으로 효과적인 인간관계를 구축하는 것에서 발생한다. 이를 위해서는 영업실무자의 인간성을 풍부하게 하고, 대화를 자연스럽게 하면서 역지사지할 수 있어야 한다. Credibility는 능력과 관련된 신뢰로 업무, 제품 및 계약과 관련된 모든 약속(거래가치, 사용가치 등)이 확실하게 지켜질 때 구축된다.

셋째, 고객이 어렵고 힘든 과제가 있을 때는 가장 먼저 찾는 전문가가 되어야 한다. 이러한 전문가가 되기 위해서는 고객 업무에 대한 이해와 프로젝트들에 대한 해석 능력이 요구된다. 이러한 도움을 받은 고객은 영업실무자를 단순한 영업사원이 아닌 업무의 파트너로 인정을 해줄 것이다. 고객이 구축한 조직 외부의 사회적 네트워크(소셜가치-social value)을 활용하는 것이다. 고객의 외부 네트워크를 활용해 영업의 기회를 확장하기 위한 가장 좋은 방법은 역시 신뢰를 얻는 것이다. 이러한 신뢰를 바탕으로 고객이 스스로 자신의 사회 네트워크에 영업실무자를 초청하거나 자신의 네트워크를 우리가 활용하도록 허락을 받는 것이다. 또한 고객의 쇼셜가치(입소문, 구전, 고객이 영업하도록)을 활용하기 위해 고객에게 멋진 성공의 기회를 만들어 주는 것이 필요하다. 그리고 고객의 초청에 의해 고객의 네트워크에서 활동을 하게 된다면, 그 네트워크의 성공과 활성화에 기여를 하는 활동을 해야 한다. 가능하다면 그 네트워크 내에서 적절한 역할을 수행할 필요도 있다.

이렇게 고객과의 관계를 심도 있게 구축하는 수직적 확장과 고객의 외부 네트워크를 활용하는 수평적 확장을 통해 더 많은 영업의 기회를 확보하고, 고객이 우리의 다양한 제안을 수용하게 만들기 위해서는 줌인(Zoom in)과 줌아웃(Zoom out)의 방법을 활용할 수 있어야 한다.

고객을 깊이 있게 이해하기 위해 고객을 심도 있게 분석하고, 고객 주변에서 일어나는 일을 관찰하고, 고객의 업무 특성과 고객의 일상에 집중하는 노력이 필요하다. 또한 고객의 인맥과 외부활동을 살피는 노력이 필요하다. 이런 줌인(Zoom in)과 줌아웃(Zoom out)의 방법을 활용하기 위해서는 몇 가지 영업 및 고객과 관련한 데이터와 정보를 분석할 필요가 있다. 만나는 빈도와 계약 숫자, 거래주기, 고객이 수주하는 프로젝트 특성과 숫자, 고객 내부의 업무수행역량과 새로운 제안에 대한 태도 및 수용수준, 고객별 구매특성(다양한 제품을 구매하는가? 단수제품을 구매하는가?), 이익률, 제안 성공률, 만나는 고객의 내부 영향력, 고객의 성향(관계중심, 업무중심 등), 고객의 사회활동수준과 내용 등에 대한 파악이 필요하다. 이러한 정보를 기준으로 고객을 수직적 확장고객, 수평적 확장고객으로 분류하거나, A·B·C·D 등의 등급으로 구분해 영업활동을 전개할 수 있어야 한다.

한 연구에 의하면 미국의 경우 멀리 떨어진 지역(캔자스주와 보스톤)의 전혀 모르는 사람에게 접근을 하는데 5.5(6)단계를 거친다고 하고, 한국의 경우에는 (서울-지방도시)의 전혀 모르는 사람에게 접근하는 데에는 3.6단계를 거친다는 결과가 있다. 즉 한국에서는 3~4명만 거치면 전혀 모르는 사람과도 접촉이 가능하다는 것을 의미한다. 영업실무자에게 고객 한 사람 한 사람과의 관계구축이 얼마나 중요한 가를 인식할 수 있는 결과이다. 상품을 팔기 전에 자신을 먼저 팔아야 한다는 영업의 기본을 기억하고 고객의 마음을 얻는데 최선을 다하기를 바란다.

[출처] 노진경 세일즈마스타, 2018.12.17., 조세일보.

관계지향적 영업 과정: 효과적 영업

영업과정을 연구한 사람들은 매우 많고 그 결과 매우 다양한 영업과정에 대한 소개가 있다. 본서에서는 관계지향적 영업에 초점을 맞추어서 사전 준비단계와 관계 영업 3단계로 구분하였다. 그림 9.1에서 보여지는 판매 과정은 고객들의 실제 요구를 충족시키기보다 고객들로부터 어떻게 "좋아요"라는 말을 들을 수 있는지에 대해 설명하고 있는 부분을 제외하고는 일반적인 판매과정과 매우 유사하다. 이 판매 과정의 형태는 영업사원들이 고객들에게 신뢰를 줄 수 있고 영업사원들이 판매 전략을 상황에 맞도록 적응해야 하는 특성에 대해서 설명하고 있다.

영업사원들은 반드시 고객들에게 신뢰를 줄 수 있는 특정한 특성을 가져야 하고 그들의 판매 전략을 각 다른 상황에 맞게 적용시킬 수 있어야 한다. 이러한 사전 준비단계는 앞장에서 충분히 논의를 하였다. 고객지향성에 관한 것은 책의 서두에서 언급하였고, 각 고객별 영업 전략에 대해서도 앞장에서 서술하였다. 따라서 본 장에서는 판매 과정에 대해서 그리고 판매과정의 3가지 중요한 내용에 대해서 언급할 것이다. 이 3가지 요소는 고객 관계의 시작, 개발, 그리고 강화이다.

영업 과정에서 3가지 단계는 고객 관계의 시작, 개발, 그리고 강

영업인력의 특징
- 고객지향적
- 정직함
- 의지할 수 있음
- 능숙한
- 좋아할 만한

판매전략
- 판매구역별 전략
- 각 고객별 전략
- 각 영업 거래별 전략

고객 관계의 시작
- 잠재고객
- 거래 전 계획
- 고객에게 접근

고객 관계 개발
- 제품 소개 전달
- 고객의 평가 얻기

고객 관계 증가
- 관계의 강화
- A/S
- 거래의 연속과 확장

화이다. 그 목적에서 처음 두 개의 단계는 5개의 단계로 더 세분화될 수 있다. 영업 과정에서 6번째와 마지막 단계는 고객 관계의 강화, 즉 많은 사례에서 오래 지속되는 시간을 더 길게 만드는 것이다.

강조되어야 하는 또 다른 요점은 영업 과정이 단계 사이에 별개의 경계를 구분하지 않고 토의와 판매 훈련을 하기 위해 여러 단계로 나눠지는 것이다. 이러한 단계들은 사실 연관성이 높고 몇몇의 사례는 겹치기도 한다. 게다가 관계지향적 영업과정의 흐름은 사건의 연속성을 내포하지는 않는다. 영업사원들은 고객들과 함께 과정에서 앞뒤로 움직일 수 있고 때로는 반복될 수도 있다. 본 장에서는 각 단계별 내용은 각 단계별 목적을 묘사하고 각 단계에서 다뤄지는 중요한 문제를 알아볼 것이다. 그리고 각 단계와 관련 있는 기술과 활동들도 설명할 것이다.

1. 고객 관계의 시작

(1) 잠재고객 예상

영업지문에서 쓰여지는 잠재라는 단어는 1800년대에 쓰이던 금을 찾는 과정과 유사하다. 금을 찾던 탐사자들은 값진 금속을 찾기 위해 진흙을 분리하면서 개울가에서 일하였다. 동시대의 영업사원들은 잠재 고객들을 찾기 위해서 수많은 사람들을 관찰하고 만나고 하면서 그들 중 어떤 사람들이 적합한 사람들인지 결정하기 위해 뛰어다녔다. 대부분의 소매점에서는 영업사원들이 잠재고객파악에 관여가 되어있다. 예를 들어 Fortune 1000 기업에 대한 설문조사에서 새로운 잠재고객을 예상하는 가장 좋은 자원은 영업사원들과 기존 고객과의 연락처 목록이라고 하였다. 이 연락처 목록은 영업사원들의 새로운 잠재고객의 2/3를 차지한다.

① 잠재고객을 찾는 것

잠재고객파악 과정의 초기 부분은 잠재 고객의 리스트를 작성하는 것이다. 다양한 방법들이 잠재 고객을 찾는 데 사용된다. 표 9.1이 보여주듯 영업사원은 내부 기업 자원과 함께 조직 외부의 자원들을 사용한다. 표 9.1는 영업사원들이 잠재적고객을 정의하는 방법을 보여준다.

② 잠재고객을 가려내는 것

잠재고객을 찾은 후 그들의 가치가 충분한가를 파악하기 위한 추가 검증 및 조사에 의해 평가를 한다. 이러한 검증 과정은 영업조직에 따라 다양하지만 대체로 다음과 같은 기준을 사용한다.

분류	예상 기술
1. 외부 자원	접근을 보내기: 각 고객들에게 다른 잠재적인 고객의 이름을 묻는 것. 공동체 연락: 친구들과 아는 사람들에게 이름을 묻는 것. 소개 접근: 전화, 편지, 혹은 사람들을 통해 다른 사람들에 의해 소개를 받아라. 연락 조직: 서비스 클럽이나 상공 회의소로부터 판매 안내문을 찾아라. 비 경쟁적인 영업인력: 비 경쟁적인 영업사원들로부터 판매 안내문을 찾아라. 가시적인 고객을 일궈라: 다른 고객에게 영향을 미칠 가시적이고 영향력 있는 고객을 일궈라.
2. 내부 자원	기록을 검사하라: 기업 기록, 지침, 전화번호부, 구성원 리스트, 그리고 다른 문서들을 검사하라. 광고를 알아보라: 기업 광고로부터 발생하는 고객 질문에 응답하기. 전화/편지 문의: 고객들로부터 오늘 편지와 전화 문의에 응답하기.
3. 개인적인 연락	개인적인 관찰: 좋은 고객의 증거를 보고 듣는다. 콜드 콜: 고객들에게 사전 접촉 없이 방문하라(전화나 개별적으로)
4. 여러 가지의 것	무역박람회를 유지하거나 참석하는 것: 고객들을 향한 무역 박람회를 조직하거나 참가한다. 스카우트 하러 다닌다: 선배 영업 사원이 연락을 하는 고객들을 후배 영업 사원이 찾는 것. 판매 학회: 고객들은 영업사원들의 제품이 포함된 주제를 공부하기 위해 집단으로 참가한다.

표 9.1: 예상 방법

- 호환성 - 판매자의 제품과 고객의 요구 사이에서 상호 호환성이 있는가? 유사한가?
- 접근성 - 잠재 고객에게 접근가능한가?
- 적임성 - 지리적인 위치와 고객이 종사하는 사업의 유형에 따라 적절한 것인가?

- 지휘권 – 구매 결정을 하기 위해 주도권을 가지고 있는가?
- 수익성 – 고객의 자진성과 예상된 판매에 지불할 수 있는 능력에 기반하여 추정된 수익이 충분한가? 가치가 있는가?

이러한 범위가 포함된 질문들은 잠재고객 예상 단계에서 완벽하게 대답하기에 어려울 수 있다. 예를 들어 수익성 요소를 고려해보면 대체로 영업사원은 고객이 미래에 수익성을 증명해 줄 수 있는지 아닌지를 평가하는 것이 불가능할 수 있다. 그러나 잠재고객 예상 단계는 고객의 적합성과 판매를 추구할만한 가치가 있는 고객을 충분히 확인하는 것이다.

③ 예상되는 문제

3가지의 관리적인 문제가 잠재고객 예상 단계에서 발생할 수 있다. 하나는 적합한 고객을 찾기 위해 어떤 방법 혹은 방법 업무가 있는지에 관한 집요한 문제이다. 두 번째는 영업사원들이 사전접촉이 없는 방문을 꺼려한다는 것이다. 세 번째는 예상의 기본적인 업무를 마치기 위해 기술을 사용하는 문제이다.

어떤 방법이 최고일까? 이 질문에 답을 하기 위해 몇몇 기업을 살펴보자. 어떤 기업은 무역박람회가 노다지라 하는 반면 다른 기업은 특정 고객에 집중하여 소비자 교육을 통해 성과를 달성하는 것에 의존한다. 한곳은 무작위로 다른 곳은 정해진 목표를 대상으로 영업을 하는 것이다. 잠재적인 거래의 비용은 계속해서 이슈가 될 것이고 영업관리자들과 영업사원은 판매 비용 지출을 줄이고 개인적인 연락 활동을 극대화시키기 위해 새로운 잠재고객발굴방법을 실험해 볼 것이다.

사전 접촉이 없는 방문을 꺼려하는 것에 대한 주제는 특히 중요한데 고객을 찾는 이러한 방법이 많은 영업 상황에서 중요하기 때문이다. 영업과정에서 추후 논의가 될 거래 회피는 일반적으로 영업사원들이 낯선 사람의 구역에서 그와 마주하고 그들이 서로 소개할 때 느끼는 잠재고객발굴 단계에서는 중요한 이슈가 아니다. 하지만 많은 영업사원들은 종종 이러한 거래회피 혹은 거절을 다루는 것을 힘들어한다.

많은 영업사원들은 소비자들이 사전 약속 없이 방문하는 전략을 좋아하지 않는다는 것을 알기 때문에 사전 접촉 없이 방문 하는 것을 싫어한다. 구매자들은 바쁜 사람들이고 갑작스러운 방문은 환영 받지 않는 방해가 될 수 있기 때문이다. 많은 고객들이 이에 의해 짜증나기 때문에 많은 기업들은 영업사원들에게 이러한 것을 금지시키고 있다.

영업관리자들 사이에서 상당한 토의를 발생시키는 또 다른 주제는 몇 가지 혹은 모든 전망고객 발굴을 수행하기 위한 기술의 사용이다. 최근에 컴퓨터와 의사소통 장비를 합친 자동화된 시스템은 널리 사용 가능하다. 몇 시스템은 회계 추적과 차후의 서비스와 같이 다른 판매 기능으로까지 확장하여 사용하고 있다. 이러한 최신의 시스템을 사용하여 영업사원은 초기 적합한 범위에서 고객들을 가려내는 데 컴퓨터를 사용한다. 잠재적인 고객들은 판매 연락의 획득과 마침내 고객이 되는 것과 함께 전화에 의해서 더 적합 된다. 증가된 판매 생산성을 유지하기 위한 도전으로써 보다 나은 전망고객발굴 활동을 수행하기 위한 기술의 사용은 최근 들어 흔히 있는 일이 되어가고 있다.

(2) 거래 전 계획

① 사전준비단계

사전준비단계에서는 영업사원들은 제품 소개를 만들어 내는 데 사용될 것으로 예상되는 정보를 모은다. 이 과정에서 영업사원들은 구매자들의 요구, 구매자들의 동기부여, 그리고 제품 소개와 관련된 구매자들의 상황을 세부적으로 결정할 수 있다.

다양한 정보 자원은 이 일에서 논의될 수 있다. 산업 사보, 잡지 기사, 그리고 신문 기사와 같은 출판된 자료들은 유용하게 이용할 수 있다. 인터넷은 다양한 정보를 가진 바다이다. 다른 대안은 정보 수집 목적을 위해 고객에게 접근하는 것이다. 고객과의 본 영업 미팅전 사전준비단계에서 새로운 제품 소개를 위한 계획에 대해 고객에게 계속 질문하면서 정보를 획득하는 것이다. 영업사원은 이 정보를 고객구매로 이어지도록 추천하는 데 사용하고 영업 성공률은 굉장히 높아질 수 있다.

사전준비단계는 제품 소개에 사용되는 정보를 모을 뿐만 아니라 판촉을 통해 다양한 혜택을 고객에게 제공한다. 또한 고객에 관한 정보가 제공되기 때문에 영업사원은 잘못된 가정으로 인한 심각한 실수를 피할 수 있다. 결과적으로 영업사원들의 자신감은 지식의 획득으로 올라갈 것이고 영업사원에 대한 고객의 신뢰성은 고취될 것이다.

사전준비단계에는 2가지 관리적인 태도가 주목된다. 첫 번째는 어떻게 대규모로 사전준비과정이 가능하냐는 질문이다. 두 번째는 사생활 침해 문제이다.

사전준비단계의 확장은 판매 상황의 본질에 의존한다. 예를 들어 만일 영업사원이 상담적인 판매 설정을 하면 접근 전에 고객들의 전략적인 목표를 명확히 하고 고객들이 이러한 목표를 달성하기 위한 조직의 방법을 확실히 해야 한다. 접근 전에는 고 위험의 상황이 더 많아지지만 영업사원들과 조직에게 매우 중요하다. 접근 전에는 또한 구매자들의 문제 해결이 명확하지 않을 때 확장된다. 분명한 혜택이 있는 간단하고 낮은 가격의 제품을 판매할 때와 같은 상황에서 접근 전은 덜 확장될 수 있다.

영업관리자들과 영업사원들은 또한 접근 전에 이행할 때 사생활 침해에 대한 문제에 민감해야 한다. 고객들에 대한 개인적인 세부사항을 얻기 위해 은밀한 방법이 사용된 예가 있다. 이러한 전략은 비윤리적이고 그들은 만일 고객들이 이 관례를 알게 될 때 역효과를 낳는다. 관련된 전략은 이전 장에서 주장하던 시장조사라는 목적으로 사용되었기 때문에 간단한 판매 기술들은 장기적으로 더 효과적일 것이다.

(3) 제품 소개 계획

이 단계는 판매 훈련 프로그램에서 다뤄지는 주제가 증가한다는 증거에 의해 최근에 더 중요하게 되었다. 전문적인 판매의 요구는 오늘날 반드시 해야 하는 제품 소개 계획을 만들어 내었고 그것은 판매 과정에서 중요한 연결고리로 보여지기 때문에 종종 확장된다. 제품 소개 계획은 특히 요즘 같은 글로벌 시대에 글로벌적인 새로운 고객들을 다룰 때 더 복잡해진다.

다른 계획 과정처럼 영업사원들은 반드시 각 제품 소개마다 명확히 제시된 목적이나 다양한 목적과 함께 시작해야 한다. 전형적인 목적은 거래의 양이나 달러의 가치 혹은 심지어 고객과의 계약에서 도달하는 의사소통 용어로 설명될 수 있다. 일단 확실하게 제시된 목적이 만들어 지면 영업사원은 그들의 제안의 혜택이 어떻게 고객들의 요구에 충족할 수 있는지에 집중해야 한다.

결국 제품 소개 계획은 판매 지침을 위한 대본에 기인한다. 전화 상으로 전달되는 판매 메시지에 헷갈리지 않기 위해 이 대본은 특정 한 구매 상황에서 판매 활동을 위한 지침이 될 수 있다. 대본은 영업 사원들이 그들의 스타일과 판매 전략을 개발하는 동안에 고객과 판매 상황에 적응할 수 있는 것에 대한 방법을 배울 수 있도록 도와준다.

① 제품 소개 형식

제품 소개 계획 세울 때 영업사원들은 반드시 제품 소개 형식을 결정해야 한다. 여기에는 제품 소개와 조직 소개, 그리고 제안서를 포 함한다. 영업사원은 특정 고객들에게 이러한 형식의 하나 혹은 복합 적으로 사용할 수 있다. 각 형식은 고유의 장단점을 가지고 있다.

높은 구조화로 인해 제품의 변화가 거의 없는 제품에 대한 소개 는 고객마다 다르지 않다. 제품 소개서가 적절하게 만들어 질 때 그 것은 논리적이고 고객의 제품 구매 목적을 예상하면서 고객의 저항을 최소화 시킨다. 그래서 경험이 상대적으로 적은 영업사원들이 많이 사용하고 사용한 영업사원들 중 몇몇 영업사원들은 자신감을 가지게 될 것이다.

고정된 제품 소개를 사용할 때의 중요한 문제는 고객들에게 메 시지를 맞추는 개별 맞춤판매의 강점을 이용하는 데 실패한다. 그리 고 고객이 자사 제품의 사용을 중단하지 않도록 넓은 제품라인에 대 해 커뮤니케이션 하거나 고객-판매자의 상호 작용에 참가하고 싶어 하는 구매자들을 멀어지게 만들 수 있다.

이러한 제한에도 불구하고 고정된 제품 소개는 다음과 같은 상황에서 효과적으로 보인다. 만일 제품 라인이 좁고 영업사원이 상대적으로 덜 능숙하다면 고정된 소개는 꽤 적합하다. 또한 많은 영업사원들은 그들의 기업을 소개하고 제품을 입증하고 다른 제한적인 목적을 위한 소개를 할 때 효과적이다.

각 고객들에게 맞춰진 제품 소개는 고정된 제품 소개보다 영업사원들에게 훨씬 인기가 있다. 영업사원들은 제품 소개에서 고객의 상황과 성향에 따라서 적응적으로 영업행위를 하는 것이 준비되어 있어야 한다. 고객의 피드백은 즉각적으로 반영하고 항상 순발력 있게 행동하여야 한다.

이 소개 형식의 한 가지 현실적 문제는 그것이 고객들로부터의 질문과 이의에 반응할 수 있는 지식과 경험이 풍부한 영업사원들을 요구한다는 것이다. 게다가 이 형식은 구매 결정이 도달하기까지 시간을 더 길게 만들고 고객들이 주의를 돌리는 지연 전략에 취약하다는 것이다. 아마 이러한 논쟁을 만드는 사람들은 고정된 소개가 여러 방면에서 구매 결정을 강제로 이끌 수 있다고 말할 것이다.

그러나 결국 조직적인 소개가 많은 영업 환경의 이상향이라는 것은 모두들 동의한다. 그것의 유연함은 고객 요구와 적절한 적응 행동의 탐험을 허락한다.

판매 제안서인 서면으로 된 제품 소개는 고객의 요구를 조사한 후 개발한다. 만약 그렇지 않으면 포괄적인 제안서가 나타날 것이다. 문서 작성, 컴퓨터 그래픽, 그리고 다양한 분석프로그램의 증가로 기존 서면 제안서의 단점을 최소화 시켜준다.

판매 제안서는 중요하고 고가격의 거래와 관련이 있다. 그것은 종종 경쟁적인 경매 상황이나 고객에 의해 새로운 공급자의 선택 상황에서 주로 사용된다. 제안서의 장점은 적혀진 단어가 종종 말하는 단어보다 더 신뢰적이라는 것이다. 서면 제안서는 종종 구매 기업의 전문가들이 제안서의 다양한 부분을 분석한 내용을 포함한다.

판매 제안서는 면대면 소개나 질의응답이 합쳐진다. 제안서의 내용은 고객의 요구와 판매자들에 의해 제공하는 혜택에 집중하면서 다른 제품 소개와 차별적인 요소를 정의한다. 게다가 기술적인 정보, 가격 정보, 그리고 시간표도 포함된다. 대부분의 제안서는 판매를 확인하기 위한 계약, 그리고 만일 제안이 만족스럽다면 향후에 취해질 활동과 같은 격발 메커니즘을 제공한다.

② 판매 혼합 모델

각 제품의 소개 계획에서는 특정한 목표와 제품의 기본적인 필요성을 언급해야 한다. 일반적으로 우리는 혼합된 정보를 마음에 드는 메시지로 말한다. 판매 혼합 모델은 계획 수립시 필요한 5가지의 변수로 구성되어 있다. 소개 속도, 소개 범위, 질문의 깊이, 양면 의사소통의 정도, 그리고 시각적인 지원의 사용이다.

- 소개 속도는 영업사원이 소개를 통해 고객의 움직임을 의도하는 속도이다. 적절한 속도는 고객의 선호도와 제품의 복잡함 혹은 제품의 숫자와 같은 변수에 영향을 받는다. 또 다른 결정 요인은 더 빠른 속도가 친숙한 고객들에게 가능할 수 있기 때문에 특정한 고객들과의 과거 경험이다.
- 소개 범위는 혜택의 선택과 소개에 포함되는 용어를 포함한다. 영업사원이 그들의 제품 지식을 무분별하게 사용할 경우, 고객이 원하는 정보를 제대로 알 수 없게 된다. 그러므로 영업사원은 소비자가 기술적인 부분에 대해 알고 싶어할 때 말해야 한다.

- 질문의 깊이는 영업사원이 고객의 요구와 결정 과정을 알아내는 것이다. 이 정보의 몇 가지는 접근 전에 얻어질 수 있고 몇 개의 캐묻는 질문은 보통 소개 동안에 필요한 것이다. 계획 업무는 간단하게 필요한 정보와 소개 계획의 사이를 확인해 준다.
- 양면 의사소통의 문제는 부분적으로 영업사원이 소개를 위한 기본적인 형식을 선택할 때 나타난다. 정의에 의하면 고정된 소개는 상당한 양면의 의사소통을 허락하지 않는다. 조직적인 소개는 쌍방간의 흐름을 찬성하고 격려한다. 쌍방간의 흐름의 정도는 전문적인 구매자들이 계획한 상호간의 비용과 함께 종종 구매자의 전문 지식에 의해 묘사된다.
- 말로하는 언어의 보충인 시각적인 지원은 판매 소개에서 중요한 요소가 되었고 시각적 정보의 사용은 반드시 계획되어야 한다. 만일 시각적 지원이 주의를 끄는데 함께 사용되지 않는다면 제품 소개를 고취시키는 것이 아니라 주의를 다른 데로 분산시킬 것이다. 플립차트에서 비디오 시연까지 적절하게 사용될 때 시각적인 지원은 판매 소개 동안 가치 있는 도구가 될 수 있다. 컴퓨터는 소개를 고취시키는 기본적인 도구로써 사용된다. 파워포인트와 같은 멀티미디어 패키지들은 사진, 그림, 도표, 음향 효과, 그리고 비디오를 통합시키는 데 사용된다. 그러한 능력은 세심하고 최첨단 영업 조직만을 위한 것이 아니다. 낮은 비용과 쉬운 사용으로 모든 기업들은 그들의 소개를 증진시킬 수 있다.

이상의 다섯 가지의 요소는 계획 수립 시, 영업사원이 소개를 위한 목적을 설정하고 기본적인 소개 형식을 정하는 노력을 요구한다.

판매 소개 계획을 마무리 했으면 영업사원은 활동적인 판매 역할로 변할 준비가 되었다. 비록 소비자들은 판매 과정에서 더 일찍 접촉이 되지만 정보를 모으고 계획하는 데 더 강조해야 한다. 이제 영업사원이 고객과 인터뷰 하는 것과 같은 실질적인 판매가 시작된다.

2. 고객에게 접근

고객에게 접근하는 것은 2가지 단계를 포함한다. 첫 번째 단계는 판매 인터뷰를 위한 약속을 확보하는 것이다. 두 번째 단계는 판매 거래의 처음 몇 분을 다루는 것이다. 판매 과정의 각 단계와 접근은 중요하다. 오늘날의 경쟁적인 환경에서 좋은 첫 인상은 판매 과정에서 연속적인 단계의 기초 작업이 된다. 고객으로부터의 나쁜 첫 인상은 극복하기 어렵거나 불가능할 수 있다.

(1) 약속을 잡는 것

대부분의 처음 판매 거래는 약속을 요구한다. 약속을 요구하는 것은 몇 가지 원하는 결과를 얻을 수 있다. 첫 번째로 영업사원은 고객들에게 영업사원이 고객들의 시간이 중요하다는 것을 생각하고 있다는 것을 알게 한다. 두 번째로 영업사원이 판매 거래를 하는 동안에는 고객과 분리되지 않은 주의를 한다는 것이다. 세 번째로는 약속을 설정하는 것은 영업사원들이 효과적인 시간과 구역 관리에 도움이 되는 좋은 도구이다. 약속을 설정하는 것의 중요성은 약속을 계획하는 일을 담당하고 있는 비서, 경영 지원, 그리고 다른 정문 수위들의 설문조사에서 보여진다. 응답자의 대부분은 약속되지 판매 거래는 사업상 에티켓에 위배가 될 수 있다고 말한다. 구매자들을 대표하는 강한 느낌을 받기 때문에 만일 하나가 요구되는 것에 대해 어떤 의심이 있다면 약속을 요청하는 것이 좋다.

약속은 전화, 메일, 혹은 개인적인 연락으로 이뤄질 수 있다. 일반적으로 전화로 설정하는 약속이 가장 인기 있는 방법일 것이다. 전화와 메일을 합치는 방법 또한 널리 쓰인다. 사용되는 의사소통 수단에 상관없이 영업사원들은 다음 3가지 간단한 지침에 따라 약속을 잡을 기회를 증가시킬 수 있다. 고객들에게 왜 약속이 허가되어야 하는지에 대한 이유를 준다. 정확한 시간의 양을 요청한다. 약속을 위한 구체적인 시간을 말한다. 이러한 전략들은 고객들이 시간을 하릴없이 보내지 않는 바쁜 사람들이라는 것을 알게 해준다.

왜 약속이 허가되어야 하는지에 대한 이유를 제공할 때 아는 것이 많은 영업사원은 고객들이 영업사원이 제공하는 혜택과 관련된 주요한 구매 동기에 호소할 수 있다. 그리고 구체적인 것이 좋다. 예를 들어 "우리의 혜택은 정말로 꽤 매력 있어요."보다 "당신은 우리 제품라인을 사용하면서 평균 35%의 전체적인 혜택을 볼 수 있습니다."라고 말하는 것이 좋다.

시간의 양을 구체화 하는 것은 제품 소개에서 고객의 부족한 시간을 사용한다는 바쁜 고객들의 걱정을 완화시켜주는 데 필요하다. 이것은 또한 영업사원이 판매 거래를 위한 날짜와 시간을 제안할 때 도움이 된다. 바쁜 사람들이 "당신을 위해 다음 주는 어떻습니까?"라고 물어보면 대답하기 어렵다. 효과적으로 고객들은 자신의 전체적인 달력을 찾아봐야 할 것이다. 만일 제안된 시간이나 날짜가 편하지 않다면 흥미 있는 고객들은 다른 날짜를 일반적으로 제안할 것이다.

(2) 판매 거래를 시작하는 것

적절하고 흥미가 있는 고객들과 약속을 다루면서 영업사원은 거래의 처음 몇 분 동안 몇 가지 중요한 업무를 달성하기 위해 계획해야 한다. 처음 중요한 것은 토의를 하기 위한 좋은 분위기를 만드는 것이다. 에티켓과 예의의 일반적인 규칙은 여기에 적용된다. 몇 개의 예비 준비를 위한 스몰토크는 보통 절차의 한 부분이고 그 다음 토의는 사업으로 넘어간다. 적응적인 영업사원은 어떻게 고객의 신뢰를 설명하고 판매 메시지를 합리적으로 옮길 수 있는지 배운다.

또 다른 중요한 측면은 판매 거래의 시작이 영업사원이 제공하고자 하는 효과와 관련된 고객들의 필요를 알아내는 것이다. 영업사원은 고객들의 상황과 관련된 질문을 할 것이고 그 다음 적절한 때에 어떻게 영업사원의 제품이나 서비스가 고객에게 효과적인지 보여준다. 성공적인 영업사원은 그렇지 않은 사람들보다 더 많은 질문을 한다. 게다가 그들은 그들이 제공하는 것의 특징보다 그들이 제공하는 것의 혜택에 더 집중한다. 예를 들어 OO영업사원들은 그들의 고객들에게 제공의 특징으로 다음날 배송을 제공할 수 있다. 다음날 배송의 혜택은 재고비용의 감소와 품절상황을 피해서 고객에게 신선한 제품을 제공할 수 있는 것을 포함한다.

3. 고객관계 발전시키기

(1) 제품 거래 전달

판매 거래 동안 영업사원들은 판매 거래의 처음 몇 분 동안 혹은 이전의 판매 거래에서 세워진 기본 주제를 확장한다. 분명히 더 많은 세부사항들은 어떻게 제공된 혜택이 고객들의 요구를 충족시키는지에 대한 것을 제공한다. 만일 판매단계에서 이전의 단계가 적절하게 시행된다면 영업사원은 이제 자격이 있고 흥미가 있는 고객들과 상호작용할 수 있다. 이러한 환경이 주어지면 3가지의 목표가 여전히 남아 있다: 신뢰성 구축, 명료성 획득, 그리고 고객에 의한 질문과 이의에 대한 대응.

(2) 신뢰성 구축

어떤 주요한 구매에도 고객들은 상당한 양의 위험을 인지한다. 영업사원은 고객의 위험에 대한 인지를 줄일 수 있기 위해서 반드시 신뢰성 있는 정보의 자료를 보여줘야 한다. 신뢰성을 구축하는 개별적인 행동의 기초는 고객의 조직에서 모든 인력들을 위한 일반적인 예의를 보여주고 고객 기반이 되는 것이다. 전에 말했듯이 모든 단어와 행동들은 정직과 진실성을 특성으로 한결같아야 한다. 그리고 이렇게 신뢰성을 구축하는 것이 영업사원들에게 굉장히 가치 있는 일이라는 것을 확인시켜 주었다.

개별적 행동을 통해 신뢰성을 구축하는 접근은 좋은 청취자가 되는 것이다. 한 조사에서 432명의 구매자들은 영업사원의 인상 깊은 행동에 대해 말했다. 가장 인상 깊은 행동은 "잘 경청하는 것" 그 다음은 "질문에 잘 대답하는 것"이었다. 명백하게 청취와 고객들의 질문에 대답할 수 있는 것은 강한 상관관계가 있다. 두 가지 기술 모두 고객들과 신뢰성을 구축하는 데 필수적인 것이다. 청취의 혜택이 점점 더 명백해지면서 인기 있는 판매 훈련 프로그램은 이 주제를 많이 다루기 시작했다. 좋은 청취 기술은 영업사원들이 보통 그들이 말하는 기회가 주어졌을 때 영업사원들이 고객에 대해 더 많이 배우고 고객을 이 판매 제의에 계속해서 흥미가 있게 하는 데 도움이 된다. 게다가 영업사원은 청취함으로써 효과적으로 고객들을 칭찬하고 고객들의 관점을 존중하는 것을 보여줄 수 있다. 그 결과는 고객이 영업사원들에게 구매라는 경제적인 상황을 한다.

　고객들과의 신뢰성을 구축하는 데 사용하는 판매 기술은 제공의 혜택과 관련된 보수적인 주장이다. 그 생각은 고객이 과장된 주장을 알고 영업사원이 주장에 대해 보수적으로 대답하는 것, 고객이 더 놓은 위치에서 영업사원의 신뢰성을 평가하는 것이다. 또 다른 기술은 논쟁을 지지해줄 제 3의 집단의 증거를 사용하는 것이다. 만족스러운 고객들로부터 온 추천서는 때때로 이 목적을 위해 사용되고 업계지로부터의 조사 보고서와 제품 소개도 사용된다. 신뢰성 구축의 초기 단계에서 영업사원은 종종 제 3의 집단의 증거가 자신의 구어보다 더 받아들여지면 외부의 필요한 정보를 찾아야 한다. 품질 보증과 담보는 영업사원의 신뢰성을 증가시켜줄 수 있는 다른 판매 기술이다. 강한 품질 보증은 고객의 인지된 위험을 제거해주고 영업사원의 신뢰성을 완화시켜주는 장기적인 방법이다.

　또 다른 방법은 고객들이 실제 사용 환경에서 제품이나 서비스를 시도해 보는 것이다. 이것은 새로운 자동차에 대한 시승이나 컴퓨터를 시험 삼아 설치해 보는 것처럼 간단하다. 이러한 방법은 고객들이 영업사원들로부터 즉각적인 충동 없이 질문에 대답하는 것을 허락한다. 좋은 평판을 가진 기업을 위해 일하는 영업사원들도 신뢰성이 주어졌는지는 확실할 수 없다. 게다가 영업사원들은 그것이 쉽게 만들어질 것이라고 가정할 수 없다. 그들은 반드시 회의론을 인지해야 하고 많은 판매 상황에서 위험을 인지해야 한다. 그리고 이를 극복하기 위해 적절한 개인적인 행동과 판매 기술을 합쳐야 한다.

(3) 명료성을 획득하는 것

영업사원은 판매 소개 계획 동안 명료성을 획득하는 업무를 시작한다. 판매 혼합 모델을 다시 회상해보면 영업사원은 질문의 깊이, 속도, 그리고 시각적인 지원과 같은 소개 요소를 계획하였다. 판매 혼합 모델은 또한 소개의 범위와 양면 의사소통의 정도를 포함하였다. 판매 소개에서 우리는 판매 혼합 모델의 지원으로 만들어진 이러한 계획을 시행할 준비가 되어 있다.

판매 혼합 모델에 내포되어 있듯 명확성을 획득하기 위한 사전 숙고를 보충하기 위해 영업사원들은 반드시 판매 소개의 역동성에 적응해야 한다. 즉 판매 상황에서 변화가 발생하면 영업사원은 반드시 간청하고 해석하고 고객으로부터의 피드백에 능숙하게 반응해야 한다. 이런 점에서 또 다시 청취와 질문 능력은 매우 중요하다.

도표, 그래프, 문헌, 사진, 영상, 슬라이드, 그리고 휴대용 컴퓨터와 같은 판매 지원은 명확성을 획득하는 데 훌륭한 도구이다. 그러한 판매 지원들은 치장을 위해서가 아닌 그들이 소개를 더 효과적으로 해 줄 수 있는 곳에 쓰여야 한다. 결국 그 비주얼 매체는 메시지를 제압하지는 않을 것이다.

(4) 고객 걱정을 다루는 것

고객들로부터의 피드백을 요청하는 것은 보통 영업사원의 제공과 관련된 질문과 고객이 가지는 다른 의견의 형대로 떠오른다. 이러한 걱정을 다루는 것은 영업인력과 고객과의 관계에서 일상적인 부분이다. 몇몇의 사례에서 이러한 걱정은 만일 문제가 해결되지 않을 때 구매에 대해 저항하는 대표적인 요인이다. 다른 예에서는 구매자들은 특정한 부분에 대해 안심시키는 정보를 찾거나 명확성을 요구한다. 여전히 다른 사례에서는 고객들이 더 호의적인 거래를 협상하기 위해 가격 협상 전략으로 이의를 제기하거나 질문을 한다.

이의와 질문을 언급하는 이유와 상관없이 영업사원은 반드시 효과적으로 응답할 준비가 되어 있어야 한다. 베테랑 영업사원들은 일반적으로 이것들을 흥미의 표시로 인지하고 목전의 구매 결정이라 생각하기 때문에 질문과 이의를 다루는 것을 고대하고 있다. 그에 맞춰 그들은 고객들이 잘못된 정보를 가지고 있다고 반드시 말해야 할 때도 예의를 갖춰 질문과 이의에 응답한다.

4. 고객 약속을 얻기

성공적인 관계는 관계에 있는 모든 집단이 서로에게 약속을 하는 것을 요구한다. 판매 과정에서 앞선 단계가 적절하게 행해졌다고 가정하면 공동의 약속은 다음 단계가 된다. 판매 문맥에서 이것은 고객과 영업사원이 계약에 동의했다는 것을 의미한다. 이것은 구매 계약서나 판매 협상을 계속하거나 제품 사용 테스트를 시행하거나 혹은 장기적인 분배 계약에 서명하는 것과 같은 다른 계약을 포함할 수 있다.

경쟁적인 시장의 현실은 영업사원들이 많은 기업이 보통 고객들의 요구를 적절하게 충족시키기 때문에 활발하게 약속을 찾는 것을 묘사한다. 고객들은 영업사원이 약속을 찾지만 예상보다 이른 결정을 강요하지 않고 긍정적인 결정을 하도록 강요되는 술책을 하지 않는 것을 바란다.

약속을 찾는 시기에 대한 질문은 아직 남아있다. 상투적인 대답은 영업사원이 반복된 시도를 사용하면서 빨리 판매를 마무리 짓는 것을 의미하는 "빨리 그리고 종종"이다. 이 접근은 그러나 위험하다. 만일 마무리 시도가 적절하지 않다면 부정적인 대답이 더 많이 나올 것이다. 그리고 일단 부정적인 대답이 고객들로부터 만들어지면 인지 일관성의 정책이 고객들이 그 결정을 고수할 것이라 말해준다. 그러므로 시간의 문제는 약속을 찾는 데 중요하다.

시간에 대해 특별한 지침이 있지 않음에도 불구하고 만일 소개가 고객들로부터 질문이나 이의 없이 마쳐졌다면 그 약속은 미뤄지지 않고 찾을 수 있다. 비슷하게 만일 모든 질문과 이의가 만족하게 다뤄졌다면 약속은 유효하다. 많은 사례에서 영업사원은 약속을 얻는 것이 다음 단계라고 알려주는 고객들로부터 온 신호를 해석할 수 있다. 예를 들어 고객은 "다음 화요일까지 배달이 가능한가요?"라고 물어봤다면 이러한 질문은 무관심하거나 반응이 좋지 않은 고객에 의해 받아들여진 것이 아니다. 마지막 분석에서 언제 약속을 찾는지에 대한 질문은 때때로 고객들의 지원과 함께 영업사원들에 의해 만들어진 개인적인 의견이다.

5. 고객 관계 증진시키기

관계판매의 즐거움 중에 하나는 장기적인 구매자와 판매자의 관계에서 생성되는 친밀한 관계, 신뢰, 그리고 상호적 존경이 판매 과정의 "마무리(closing)"에 대한 압박을 없애줄 수 있다는 것이다. 왜냐하면 구매자와 판매자가 그들의 관계범위 안에서 만족시키려는 상호적 목표를 달성하기 위하여 과정 전체에 걸쳐 솔직한 의사소통이 이루어지기 때문이다. 부가된 핵심가치는 가격 측면이 아니라 오히려 제품과 서비스에 관련된 다른 측면이기 때문에, 이의에 대한 협상은 가격에만 매달려 시간을 지체해서는 안 된다. 그러므로 관계판매에서 판매 종결은 의사소통 과정의 자연스러운 부분이 되었다.

관계판매는 이익이 되는 고객과의 장기적 관계를 확립하고 구축하며 유지하는 것에 주요 목표를 가지고 있다는 것을 기억하자. 판매에서 영업사원은 "확립(securing)"과 "구축(building)"에 많을 시간을 소비하는 경향이 있다. 그러나 영업사원은 또한 성장가능하고 유익하며 필요가 충족된 고객을 장기간 유지하기 위한 전략을 개발해야만 한다. 이러한 프로세스의 중요한 부분이 판매 이후의 서비스를 포함하는 후속 관리(follow-up)이다. 효과적인 후속관리는 영업사원과 기업이 서비스의 질과 고객 만족, 그리고 고객유지와 충성도에 대한 고객의 인식을 개선시킬 수 있는 방법 중 하나이다. 이것은 성공적인 관계판매에 있어서 중심 쟁점이다.

고객기대관리는 성공적인 장기관계를 발전시키는데 있어 중요한 부분이다. 고객의 즐거움(customer delight), 또는 놀라는 정도에 대한 고객의 기대를 넘어서는 성과를 보여주는 것은 고객의 충성도를 획득하기 위한 강력한 방법이다. 너무 많은 약속을 하지 않는 것은 (overpromising)은 초기판매를 얻을 수 있다. 그러므로 거래적 판매 환경에서 작용될 수도 있다. 그러나 불만족한 고객들은 다시 구매하지 않을 뿐만 아니라, 영업사원과 그들의 기업과 제품까지 회피하도록 다른 사람들에게 말할 것이다.

분명하게 전문적인 영업사원들은 그들의 고객을 너무 귀중한 투자라고 생각하기 때문에 이 고객을 잃을 수 있다는 것을 아주 큰 위험으로 본다. 고객 관계를 유지하고 증진시키면서 영업사원들은 판매 후 활동을 수행하는 것과 고객의 상황과 경쟁자의 힘, 그리고 시장 환경에서 다른 변화를 적응하고 예상하면서 진화되는 관계를 고취시키는 것을 포함한다.

이 단계의 한 가지 단점은 고객과의 강한 유대감이 고객의 관계를 종료하는 것이 수익성을 약화시킬 수 있다는 것이다. 영업사원의 기업은 효과적으로 수많은 연속적인 계약과 시간이 지남에 따라 그 지위의 강점으로 인해 사업을 획득한다.

(1) 관계 증진 활동

특별한 관계 증진 활동은 기업마다 상당히 다르지만 몇 가지 공통점이 있다.

- 주문 수령
- 주문 관리
- 제품이나 서비스 설치
- 고객 인력을 훈련
- 불평을 해결
- 잘못을 고치는 것

관계의 증진을 위해 영업사원은 계속해서 고객 필요성을 진단하고 적절한 때에 새로운 해결책, 제품, 그리고 서비스를 추천해야 한다. 영업사원은 공식적인 사업의 상태를 정기적으로 고객을 검토하고 판매 기업에 고객들의 중요성을 강조하면서 유지할 수 있다. 검토를 하거나 정기적인 판매 거래 혹은 설문조사를 통해서 영업사원은 어떻게 제품이 증가되어야 하고 더 좋은 서비스를 제공해야 하는지에 대한 피드백을 요구할 수 있다.

영업사원들은 또한 관계를 고객들에게 어떻게 기대가 충족되는지에 관련된 정보를 제공하면서 관계를 유지할 수 있다. 예를 들어 영업 사원들은 비용 절약과 품질 향상 프로그램을 위한 공헌을 확인하고 수량화할 수 있다. 그들은 고객으로부터 혜택과 만족이 잘 전달되었다는 감사를 받아야 한다.

판매 과정에 대해 시작부분에 말했듯이 신뢰를 구축하는 것은 구매자 판매자 관계에서 중요한 요소이다. 판매 과정을 통해 영업사원들은 고객의 신뢰를 얻기 위해 일할 수 있다. 판매 기술은 신뢰 획득 과정의 일부분이지만 문제의 중심적인 사실은 이와 같다.

구매자들이 당신이 신뢰할 수 있다는 것을 확신시켜주는 일이 중요하지만 장기적으로 당신이 할 것이라 하고 모든 약속을 지키고 항상 사실만을 말하는 것 보다 중요한 것은 없다. 단기적으로 확실한 행동은 신뢰성의 이러한 태도를 가속화 하는 것을 보여준다. 그러나 장기적으로 신뢰할 수 있는 개개인이 되는 것만큼 구매자들의 신뢰를 얻는 방법은 없다.

실제적인 판매뿐 아니라 영업사원들은 그들의 영업관리자들과 일하거나 정보를 고객에게 그리고 그들의 근로자들에게 전달하고, 출장과 접대 그리고 회의와 학회에 참가하는 서비스 활동에도 포함되어 있다. 전형적인 영업사원은 실제적인 판매 활동에 25~40%만 시간을 사용하고 계속해서 퍼센트를 올리기 위해 노력한다.

영업사원들은 2가지 분야에서 관리적인 기능을 수행한다. 그들은 효과적인 직무 활동의 수행과 결과와 노력을 분석하여 업무의 우선순위를 설정하는 시간과 구역 관리자이다. 그들은 또한 채용, 훈련, 창고 관리, 그리고 제조업체의 사원들을 관리하는 관리자들을 지원한다.

영업사원들은 종종 채권 발생 고객들을 모으고 관리적 능력으로 조직에 지원한다. 그들은 또한 가격, 패키지, 그리고 테스트 시장을 알아보는 데 사용되는 시장 정보를 제공한다. 그들은 다양한 목적으로 회의와 학회에 참여하는 데 상당한 시간을 보낸다.

그림 9.1에 나와 있듯이 영업 과정은 크게 3단계이고 세부적으로 6단계가 있다. 처음 3단계, 예상, 거래 전 계획, 그리고 고객에게 접근은 고객과의 관계를 시작하는 것과 관련이 있다. 다음 2단계, 판매 소개 전달과 고객 약속 획득은 영업사원과 고객 관계를 개발시키는 것과 관련이 있다. 마지막 단계는 많은 경우에서 가장 중요한 고객과의 관계를 고취시키는 것이다. 하나의 단계가 이전의 단계의 기반이 되고 고객에게 첫 판매를 확인하기 위해서는 몇 가지의 단계가 걸린다는 것을 기억해야 한다.

급변하는 영업환경과
전략적 영업관리 프로세스

Part 10

이 장은 영업사원들과 영업부서의 제한된 자원을 효율적으로 관리하기 위한 전략적 영업관리에 관한 것이다. 기업은 제한된 자원을 효율적으로 사용하여 최대한의 효과성을 달성하는 것이 관리의 목표이다. 영업관리에서도 마찬가지이다. 본 장에서는 영업관리자들이 영업의 목표를 효율적으로 달성하기 위해서 따라야 하는 전략적 영업관리과정에 대해서 논하고자 한다. 본 장의 핵심적인 영업관리의 이슈는 다음과 같다.

- 기업별로 상이한 영업의 정의에 대해서 설명해보자.
- 영업의 전략적 기능과 이 기능을 효과적으로 수행할 조직이슈에 대해서 이해하자.
- 영업조직에 맞는 영업사원의 수와 특성에 대해서 이야기 해보자.
- 영업력을 이끄는 관리자의 능력에 대해서 알아보자.
- 영업의 효과성을 측정하여 영업성과를 평가하는 것과 이에 대한 보상에 대해서 논의해보자.

급변하는 영업환경을 극복하는 길

– 언택트시대 보험진단 플랫폼의 영향력 생각해야

오는 2022년까지 국내 데이터 시장 규모가 10조원 가까이 성장할 것으로 예상되는 가운데 금융업계의 초개인화 트렌드에 관심이 높아지고 있다. '초개인화'란 개인의 상황과 필요에 맞게 기업이 개별적인 맞춤정보를 제공하는 것을 말한다. 기존에는 시장 세분화(segmentation)를 통해 타깃한 그룹의 보편적 선호 파악이 비즈니스 전략에 중요했다면 이제는 '고객 A가 지금(now) 원하는 것은 무엇인가'의 개별적 수요에 집중하는 접근방식이다. 이러한 초개인화는 빅데이터 시대에 필요한 인공지능(AI) 기술의 진화와 더불어 기업의 마케팅 성패에도 지대한 영향을 미칠 수 있다.

실제로 삼성카드는 고객 개인별 소비패턴을 분석해 선호업종, 활동지역, 가맹점 인기도를 고려한 개인맞춤 혜택 서비스를 제공하고 있고 KB국민카드는 빅데이터를 활용해 해당 가맹점이 희망하는 잠재고객에게 할인정보 메시지를 보내는 마케팅 지원서비스를 실시하고 있다. 카카오페이는 지난 3월 선보인 '자산관리' 서비스가 한 달 만에 가입자 200만명을 돌파하는 등 맞춤형 금융정보 서비스에 대한 시장의 관심이 뜨겁다.

어디 그 뿐인가. 무형의 서비스뿐만 아니라 기존 오프라인 노동자들도 빠르게 플랫폼 속으로 빨려 들어가고 있다. 배달노동자는 물론이거니와 변호사, 의사, 수의사, 회계사, 컨설턴트 등 지식노동자들도 각종 플랫폼에 뛰어들어 '플랫폼 노동자' 시대를 예고하고 있다. 일과 삶을 대하는 방식에 '근원적 변화'가 일어나고 있다.

보험시장도 예외는 아니다. 오프라인 설계사채널에 의존도가 높던 전통적인 보험영업까지 '디지털 플랫폼' 방식으로 변모시키고 있다. 비단 미니보험이나 다이렉트보험이 아니더라도 모바일과 IT 인프라에 익숙한 밀레니얼 세대는 더 이상 설계사라고 해서 무조건 대면부터 하지 않는다. 온라인과 각종 모바일 앱을 통해 다양한 보험사 상품들을 비교할 뿐만 아니라 비대면 방식으로 보험에 가입하거나 전문가 상담을 받아 본 경험이 압도적으로 증가하고 있다.

AI 보험진단 앱 보닥의 경우에도 실제 객관화된 보험진단과 맞춤플랜 추천을 받는 사용자 대부분이 25세부터 44세로 집계되며 플랫폼 이용자의 61%가 앱을 통해 전문가 상담을 신청하는 것으로 조사되고 있다. 복잡한 설계가 필요한 상품도 기존처럼 곧바로 설계사를 접촉하는 것이 아니라 객관화된 보험진단 정보를 얻을 수 있는 플랫폼을 통해 먼저 확인하는 것이 가능한 시대가 됐기 때문이다.

지난해 보험연구원 '전속설계사 소득 분포' 관련 보고서에 따르면 6명 중 1명은 월소득 50만원을 넘지 못하는 것으로 나타났고 금융감독원의 2019년 6월말 기준 자료는 설계사 13월차 정착률은 생보 평균 38.2%, 손보 평균 52.7%로 조사됐다. 설계사 10명 중에 4~6명은 1년이 채 되지 않아 이직한다는 의미다. 다수의 설계사가 지속가능한 성장 동력을 찾아 떠나거나 도태되고 있다.

2020년 1월 하순 국내 첫 코로나19 환자가 나오며 빠르게 전국으로 확산되면서 보험영업시장 설계사 채널은 2월부터 사실상 올스톱 된 바 있다. 그러나 여기저기 흩어져 있던 내 보험, 가족보험 조회는 물론 설계사의 개입 없이 인공지능 기술을 통한 객관적인 진단과 개인맞춤형 보장분석을 제공하는 보닥과 같은 서비스는 소비자들의 비대면 니즈에 부합하며 전월대비 약 30% 이상의 급증을 기록했다.

이젠 포스트 코로나 시대에 대비해야 한다. 생산성과 전문성이 낮은 설계사들은 이러한 AI 보험진단앱으로 빠르게 대체될 것으로 보이며 높은 수준의 전문 설계사도 고객을 만나기 위해서는 적절한 플랫폼에 올라타야 자신의 실력을 소비자에게 입증할 수 있는 기회를 얻을 수 있게 될 것이다.

앞으로의 정보탐색 기술은 초개인화 트렌드에 발맞춰 빠르게 진화할 수밖에 없다.

그간의 사용자 검색 행위를 통해 원하는 결과값을 도출하던 야후와 구글의 1~2세대에서 사용자의 행동패턴과 관심사에 따라 맞춤형 콘텐츠를 제안하는 넷플릭스, 페이스북, 아마존 등의 제3세대 서비스의 성공 사례를 직시하자.

[출처] 도은주 이사(CMO), 2020.05.25., 보험신보.

급변하는 영업환경과 전략적 영업관리 프로세스

격동적인 사업 환경은 수많은 도전을 보여준다. 많은 영업 조직들은 국내외 시장에서 격렬한 국제적인 경쟁과 맞서 있다. 구매 기능은 조직들에게 비용을 낮추고 이익을 증가시키기 위해 중요한 방법으로 보여지고 있다. 그러므로 구매자들은 부담이 더 커지고 더 잘 준비해야 하며 높은 역량을 가져야 한다. 영업 조직들이 판매를 증가시키지만 사업을 운영하는 데는 비용이 감소되는 압박을 받음과 동시에 현장에서 영업사원들을 유지하는 비용이 확대되고 있다. 그래서 영업 조직들은 경쟁자, 고객들, 그리고 심지어 그들 자신 기업에 의해 도전받고 있다.

이러한 상황들은 영업 조직이 그들에게 맞서고 있는 도전에 응답하는 방법을 보여준다. 몇몇의 변화는 상당히 작지만 다른 것들은 과거 운영 방법에 비해 급진적으로 벗어난다. 많은 기업들이 영업관리에서 상당한 변화를 만들어 냄에도 불구하고 그림 10.1에서 보여진 영업관리의 뼈대는 여전히 관련이 있다. 모든 영업 조직들은 영업관리 단계의 각 단계를 고심해야 한다. 그러나 변화한 것은 각 단계에서 만들어진 결정의 종류이고 이러한 결정들이 어떻게 영업관리 과정에서 다른 단계들에 영향을 미쳤는가에 대한 것이다. 예를 들어 OO기업은 그의 개인주의적이고 연공서열적인 조직을 다기능의 판매 팀 접근으로 교체했다. 만일 이 움직임이 성공적이라면 기업은 그의 채용·선발, 훈련, 동기부여, 그리고 평가 프로그램을 새로운 팀워크 접근을 위해 교체할 것이다.

영업(selling)은 "고객과의 직접적인 커뮤니케이션을 통해 상품을 판매하고, 고객과의 관계를 구축하고자 하는 영업사원의 활동"으로 정의된다. 영업의 특징은 우선 기업의 궁극적인 목적인 수익 창출을 실제로 구현하는 역할을 수행하고, 고객과 직접적인 접점을 형성한다는 것이다. 이를 통해 영업은 단기적인 판매 활동뿐만 아니라 장기적인 관점에서 고객과의 관계를 관리하는 역할도 동시에 수행한다. 마지막으로 영업은 단순히 전술적이고 기술적인 활동이 아니라, 전략적인 의미도 동시에 지니고 있다. 이러한 전략적인 영업의 기능을 관리하는 것이 영업관리(sales management)이다. 즉, 영업관리는 매출이나 수익과 같은 기업의 목표를 달성하기 위한 고객과의 대면접촉 활동을 기획하고, 통제하고, 지원하는 일련의 활동으로 정의할 수 있다. 이번 글에서는 전략적 영업관리에 관한 필요성과 체계적인 영업관리 프로세스에 대해서 알아보도록 하자.

1. 영업관리 의제의 변화

고객 니즈의 빠른 변화와 치열한 경쟁으로 인해 영업환경이 급변하고 있다. 경쟁이 치열해지면서 기존 고객에 대한 관리의 중요성이 커지게 되었고, 거래중심에서 관계지향적인 영업관리의 필요성이 중요하게 부각되고 있다. 이러한 변화 속에서 영업관리자들이 주목해야 할 영업관리 의제들을 살펴보자.

첫째, 고객 중심의 문화를 창조하는 것이다. 영업관리자들은 영업사원과 고객간의 파트너십에 대한 조직적 방해 요소를 제거함으로써 영업역할을 촉진시켜야 한다. 많은 영업사원들이 영업과 기업의 수익관점에서 고객을 대한다. 수익을 먼저 생각하기 때문에 고객이 원하는 것을 들어주는 것이 아니라 고객이 원하는 것에 대해서 기업의 정책과 매뉴얼이라는 이름으로 거부하는 경우가 매우 많다. 예를 들어 고객은 어떤 제품이 5개만 필요한데 영업사원은 10개 이하는 판매하지 않는다는 방침을 내세우면 고객에게 'No'라고 한다. 최근에 필자는 어느 한식집에서 식사를 하다가 등심이 먹고 싶어서 1인분을 주문하였는데 종업원의 대답은 1인분은 주문을 받지 않고 2인분부터 주문이 가능하다는 대답을 들었다. 고객의 요구를 기업의 정책과 틀 내에서만 들어 줄 수가 있고 그렇지 않은 경우는 완강하게 '안 된다'라고 하는 것이다. 이러한 조직적인 거부 및 방해 요인을 제거하여 고객중심의 사고로 전환하여야 한다.

둘째, 고객을 자극하고 강매(Push)하는 영업은 이제는 통하지 않는 시대가 됐다. 고객의 니즈가 무엇인지를 파악하고 고객이 가지고 있는 문제를 해결하기 위한 영업이 되어야 한다. 이를 위해서 영업관리자는 끊임없이 시장의 변화를 감지하고 영업사원들에게 고객의 니즈 파악과 문제를 인지하는 것에 초점을 맞추도록 해야 한다. 고객이 원하는 자동차는 소형 자동차인데 자동차 영업 사원은 수익이 높은 중형이나 대형 차를 고객에게 소개하고 이를 강력하게 추천한다. 자신과 기업의 이익을 챙기기 위해 고객이 원하는 소형차의 단점을 강조한다. 영업사원은 기업의 제품에 고객의 니즈와 문제를 맞추는 것이 아니라 개별적 고객의 요구에 맞게 제품을 맞추어야 한다. 이를 위해 영업관리자는 고객을 지혜롭게 관리하기 위한 지식을 교육시키고 시스템과 도구를 지원해야 한다.

셋째, 영업관리자는 목표를 정하고 성공을 측정하기 위한 적절한 매트릭스를 동시에 개발하고 실행하여야 한다. 과거의 영업관리자의 목표는 거래의 성사와 매출액의 증대에만 초점을 맞추었다. 하지만 관계지향적인 영업관리에서는 고객과의 신뢰형성과 상호 이익의 달성이 새로운 목표이고 이를 통해 매출액이 아닌 수익의 증대가 가장 큰 관심이다. 삼성전자가 매출에서는 애플의 몇 배이지만 수익에서는 오히려 애플이 삼성전자를 앞선다. 우리나라 기업들의 영업목표가 여전히 매출증대에 있으며 많은 기업들이 시장점유율에만 신경을 쓰고 있다. 보다 장기적인 목표를 수립하고 고객지향적인 목표를 설정해야 할 것이다.

넷째는 소통에 관한 이슈이다. 과거에는 영업사원의 제품과 서비스에 관한 일방적인 설명위주의 영업을 하였다. 하지만 관계지향적인 영업시대에서는 양방향의 소통이 필요하고 특히 고객 위주의 소통이 우선되어야 한다. 예컨대 고객이 연말정산 시 받을 수 있는 혜택과 관련된 금융 상품을 원하고 있는데, 은행 상담원은 계속 새로 나온 신규 금융 상품에 대해서만 설명을 해준다. 영업의 가장 중요한 기술(skill)은 경청(listening)이다. 즉, 고객의 니즈에 관한 설명을 경청하고 문제를 구체적으로 파악하는 능력이 필요하다. 앞에서도 언급하였지만 기업의 제품에 고객의 문제를 맞추지 말자. 고객의 문제해결에 도움이 되는 제품과 서비스를 선택해야 할 것이다.

마지막은 고객 구매의사 결정과정에 있어서 영업사원의 역할에 관한 것이다. 과거의 거래지향적 영업에 있어 영업사원은 고객의 구매의사 결정과정에서 고립되어 있었다. 즉, 오로지 거래 성사에만 관심을 두고 있었다는 것이다. 영업사원들은 고객의 구매의사 결정과정에서 고객이 무엇을 생각하고 어디서 정보를 얻고 어떤 기준으로 제품을 판단하는 지에 대해서 어떠한 영업 행위도 생각하지 않았다. 하지만 관계 지향적인 영업에서는 이러한 고객의 구매의사 결정과정에 적극적으로 개입하여 정보탐색을 도와주고, 제품 판단 기준 또한 제공해서 고객이 후회 없는 구매 의사결정을 하도록 도와주어야 한다. 요즘의 고객들은 스마트(smart)하다. 예전에는 정보를 기업이 쥐고 있었지만 요즘의 고객들은 블로그나 SNS을 통해서 같은 고객들에게서 정보를 구하고 이를 공유한다. 이 과정에서 영업 사원들은 직접 블로그를 운영하거나 정보를 공유하는 등의 적극적인 관여를 해야 한다는 것이다.

2. 전략적 영업관리 과정

어떤 기업이든지 이용 가능한 마케팅 커뮤니케이션 도구는 일반적으로 인적 영업(Personal selling), 광고, 판매 촉진(sales promotion), 그리고 홍보(publicity)로 분류 된다. 인적 영업은 기업이 고용한 인력이나 그들의 에이전트를 통해 메시지를 전달하고 고객들이 이를 통해 그 기업을 지각하는 것이다. 즉, 고객들과 영업사원간에 개인적인 커뮤니케이션을 하는 것으로 정의된다. 이에 따라 인적 영업은 두 가지 면에서 다른 마케팅 커뮤니케이션 도구들과 차별적 요소가 있다. 첫째로, 광고나 판촉과는 달리 인적 영업은 고객 개개인에 대한 개인적인 커뮤니케이션이다. 둘째로, 광고나 판촉에 대해 고객들은 일반적으로 메시지의 근원으로서 조직이 아닌 미디어를 인지하는 반면 인적 영업 내에서는 고객들은 메시지가 조직에 의해서 전달되는 것으로 인지한다.

전략적 영업관리는 이러한 조직의 고객과의 커뮤니케이션적 관

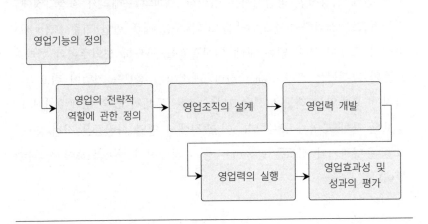

점에서 인적 영업 기능을 관리하는 것이다. 영업관리자는 모든 영업 활동을 평가하고 통제해야 한다. 이런 관점에서 영업관리자는 기업의 전반적인 전략 '계획'과 사람 '이행'과 관계가 깊다. 따라서 영업관리자는 반드시 인적 영업 기능에 있어서의 영업사원들, 조직의 다른 기능적 영역에서의 종업원들, 그리고 조직 밖의 사람 특히 고객들을 효과적으로 다룰 수 있어야 한다. 전략적 영업관리 모델은 영업관리 과정에서의 중요 단계들을 나타낸 그림 10.1에 제시되어 있다.

(1) 영업 기능에 관한 정의: 우리기업에 있어서 영업이란?

영업관리자는 영업 기능의 관리에 대한 책임이 있기 때문에 반드시 자사에서 필요로 하는 영업기능에 대해 이해하고 있어야 한다. 고대로부터 현재까지 전문적인 영업사원은 끊임없이 진화하여 왔다. 단순한 교환과 거래 위주의 영업기능에서 고객과의 장기적인 관계를 추구하는 영업으로 진화하면서 기업내부에서의 영업의 기능은 매우 복잡하게 진화를 하였다. 오늘날 사회와 기업 그리고 고객에게 있어 영업의 기능은 매우 중요한 기능으로 자리잡고 있다.

영업기능에 관한 정의 부분에서 우선적으로 파악하여야 하는 부분은 영업환경에 관한 이해와 자사에서의 영업의 위치에 관한 것이다. 기업 내-외부의 환경에 관한 이해를 통해 고객들이 원하는 형태의 영업이란 무엇인가를 결정하고 이를 바탕으로 자사에서의 영업의 역할과 기능에 관해서 반드시 정의를 내리고 가야 한다. 가령 환경의 변화가 심하고 고객의 니즈가 복잡화된 경우에는 전문화된 영업이 필요하고, 그렇지 않은 경우에는 기본적으로 욕구를 자극하는 형태의 영업이 필요할 것이다. 우리고객이 b2c 고객인지 b2b 고객인지에 따라서도 개별 영업과 팀 영업에 관해서 고려를 해야 할 것이다. 즉, 원자력 플랜트를 국가를 상대로 영업을 하는 두산중공업의 영업과 개인을 대상으로 보험과 금융상품을 영업하는 LIG화재의 영업에서 요구되는 전문적인 지식의 정도와 고객에 대한 이해는 매우 달라야 한다.

두 번째 이해가 필요한 것은 영업사원의 업무분야이다. 영업사원의 기본적인 업무가 영업행위라고 할지라도 성공적인 영업을 위해서 영업사원들은 고객과 관계를 형성하고 발전시키고 장기적인 관계를 유지할 필요가 있다. 따라서, 영업사원들은 개인적인 고객들과의 관계와 자신들의 시간과 지정된 영역을 관리하는 등의 관리 활동을 수행한다. 또한 영업사원들은 시장 정보를 모은다거나, 신규모집을 돕고, 다른 영업인력을 지원하고, 만기가 지난 고객(accounts)을 다시 접촉하는 등의 기업을 위한 다양한 지원활동에 참여한다. 즉, 기본 영업업무와 지원업무에 대한 자세한 파악을 통해 타 지원부서와의 협력을 할 때도 이런 부분을 고려해야 할 것이다.

셋째는 영업사원들의 자기개발과 진로에 관한 것이다. 영업사원에게 다음 단계로의 진로가 어떤 형태가 될 것인지에 대해서 신중하게 career path를 설계하고 제시해야 할 것이다. 가령 영업사원으로서 고객접점 경력이 5년이 지난 다음 고객에 대한 전문가로서 영업관리자가 될지 혹은 신제품 기획, 마케팅, 심지어는 연구개발 등의 분야에서 관리자로 승진을 할 수 있을지를 미리 계획해야 한다.

(2) 영업기능의 전략적 역할 정립
: 목표고객 전략과 일치하는 영업실행전략을 수립하라!

오늘날 기업은 다양한 제품을 다양한 고객들에게 내 놓는 상대적으로 독립적인 여러 전략사업부 단위들로 구성되어 있다. 이러한 다각적 사업부(multiple-business units)와 다양한 제품(multi-products)을 가진 기업들은 반드시 전사적 수준에서 전략적 의사결정을 통합시키고 조정을 해야 한다.

영업 전략과 영업 의사결정 또한 기업, 사업부 그리고 마케팅 수준에서의 핵심 전략적 결정과 일관성을 유지하여야 하고, 이들 상위의 전략적 목표에 부합하는 영업 목표가 수립되어야 한다. 기업과 사업부-수준의 전략 결정은 일반적으로 영업관리자와 영업사원들이 반드시 운용해야 하는 가이드라인을 제공해준다. 또한 영업은 특정 상품 시장 상황에서 마케팅 전략의 중요한 구성요소이다. 주어진 마케팅 전략이 제공하는 세부적인 목표시장과 목표고객에 관한 메시지는 영업관리자에게 있어서 직접적이고 중요한 실행 가이드라인이 된다. 김정문 알로에와 같은 기업의 전략적 방향이 '건강한 삶' 추구이면 마케팅 전략에서도 '건강을 중시'하는 고객들에 대한 가이드라인을 제공해야 한다. 그리고 영업은 '건강을 추구하는 목표 고객'에게 다가가기 위한 실행 전략이 되어야 한다.

이처럼 기업전체, 사업부, 그리고 마케팅 수준에서의 전략적 결정은 반드시 개인 고객들을 위한 영업전략으로 전환되어야 한다. 구체적인 영업전략으로는 고객 목표 전략, 관계 관리 전략, 그리고 판매채널 전략 등이 있다. 마케팅의 실행차원에서 중요한 영업은 영업전략의 개발을 위한 토대로서 개인 및 조직구매자의 구매 행동에 대한 이해과정이 우선되어야 한다.

영업전략은 개인 고객 혹은 유사한 고객들의 세분시장을 충족시켜주기 위해 수립하는 것이다. 그래서 영업전략 수립에 앞서 우선 고객을 확인하고 유용한 세분시장을 분류하는 과정이 필요하다. 그리고 나서 관계 유형, 희망하는 영업접근방식, 그리고 영업채널의 가장 생산적인 mix를 각각의 고객 세분시장에 맞게 결정짓는다. 이러한 결정은 각각의 목표로 하는 고객을 위한 통합된 영업전략이 될 것이다.

(3) 영업 조직의 디자인
: 가장 효과적으로 고객과 커뮤니케이션할 수 있는
영업조직을 설계하라!

영업 전략이 수립되고 나면 영업관리자는 어떠한 영업 조직으로 고객과의 커뮤니케이션을 효과적으로 달성할 것인가를 결정하여야 한다. 앞서도 언급하였듯이 영업전략은 기업, 사업부 그리고 마케팅 전략과 함께 영업과 영업관리 활동에 대한 기본적인 전략 방향을 결정해준다. 그리고 이러한 전략을 성공적으로 이행하기 위해서 효과적인 영업 조직이 필요한 것이다. 효과적인 영업 조직을 설계하기 위해서는 우선 목표 달성을 위한 영업활동을 규정하고, 최적의 비용으로 고객을 가장 잘 섬길(serve) 수 있는 영업조직 구조를 결정하고 마지막으로 영업사원의 역할에 맞는 전문성 있는 영업사원을 배치하는 것이다.

효과적인 영업 조직 구조를 디자인하는 데 있어서 기본적인 기준은 지역, 제품, 기능 그리고 고객이다. 많은 영업 조직이 지역을 중심으로 심지어는 행정구역 단위별로 설계되어 있다. 이는 영업사원의 이동 거리와 지역별 인구구조 등에 따라서 관리를 중시하는 조직설계이다. 기업들 대부분이 지역별로 영업 본부를 두고 중앙에서 이들 지역을 관리하는 형태의 영업조직이다.

많은 기업들이 제품별로 영업조직을 구축한다. 이는 제품 지향적인 기업의 전형적인 영업 조직 형태로 제품성과관리 중심의 영업 조직인 것이다. 다양한 제품을 가진 기업들이 설계하는 영업 조직 구조로 제품관리의 편리성에 초점을 두고 영업조직을 설계하는 것이다.

영업 조직을 설계하는데 있어 또 다른 기준으로는 세부적인 사항으로 영업의 전문화, 관리의 집중화, 관리 수준, 라인 조직과 스텝조직 등의 기능을 중심으로 하는 기준이다. 이러한 기능에 대한 결정이 다른 형태의 영업 조직 구조를 만들어낸다. 또한 기업을 위한 적절한 영업조직구조는 주어진 영업 상황의 구체적인 특징에 달려 있다. 만약 VIP 고객 영업이 중요하다고 인식하면 이들 VIP 고객을 대접하기 위한 가장 훌륭한 조직적인 구조를 결정하는 쪽으로 구체적인 주의/배려(attention)가 제시되어야 한다. 대부분의 금융기업들이 VIP 라운지를 두고 가치가 높은 고객들을 따로 관리하는 것이 좋은 예이다.

마지막으로 아직 소수의 기업만이 고객과 세분시장 위주로 영업조직을 구축하고 있다. 필자는 고객 중심의 영업 조직이 기업이 지향해야 하는 영업 조직이라고 조언한다. 고객입장에서 가장 쉽게 접근하고 쉽게 의사소통 할 수 있는 영업 조직을 설계해야 한다는 것이다. 자동차 기업은 다양한 종류의 자동차를 각각의 영업 사원이 담당하지 않고 한 영업 사원이 어떤 자동차든지 판다. 고객은 자동차를 선택하는 것이지 각각의 자동차에 따라 영업사원을 선택하는 것이 아니라는 것이다.

또 다른 영업 조직 결정과 밀접하게 연관 되어있는 의사결정사항은 영업 활동(selling effort)의 양과 할당의 결정이다. 영업활동의 양과 할당은 영업력의 배치 결정을 짓는 구체적인 방법을 제시해 줄 것이다. 판매 활동 배치, 영업력의 규모, 영역 디자인의 결정은 밀접하게 연관되어 있기 때문에 통합적인 방식으로 고려를 해야 한다. 수많은 분석적인 접근방식은 이러한 시도를 도와줄 수는 있지만, 영업 조직의 설계에서 "사람＝고객과 영업사원"의 쟁점은 반드시 고려되어야 한다. 기업에서 영업 조직을 설계할 때 많은 경우 영업사원의 관리 효율성만을 고려하고 고객의 편의성 및 만족은 간과하는 경우가 많다. 효과적인 영업 조직설계에서 가장 중요한 사람은 고객이다.

(4) 영업력 개발: Smart Working Sales People!

영업 전략, 영업 조직, 그리고 영업력 배치의 결정들은 영업을 위한 기본적인 구조를 만들어낸다. 이것은 생산 활동 중에서 어떠한 기계, 즉 "machine"을 사용할 것인가에 관한 결정과 유사하다. 영업 관리자는 수 많은 "사람"과 관련된 결정을 해야만 하는데, 이러한 결정은 영업사원들의 적절한 유형에 관한 것이고, 영업사원들을 효과적으로 능률적으로 운용하도록 하는 기술에 관한 것이다. 영업력 개발에서 중요한 것은 채용과 교육 훈련이다. 훌륭한 자질이 있는 사람을 채용하는 것과 영업사원을 교육을 통해 개발하는 것은 둘 다 중요한 이슈이다. 필자의 개인적인 경험과 관점에서는 채용보다는 교육을 통한 훌륭한 영업 사원의 개발이 더욱 중요하고 의미 있는 분야라고 생각된다. Smart working이라는 관점은 영업사원이 고객을 대상으로

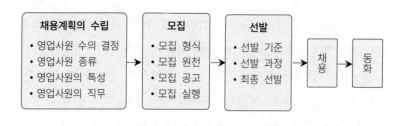

영업활동을 하는데 있어서 효과적으로 자원을 사용하고 다양한 영업 전략을 수립하여 다양한 고객에게 다가가는 것을 의미한다. 영업사원을 smart하게 하는 것은 smart한 영업 사원을 뽑는 것도 중요하지만 smart 하게 영업하는 방법과 기술을 가르쳐주고 지원을 해주는 것이 더 중요하다.

　영업력을 개발할 때는 우선적으로 영업사원의 모집과 채용프로그램을 계획하고 실행하는 것에 대한 논의가 있어야 한다. 이 활동은 요구되는 영업사원의 유형을 결정하고 유망한 영업사원 지원자를 확인하고, 지원자를 평가하는 모든 활동을 포함한다. 합법적이고 윤리적인 쟁점들은 신입 모집과 선택 과정에서 중요한 고려사항이다. 영업사원의 신규 직무 개발 교육 및 교육을 위한 이 채용과정의 영향(사회화) 또한 조사되어야 한다.

　다음으로 채용을 한 뒤 영업력의 지속적인 발전을 위한 교육 훈련에 관한 계획을 수립하여야 한다. 영업사원들은 변화하는 고객과 시장에 익숙해져야 하고, 기술이나 기타 환경의 변화에 대해서도 적응해야 한다. 고객은 디지털 시대에서 살고 있는데 영업사원은 아날로그적인 접근 및 방식을 사용해서는 안 된다는 것이다. 영업사원의 지속적인 변화와 성장을 위해서는 지금보다 체계적이고 과학적인 교

교육효과 평가
Assess the Training Effort

• Determine the training's value to the individual salesperson
• Determine the training's value to the organization

영업의 교육필요성 및 수요조사
Identify the Firm's Training Needs

• Determine the objectives of the training and the areas in which salespeople need training
• Determine who needs training

교육훈련 실시
Deliver the Training

• Schedule the training
• Facilitate the transfer of learning

교육훈련 프로그램 결정
Develop the Training Program

• Determine the content to include in the program
• Develop the objectives
• Determine the program's staffing needs
• Determine the delivery method

육 및 훈련이 필요하다. 보험기업의 영업교육을 보자. 아직도 금융 상품과 영업의 달인의 경험 위주의 교육을 하면서 더 많이 팔 수 있다는 동기부여에 관한 교육에 초점을 두고 있다. 지금처럼 경쟁이 치열하고, 보험 상품이 크게 차이가 없는 상황에서는 고객에 대한 과학적인 이해와 고객의 니즈를 충족시켜줄 수 있는 효율적인 영업 방식에 대한 체계적인 교육이 우선되어야 한다. 영업관리자 교육도 지금은 성과 및 인사관리교육만 진행된다. 현재의 영업관리에서 필요한 교육은 코칭(coaching)과 리더십(leadership) 등의 교육이다. 교육훈련 과정은 교육 수요 및 니즈를 조사하고, 목표를 개발하고, 대안활동을 평가하고, 교육훈련 프로그램을 디자인하며, 이것을 수행하고, 평가하는 것으로 구성되어 있다. 영업관리자는 영업훈련 과정의 각 단계별로 의사결정을 하는 데 있어서 다양한 요소와 방법들을 고려해야 할 것이다.

(5) 영업력의 실행: 칭찬은 고래도 춤추게 한다!

가장 좋은 영업사원을 고용하고 이들에게 성공적인 영업을 위해 요구되는 기술을 전수해 주는 것과 영업 조직의 목표와 목적을 달성하기 위해 영업사원들의 활동을 가르치는 것은 전혀 다른 문제이다. 영업관리자는 영업 사원에게 동기를 부여하고, 감독하고 이끄는데 많은 시간을 보낸다. 영업 매니저의 리더십과 감독 활동은 다른 목적을 가지고 있다. 리더십 활동은 구체적인 목표와 목적을 이루는 커뮤니케이션 절차를 통해 영업사원들에게 영향을 미치는데 초점을 맞춘다. 대조적으로, 감독 활동은 일상적인 운영 방식 하에서 영업력의 그날그날의 조정과 관련이 있다.

매우 역동적이고 경쟁적인 21세기의 영업환경에서는 영업관리자들에게 이전의 관리와 통제가 아닌 더 책임감 있고 유연한 리더십이 요구되고 있다. 영업사원에 대한 효과적인 리더십은 ① 영업사원을 통제하기 보다는 대화를 하고 ② 감독자 혹은 상사가 아니 지도자 혹은 치어리더가 되고 ③ 그들에게 지시하기 보다는 결정에 참여할 수 있는 권한을 부여하는 것을 포함한다.

영업관리의 동기부여 및 보상체계는 영업사원이 확실한 동기를 가지고 영업활동을 잘 수행하여서 성공적인 성과가 나타나게 하는 조직관리의 동기이론에 근거하고 있다. 즉, 영업사원의 특정 영업활동에 대해서 잘하는 부분과 잘못하는 부분을 구분하여 잘하는 부분에 대해서는 확실한 보상을 해주고, 잘못하고 중요한 영업행위에 대해서는 동기 부여를 통해 더 잘할 수 있도록 해주어야 한다. 물질적인 보상으로 인한 동기부여 혹은 정신적 심리적 보상에 따른 장-단점은 많이 알려져 있다. 시기와 성과의 형태에 따라서 영업사원들에 대한 두 가지 보상 방법이 병행되어야 할 것이다. 특히 정신적 보상은 장기적인 관점에서 영업사원들의 유지에 큰 도움이 될 것이다. 영업관리자는 영업사원들이 알맞은 활동에 적절한 시간을 소비하게끔 하는 가장 좋은 방법을 결정하는 토대로서 이러한 동기부여와 보상들을 이용한다. 영업성과에 관한 적절하고 분명한 보상체계는 영업사원의 유지(이탈 방지)에 큰 도움이 되기 때문에 이를 발전시키고 관리하는 것은 장기적인 관점에서 매우 중요하다고 할 수 있다.

(6) 영업의 효과성 및 성과 평가
: 결과도 중요하지만 과정은 더욱 중요하다!

영업관리자는 현재 영업의 성과를 결정하기 위한 영업력의 활동 상태를 지속적으로 모니터 해야 한다. 영업사원의 효과성과 성과 평가는 영업조직 내 다른 평가 단위의 효과성 뿐만 아니라 개인적인 영업사원들의 성과 또한 다루어야 하기 때문에 매우 어렵고 민감한 작업이다.

효과성과 성과 평가에 대한 필수적인 배경은 기본적인 시장과 수요에 관한 예측이다. 영업사원들이 필요한 예측은 시장잠재력, 판매잠재력 그리고 시장수요예측이다. 예측의 다른 형태들, 상향(bottom-up)과 하향(top-down) 예측 방법, 그리고 몇 가지 다른 판매 예측 방법은 많지만 중요한 것은 예측의 오차 및 오류를 적게 하기 위해서 가능한 다양한 주관적인 방법과 객관적인 방법들을 혼용해야 할 것이다.

영업 할당과 영업 예산의 확정에 있어서 예측의 정확성은 매우 중요하다. 영업 할당은 미리 정해진 기간 동안 판매 조직 단위나 영업사원에 의해 성취되어야 하는 구체적인 영업 목표를 제시한다. 영업예산은 영업 할당과 목표를 성취하기 위해 영업 조직단위와 영업사원들에게 할당되는 재정적 자원으로 구성되어 있다. 영업 할당과 영업예산 모두 영업사원의 예측에 의해 직접적으로 혹은 간접적으로 얻어진다.

조직의 효과성에 대한 평가는 구역, 지구, 영역, 지역과 같은 영업 조직 단위의 효과성을 평가하는데 초점을 맞춘다. 회계감사는 전체로서 영업조직의 효과성을 평가하는 가장 포괄적인 접근방식이다. 판매액, 비용 그리고 이윤 이 세 가지가 영업의 효과성과 성과를 분석하는 기본적인 단위이고, 최근에는 개인별 및 팀별 생산성(Productivity)관점에서 성과평가가 많이 강조되고 있다. 효과성을 평가하는 과정은 영업관리자가 영업활동 및 과정상의 구체적인 문제점을 진단하고 그 해결책을 제시하는데 도움이 된다.

성과 평가는 개인과 그룹별 영업사원들의 직간접적인 영업성과를 평가하는데 초점을 맞춘다. 즉, 영업 사원들의 투입노력, 이에 따른 다양한 결과물, 조직에 기여한 수익성 그리고 영업과정을 통한 개인적인 발전 등에 대해서 객관적으로 평가가 되어야 한다. 이러한 성과평가는 영업관리자에 의해 다양한 목적을 가지고 이용된다. 평가되는 구체적인 기준을 가지고 있어야 하고, 영업사원들도 이에 동감하고 있어야 한다. 평가는 보상과도 연계되기 때문에 매우 민감한 문제이다. 하지만 평가는 당근과 채찍을 위한 활용보다는 현재 영업에 대한 진단을 하고 문제 해결을 하기 위한 수단으로 사용되어야 할 것이다. 이러한 영업 성과는 영업 사원의 직무만족과 이직 등과 같은

투입 노력 측정 Input Measures	다양한 결과물 Outcomes
수익성 Profitability	개인적인 발전 Personal Development

후속 결과 변수들과 매우 밀접한 관계에 있기 때문에 매우 잘 설계하고 활용되어야 할 것이다.

관계지향적 영업을 위한

영업사원의 지향성

Part 11

본 장에서는 영업사원들이 영업을 하는데 있어서 기본적으로 갖추어야 할 태도에 대해서 알아보고자 한다. 효과적 행동은 올바른 정신 즉 태도확립에서 시작된다. 영업도 마찬가지이다. 효과적인 영업행위는 올바른 영업사원의 정신상태, 즉 고객과 영업에 임하는 태도에서부터 시작된다. 많은 지향성 및 태도에 대한 논의가 있어왔지만 최근 들어서 가장 기본이 되는 영업의 태도는 두 가지이다: 학습지향성과 고객지향성. 본 장에서는 이 두 가지 지향성에 대해서 심도있게 알아보고자 한다.

- 영업사원의 효과적 영업행위를 가능하게 하는 태도에 대해서 토론해 보자.
- 정보가 넘쳐나는 오늘날 학습지향성의 중요성에 대해서 논의해보자.
- 모든 영업 및 마케팅의 출발점인 고객지향성에 대해서 알아보자.

마케팅의 5가지 지향성

잘 짜인 마케팅 전략은 기업이 독보적이고 실행 가능한 시장 포지션(Positioning)을 달성하기 위해 한정된 자원을 더 효율적으로 할당할 수 있게 한다. 시장 포지션은 기업의 내부 강점과 약점, 예상되는 환경 변화, 경쟁사들의 경쟁적 움직임에 영향 받는다. 마케팅 전략은 장기적인 것이어야 하고, 단기적인 마케팅 활동을 가이드해야 한다.

일반적으로 마케팅 전략에는 목표시장(Target Market)에 대한 가이드라인과 해당 목표에 도달하고 기업의 목적을 달성하는데 사용될 특정 마케팅 믹스(marketing mix, 마케팅에 관한 각종 전략·전술을 종합적으로 실시하는 것)가 포함된다.

잘 짜인 마케팅 전략이 없는 기업은 단기 마케팅 행동 계획 실행이 쉽게 표류할 수 있다. 그렇다고 마케팅 전략이 엄격하고 고정돼 있어야 한다는 뜻은 아니다. 반대로 기업의 내부 및 외부 환경이 변화함에 따라 마케팅 전략도 바뀌어야 한다. 대부분의 마케팅 전략은 초점 역할을 하는 마케팅 지향성 또는 콘셉트에 따라 분류할 수 있다. 오랜 시간에 걸쳐 비즈니스 마케팅에선 ▲생산 지향 ▲제품 지향 ▲판매 지향 ▲마케팅 지향 ▲사회 지향 등 5가지 지향성이 확인되고 있다. 기업의 마케팅 활동에는 이러한 개념 중 하나 이상의 요소가 포함될 수 있으나 일반적으로 한 가지 지향성이 두드러지게 된다.

• 생산 지향: 생산 지향적 마케팅은 가장 오래된 마케팅의 지향성이다. 생산이 수요를 따라가지 못하던 시절에 생산의 중요성을 강조하던 지향성이다. 가능한 한 가장 낮은 단가로 회원에게 제품을 제공하는 것을 기반으로 한다. 포드자동차에서 T형 검정 세단차를 250달러에 제공하겠다고 주장한 것처럼 낮은 단가로 대량생산에 초점을 맞춘 다향성이다. 단가가 가장 낮은 생산자라 해서 포드자동차가 시장에서 가장 낮은 가격으로 차를 생산한다는 것은 아니다. 대량생산을 통해 시장점유율을 높이고 이를 통해 수익을 극대화시킨다는 것이다.

• 제품 지향: 모든 고객이 똑같은 표준화된 제품을 원하는 것은 아니다. 포드자동차의 뒤를 이은 GM은 고객은 T자형 자동차만 원하는 것이 아니고 검정색 차만 원하는 것이 아니다. 다양한 색상의 다양한 형태의 차를 원한다는 마케팅 전략으로 차별화시대를 열었다. 제품 지향은 고객이 원하는 대로 제품을 선택할 수 있도록 하는 것을 강조한다.

• 판매 지향: 이 방식을 사용하는 조직은 제품 수요 자극을 위해 영업사원을 시장으로 보낸다. 이들은 잠재고객에게 제품과 서비스를 알리고, 그중 일부를 구매하도록 설득하기도 한다. 안타깝게도 많은 고객이 이러한 방식을 고압적 영업 전술, 비윤리적 방식 등 인식으로 부정적으로 본다. 그러나 이 방식을 채용해 성공한 조직은 대부분 이러한 문제가 없다. 우리나라의 웅진그룹이 전형적인 판매지향성의 성공사례이다.

• 마케팅 지향: 오늘날 비즈니스를 지배하는 접근법으로 시장이 무엇을 필요로 하는지 결정한 다음 제품 및 서비스를 개발해 충족시키는 것이 가장 좋다는 전제를 기반으로 한다. 가장 수익성 있는 방법으로 낭비되는 자원이 거의 없고 수요 자극에 필요한 영업도 거의 없으며, 고객은 니즈를 충족하기 위해 원하는 것을 정확하게 얻는다. 가장 마케팅 지향성이 뛰어난 기업은 여러기업이 있지만 그중에서도 단연 CJ 제일제당을 손꼽을 수 있다. 매우 치열한 생활용품과 식품 등의 산업에서 CJ는 뛰어난 마케팅 기량을 발휘하고 있다.

• 사회 지향: 마케팅 지향 접근법에서 나온 것으로 '환경에 좋다', '저지방' 등으로 홍보되는 제품이 그 예다. 일회용 기저귀는 소비자 요구를 확실히 충족시킨다는 마케팅 지향에 따라 도입됐으나, 사회적 지향을 채용했다면 사회적 비용이 많이 든다는 이유로 시장에 나타나지 못했을지도 모른다. 최근에는 ESG 경영의 대두로 더욱 활발하게 사회지향성이 대두되고 있다. 기업과 고객은 모두 어떤 제품이 사회에 좋고 나쁜지 이해하는 동시에 자신에게 좋고 나쁜지도 생각해야 한다.

이처럼 시대의 변화에 따라 마케팅의 지향성이 변해왔지만 마케팅의 본질은 고객지향성이라는 것은 변하지 않았다. 고객이 원하는 제품을 만들어서 원하는 고객에게 잘 전달하는 것이 고객지향성의 핵심이다. 기업이 잘하는 것으로 제품을 만들어서 이후에 고객을 찾아가는 방식의 거꾸로 된 지향성은 변화되어야 한다. 모든 기업활동의 중심에는 고객의 가치 창출이 있어야 한다. 이것이 고객지향성이다.

관계지향적 영업을 위한 영업사원의 지향성

영업사원의 성과에 영향을 미치는 요인들을 규명하고자 하는 노력은 학계와 업계 모두에서 가장 중요한 연구주제 중의 하나이다. 영업을 연구하는 학자들은 영업사원의 개인적 특성, 역할지각, 직무속성 등이 영업사원의 성과를 결정하는 주요 요인으로 제시하였다. 하지만 그와 같은 연구들이 지니고 있는 한계점은 영업성과에 대한 선행변수들의 설명력이 10% 정도에 불과하다는 사실이다. 이후 연구들은 기존 연구에서 제시하고 있지 않은 새로운 영업성과의 결정요인을 규명하고자 하는 연구들이 수행되어 왔다.

이후 연구들에서는 영업사원의 성과를 결정하는 요인들 중 가장 중요한 역할을 담당하는 선행요인이 적응적 판매(Adaptive Selling Behavior)나 영업사원의 판매관련 지식이라고 제시하고 있다. 최근 연구결과들을 종합해보면 영업사원의 성과를 결정하는 주요 변수들이 판매관련 지식, 적응적 영업행동, 역할의 명확성, 적성관련 요소, 직무관련 요소 등의 순서로 분류된다.

이와 같은 연구들을 검토해 보면, 영업성과의 선행변수를 규명하고자 하는 연구들의 흐름은 개인적·상황적 요인(예를 들면, 적성, 역할지각, 직무특성)에서 판매 관련 지식이나 적응적 판매와 같은 영업사원의 적극적인 활동 관련 변수로 그 초점이 변화하고 있음을 파악할 수 있다. 특히 적응적 판매에 관련된 연구들은 영업관리 분야에서 가장 활발한 연구가 진행되고 있는 분야이다.

여러 연구결과들을 검토해 볼 때, 행동과 성과에 영향을 미치는 근본적인 태도에 관한 주목이 무엇보다도 필요한 시기라고 할 수 있다. 그 중심에 지향성(Orinetation)에 관한 연구가 많이 되었는데 본 장에서는 앞서 관계 지향적 영업에 영향을 줄 수 있는 두 가지 지향성에 대한 논의를 끝으로 본서를 마무리하고자 한다.

1. 영업사원의 학습지향성

흔히 오늘날은 지식경제의 시대라고 불린다. 이와 같은 시대에 지식은 제품이나 서비스의 혁신, 생산, 마케팅, 판매 등의 영역에서 가치를 창출하기 위한 핵심적인 요소가 되고 있다. 지식경제 시대의 또 다른 측면은 고객들이 이전보다 더 많은 것을 알고 있으며, 그들의 필요나 욕구 또한 첨예하게 다양화되고 있다는 점이다. 이러한 변화의 중심에는 인터넷을 통한 각종 정보의 확산이 자리 잡고 있다. 이와 같은 환경변화 속에서 영업사원들은 고객들이 보유하고 있지 못하고 있거나 부족한 정보를 보유해야만 하도록 많은 압력을 받고 있다. 즉 효과적인 영업활동을 위해서 영업사원들은 이전 보다 더 다양하고 많은 지식을 습득하도록 요구되는 상황에 이르러 있다.

최근 비즈니스 전략을 실제 현장에서 잘 적용할 수 있도록 하는 전략실행에 대한 연구가 많이 이루어지고 있다. 그리고 많은 기업들의 전략들 중에 영업부문에서는 고객접점에 있는 영업직원들의 영업역량이 쟁점화 되고 있다. 영업역량의 중요성은 Penrose(1959)의 기업성장이론(The theory of the Growth of the firm)에서 이론적 근거를 찾을 수 있다. Penrose에 의한 기업에 대한 해석은 생산설비, 자본, 인력 등 유형적 자산의 집합이라는 신고전파 경제학자들의 주장을 비판하면서 기업은 단순히 유형의 자산뿐만 아니라 브랜드, 노하우 등 무형의 자산이 실질적 경쟁력을 더 높인다고 주장했다. 즉, 1980년대의 주류를 이루던 산업조직론적 관점에서 1990년대 J. Barney가 발표한 자원기반이론(Resource Based Perspective)에 바탕을 두고 있는 영업역량으로 기업의 성장과 조직을 이해하는 패러다임의 전이가 있었다고 볼 수 있다. 또한 MIT의 시스템 사고와 조직 학습 주창자인 Peter senge는 학습조직의 개발을 주장하고 조직차원의 실험, 적응, 학습과 지식 개발을 고취시키는 방법을 규정하였다. 영업에서는 특히 무조건 열심히 일하는 것은 성과에 도움이 되지 않고 학습목표중심으로 스마트하게 일하는 것(working smart)이 무작정 열심히 일하기(working hard)보다 나은 성과로 이어지는 것이 증명되었다. 이에 따라 영업사원들의 생산성은 조직이 학습중심으로 발전하느냐 아니냐에 의존하며, 이런 영업사원의 학습활동은 다변화하는 영업환경에 효과적으로 대응할 수 있는 기반이 된다. Pedler는 학습조직을 위해 구체적 학습구조와 프로세스, 전략에 대한 학습, 정책구성에 참여, 개인 능력 개발을 촉진하는 학습과 자원을 지원하는 보상시스템들의 제안한다. 이와 같은 중요성에 기인하여, 조직학습이나 시장정보사용과 같은 주제는 마케팅 전략분야에서 오랜 기간 동안 관심을 받아왔던 연구주제 중의 하나였다. 과거 학습이나 지식과 관련된 연구는 마케팅 전략 개발, 혁신 관리, 구매자-판매자 관계, 판매 및 서비스 관리 등 다양한 영역에서 많은 연구들이 이루어져 왔다.

영업사원들이 자신들의 영업활동을 경쟁력 있게 수행하기 위해서는 시장 및 고객에 대한 정보를 습득하여 이를 적절히 활용해야 한다. 또한 영업사원의 역할이 제품의 제공자나 판매를 위한 설득자의 역할에서 문제를 해결하거나 파트너를 위한 가치를 창출해 주는 역할로 변화해 감에 따라 영업사원들의 지식 습득 및 활용을 포함한 학습활동의 중요성은 더욱 증가하고 있다.

영업사원의 학습이나 지식활용 등에 관련한 연구들은 영업사원의 마음가짐을 이야기하는 학습지향성의 효과를 다루는 연구와 실제 학습활동 또는 지식습득 노력의 성과를 다루는 연구로 구분할 수 있다. 지향성을 다루는 연구들은 영업사원들이 특정 행동을 하기 위해 필요한 학습활동 또는 지식습득활동이 어떤 것인가를 규명하지 않고 있다는 점에서 한계를 지니고 있다. 또한 실제 학습활동이나 지식습득 노력에 관심을 두는 연구들에서는 주로 B2C 상황에서 영업사원이 고객과 상호작용을 하는 과정에서 습득하는 지식을 분류하고 이를 활용하는 방식에 초점을 맞추고 있다.

영업사원들이 효율적인 영업활동을 수행하는데 필요한 지식은 대고객에 관련된 정보뿐만 아니라, 고객, 제품, 경쟁, 시장 및 산업 전반에 걸친 포괄적인 정보가 필요하다. 하지만 기존 연구들에서는 효율적인 영업활동을 수행하는데 필요한 지식습득을 위한 학습활동에 대한 구체적인 구분을 하지 못하고 있다. 학습활동의 구분은 특히 B2B 상황에서 더 중요하다. B2C 영업과 구분해 볼 때, B2B 영업의 두드러진 특징은 팀을 구성한 영업활동이라 할 수 있다. B2B 영업에서는 팀을 구성하고 있는 구성원 모두가 다양한 지식과 기술을 함께 창출해냈을 경우 영업성과가 높아진다.

조직의 역동적 역량(Dynamic capability) 중에 영업사원의 학습활동의 중요성을 재확인하고, B2B 사례기업 내에서 어떠한 구체적인 학습활동들이 성과에 영향을 주는지 알아보자. 특히 다양한 학습행동

중 산업학습활동(ILB, Industry Learning Behavior)이 B2B 영업사원들에게 있어 어떤 경쟁력을 가져다 줄 수 있고, 이러한 학습과정을 통해 영업사원이 고객에게 제공할 수 있는 서비스 품질의 향상과 성과 향상에 어떠한 영향이 있는지에 대한 관심이 높아졌다.

학습중심의 영업사원들은 "어떻게 하면 좀 더 효과적으로 판매할 수 있는가"를 탐색하는 프로세스를 즐긴다. 그들은 영업상황에 도전하는 데에 매력을 느끼며, 실수에 대해 심하게 낙심하지 않는다. 그들은 그들의 직무로부터 나오는 개인의 성장과 전문성의 느낌에 가치를 느낀다. 스마트하게 일하기는 영업상황에 맞는 지식을 개발하고 판매 활동에 그 지식을 활용하여 영업활동에 기여하는 것으로 규정할 수 있다. 성과가 우수한 영업사원들은 고객은 성향과 행동유형을 따라 적응영업을 하고 있고, 보다 장기적인 관점에서 관계형성에 주력하고 있음과 동시에 자신의 부족함을 잘 인식하여 학습 지향성을 가지고 있다. 특히 자사와 산업 내 경쟁 등에 대해 자세한 정보습득을 성실하게 수행하고 있다. 영업사원의 지식 수준은 특정 판매 상황에 적합한 지식과 판매 행동에 따라 검토된 바 있다. 또한 산업 내·외부 정보, 즉 외부산업정보와 내부자원정보는 적응영업행동과 관계영업에 영향을 줌으로써 성과에 영향을 준다. 이뿐 아니라 영업사원들이 시장의 동향을 파악하여 영업기회를 찾아내는 마케팅프로세스적 학습행동 패턴은 적응영업을 통해 성과에 영향을 미치게 된다.

효과적인 영업판매활동을 수행하기 위해 가장 기본적으로 필요한 지식은 영업사원의 고객에 대한 지식이다. 기존 연구들에서는 다양한 형태의 고객 관련 지식이 영업성과에 긍정적인 영향을 미친다는 연구결과를 제시하고 있다. 한편 판매성과를 높이는데 필요한 영업사원의 역량으로 지식을 제시하면서, 영업사원이 효율적인 영업활동을 위해 필요한 지식을 시장에 대한 지식과 제품에 대한 지식으로 구분하는 연구가 있다. 이들은 마케팅과 영업부문에서 핵심적인 필요역량으로 시장 및 제품에 대한 지식 습득 및 활용을 제시하였다. 영업사원이 적응적 판매와 같이 고객의 요구에 따라 능동적으로 자신의 영업행동을 바꾸기 위해서는 다양한 형태의 지식이 필요하다.

영업사원의 학습활동을 시장 전반에 대한 학습과 고객 및 제품에 대한 학습으로 구분한다. 여기서 시장 전반에 대한 학습은 산업 및 시장의 변화를 감지하고 그와 관련된 정보를 습득하려는 노력으로 정의할 수 있다. 고객 및 제품에 대한 학습은 영업사원이 해당 고객을 이해하고 자사 및 경쟁 제품의 특성을 정확하게 이해하기 위해 해당 정보를 습득하려는 노력이라고 정의하고자 한다. 즉, 영업사원의 시장지향적 학습행동과 고객 지향적 학습 행동은 영업사원의 효과적인 영업행위를 할 수 있는 기반을 만들어 내고 이를 통해 보다 나은 서비스 역량을 발휘하여 더 좋은 성과를 만들어 낸다는 것이다.

경쟁의 강도가 점점 강해짐에 따라, 최근의 연구에서는 빠르게 변화하는 환경에 대해 학습하고 적응하는 영업사원들의 니즈를 강조하고 있다. 영업사원들은 적응판매를 위해 고객정보에 의한 고객니즈 변화를 빠르게 학습해야만 한다. 영업사원의 고객지향성이나 적응적 판매 행위의 개념적 이해보다는 이를 적용하는 실천능력이 영업성과에 더 큰 영향을 미친다. 영업사원들은 고객지향성의 중요성을 인식하고 있으나 이를 피상적으로만 이해하고 있는 직원들은 이와 관련한 실천 방법을 숙지하고 있지 못해서 그 효율성이 떨어져 성과가 낮다. B2B시장에서의 성공의 열쇠는 고객의 구매행동에 대해 이해하는 것이다. 하지만, 조직의 구매 프로세스는 다이내믹하고 복잡하기 때문에 이해하기 힘들다. 구매자들은 복잡한 이슈에 직면하고, 이러한 상황의 복잡성에 대처하기 위해 특정한 상황별 구매 활동을 안내하는 룰을 개발했다. 구매자는 변화하는 환경을 진단하고 변화된 상황에 적합한 특정 구매 활동을 수행한다. 그로 인해 영업사원은 고객 구분 능력을 향상시키기 위한 방안이 개발 되어야 하며, 이를 위해 고객 정보를 지속적으로 수집하고 이를 관리하여 상담 시 사용할 수 있어야 한다. 아울러 순간대처 능력보다는 체계적인 고객대응 능력의 관점에서 재조명되어야 한다고 언급했다. 영업사원에 대한 교육은 다양한 차원에서 제공될 필요가 있다. 영업사원들에게 제품에 대한 단편적인 지식이나 상담기술에 대한 교육보다는 제품 전반에 관한 상식과 교육을 제공할 필요가 있다. 따라서 영업관리자는 영업사원에 대한 교육체계 전반을 재점검할 필요가 있다.

영업사원의 시장기반학습은 적응적판매에 긍정적 영향을 주고 영업사원의 지식구조는 다른 영업상황에 대한 인식을 촉진하고 각 상황에 적합한 영업 전략에 접근성을 높인다. 소속 산업 내에 트렌드에 대한 명확한 파악을 위해서 학습활동이 중요하고, 단기뿐 아니라 장기적 성공을 위해서는 반드시 필요하다. 기존에 갖추어진 조직 내 정보 뿐 아니라 외부에서 오는 변화에 대한 감지를 통해 탐색적으로 학습할 수 있는 영업사원들은 이것이 매우 중요하다. 성공적인 영업사원들에게 자신의 부족함을 잘 인식하고 학습 지향성을 가지고 있다. 특히 자사와 산업 내 경쟁 등에 대해 자세한 정보습득을 성실하게 수행 하고 있다. 영업사원의 지식수준은 특정 판매 상황에 적합한 지식과 판매 행동에 따라 검토된 바 있다. 실제 영업사원은 본인이 속한 산업과 시장에 대하여 핵심 및 인접시장 지식, 비지니스 모델을 지원하는 맞춤형 채널 구성을 위한 정보 확보, 고객에 대한 규정과 이해당사자 관계도, 지속적인 성장을 위한 경쟁제품 인식과 확장을 위한 제품 및 보다 나은 서비스에 대한 소싱 정보가 요구된다. 선행연구에 의해 구체적인 시장에 대한 학습활동을 크게 세 가지 분야로 볼 수 있다. 첫째 산업 및 시장의 트렌드 파악을 위한 학습노력과, 둘째 산업 및 시장 내의 직·간접 경쟁에 대한 학습노력(인지 노력과 정보 수집력), 셋째 기업과 산업 내 축적된 데이터 활용도 세 가지로 축약됨을 알 수 있었다. 이러한 세 가지 학습 요인들을 통해 영업사원은 자신의 역량을 강화하고, 이를 통해 제품의 가치를 전달하는 서비스 역량을 강화하고, 궁극적으로 행동의 변화와 성과의 향상을 가져올 것이다.

적응적 판매는 고객과 상호작용하는 과정에서 영업사원이 영업 행동을 변경시킬 수 있는 능력 또는 영업사원이 판매상황의 본질에 관해 지각된 정보를 바탕으로 고객과 상호작용하는 과정에서 자신의 영업행동을 수정하는 것으로 정의한다. 적응적 판매는 긍정적인 영업 성과를 이끌어 낼 수 있는 영업사원의 효과적인 영업행동으로 인정받고 있다.

영업사원의 고객, 경쟁, 시장에 대한 지식의 습득 및 활용이 긍정적인 영업성과를 이끌어낸다는 많은 연구들이 있다. 영업사원의 개인적 특성 요인 중 지식의 습득과 같은 학습역량이 직접적으로 영업성과를 높이기도 하겠지만, 기존 연구에서는 이들 역량이 적응적 판매에 긍정적인 영향을 미치고 이어서 영업성과를 높인다고 주장한다.

최근 영업사원의 역할을 재조명하는 연구들에서는 영업사원의 역할 중 문제해결이나 가치 창출에 초점을 맞추고 있다. 이와 같은 역할을 충족시키기 위해서 영업사원들은 다양한 제품, 시장에 대한 정보를 습득하여 이를 적극적으로 활용하는 마케팅활동을 수행해야 할 것이다. Sujan, Weitz, and Kumar(1994)의 연구에서는 영업사원의 학습지향성이 고객에 따라 판매방식을 변형시키는 스마트한 영업행동에 긍정적인 영향을 미친다는 사실을 확인한 바 있다. 따라서 영업사원의 지식을 습득하는 활동 즉 고객, 시장, 제품, 경쟁 등에 학습활동은 영업사원의 적응적 판매행위에 긍정적인 영향을 미칠 것이라고 예측할 수 있다.

2. 기본 중의 기본인 고객지향성

　　오늘날 충성적인 고객의 확보는 성공적인 영업에 있어서 가장 중요한 이슈다. 신규 고객확보를 통한 성장은 중요하다. 그러나 기존 고객과의 장기적인 관계 형성을 통해 지속적이고 안정적인 성장의 중요성이 대두되면서 관계적인 영업 또한 중요하게 인식되고 있다. 그리고 관계지향적 판매(relationship selling)의 주된 목표는 고객과의 단순한 거래가 아니라 유익한 고객과의 장기적인 관계를 형성, 발전시키고 이에 대한 유지 및 강화를 통해 고객의 가치를 정확하게 이해하고 고객에게 최고의 가치를 전달하는 것이다. 금융 영업의 변천과정에서 우리는 이러한 관계 지향적인 영업이 얼마나 중요한지를 알 수 있다. 보험 영업은 처음엔 보험 상품 위주로 고객에게 접근해 설득하는 것을 원칙으로 보험 판매원이라는 개념으로 시작했다. 하지만 금융산업도 치열한 경쟁과 고객의 진화를 경험하면서 이제는 보험 상품 중심이 아니고 고객 중심으로 고객에게 필요한 가치에 초점을 두고 맞춤형 상품을 제공하기 위해 금융 설계사 혹은 금융 컨설턴트라는 개념으로 영업을 하고 있다. 이 과정에서 가장 중요한 것은 자사의 핵심 역량과 적합한 고객을 찾아내고 그 고객의 장기적인 가치를 충족시켜 줄 수 있도록 고객과의 관계를 형성하는 것이다. 관계지향적인 영업을 하기 위해 많은 금융사들이 영업 조직을 고객중심으로 전환하고 관계 지향적인 영업을 개발하기 위해 노력하고 있다. 이러한 관계 지향적인 영업의 시작은 최고경영층부터 영업사원에 이르기까지 모든 구성원들이 고객가치를 최우선으로 두는 고객지향성(Customer Orientation)을 가져야 한다는 것이다.

고객지향성이 기업의 핵심 가치로 자리잡고 영업사원들도 고객의 가치를 최우선적으로 두는 영업활동에 초점을 맞춰야 한다. 기업이 만들 수 있는 것을 만들어서 파는 것이 아니라 고객이 원하는 것을 만들어서 잘 전달하는 것, 이것이 고객지향성으로의 사고의 전환이고 관계지향적인 영업의 기본이다.

3. 고객관계관리의 시작: 고객지향성

고객지향적 기업(Customer Oriented Company)은 기업의 내·외부적으로 발생하는 모든 기업활동의 중심에 고객을 둔다. 즉 고객 지향성은 모든 가치를 고객에게 두고 고객을 학습하며 고객의 니즈를 충족시키는 최상의 가치를 가장 중요하게 생각하는 것이라고 할 수 있다. 영업역량이 최고의 핵심역량인 웅진의 경우를 보자. 웅진은 목표 고객인 주부들에게 집에 필요한 모든 것을 만들어서 판매하는 것을 사업모델로 개발해 성공했다. 하지만 그 후 집에 들어가는 모든 것을 만드는 것을 넘어서 아예 집을 만들어보자는 취지로 사업을 확장, 건설업에 뛰어들었다. 핵심 고객인 주부들에게 좋은 집을 만들어서 제공하고 그 집에 들어가는 모든 것을 만든다는 취지는 그럴듯하다. 하지만 고객이 같은 주부이지만 정수기와 집에 대한 고객의 가치는 확고하게 다르고 구매 의사결정 또한 다른 방식이다. 영업사원의 영업방식 또한 정수기와 집은 확연히 다르다. 물론 웅진이 위기에 처하게 된 것에는 다른 여러 가지 요인들이 존재하지만 가장 핵심은 고객의 가치에 대한 잘못된 이해로 비롯된 것이다. 이러한 고객지향성에 바탕을 두고 고객과 관계를 형성하고, 형성된 관계를 통해 최상의 가치를 고객에게 전달하는 효율적인 영업이 관계지향적인 영업이다. 고객 가치와 고객관계 창출이 없다면 어떠한 영업도 지속적이지 못하며 장기적으로 이윤을 창출할 수도 없을 것이다. 관계지향적인 영업의 시작점인 고객지향성은 고객에 대한 이해에서 비롯된다. 그리고 고객지향성을 높이기 위해서는 다음 몇 가지 이슈에 주목해야 한다.

4. 고객지향성을 높이는 방법

(1) 고객의 니즈를 정확하게 이해하고 이를 충족시켜주기 위해 조직 전체의 역량과 자원을 집중한다.

고객의 니즈는 고객의 문제 지각(Problem Recognition)에서 시작된다. 이야기를 많이 하면 목이 마르고 배가 고프다. 그래서 사람들은 무엇인가를 마시고 먹고 싶은 욕구가 생긴다. 이 과정에서 목마름과 배고픔이 고객이 지각하는 문제고 마시고 먹고 싶은 욕구가 니즈다. 이를 구체적인 제품으로 고객에게 제공하는 것이 기업이 제시하는 구체적 욕구(Wants)다. 웅진의 경우에도 고객의 문제와 니즈는 집에 들어가는 모든 것이 아니고 고객이 집에서 생활하면서 필요한 편리한 무엇이었다. 겉으로 보이는 니즈와는 달리 문제는 숨어 있는 요소다. 정확한 고객의 니즈에 대한 이해가 새로운 비즈니스를 창출하고 기업이 성장하는 데 가장 필수적인 요소다.

고객지향성은 고객에 대한 가치를 최상으로 두는 것을 의미하며 이것이 고객이 원하는 것을 다 들어준다는 것은 아니다. 이는 고객가치에 대한 학습의 중요성을 강조하는 것이다. 많은 경우에 고객은 니즈를 가지고 있지만 원하는 것(Wants)이 정확하게 무엇인지를 모르고 있는 경우도 많다. 즉 고객의 니즈를 정확하게 이해하고 이를 만족시켜주기 위해 최선을 다한다는 것이지 무엇이든 원하는 것을 다 들어준다는 의미는 아니다. 스티브 잡스가 이야기했듯이 고객은 기업이 제품으로 보여주기 전까지는 무엇을 원하는지 정확하게 모른다. 따라서 영업사원은 고객을 학습하고 이해해 서로 win – win하는 영업을 해야 할 것이다.

(2) 시장에 대한 이해를 강조하고 기업의 모든 구성원에게 시장에 대한 지식을 학습시키고 공유한다.

시장에서 고객과의 접점에 있는 사람들이 영업사원이다. 이들을 통해 구체적인 시장에서의 고객과 경쟁사에 대한 정보를 획득하고 이를 기업 내의 마케팅을 비롯한 다른 부서의 구성원들과 공유하고 해석해 시장 지식을 만드는 것이 영업사원의 중요한 역할이다. 이를 위해 영업사원은 학습지향성을 가져야 하고 시장에 대한 학습에도 전사적인 지원이 있어야 할 것이다. 3M의 영업사원들은 판매를 하기 위해서가 아니라 항상 전체 시장에 대한 학습을 하고 정보를 수집하기 위해 고객과 많은 미팅을 가지고 정기적으로 콘퍼런스를 연다.

또한 수시로 고객의 작업 현장을 방문해 현장에서 어떠한 문제가 생기고 어떠한 니즈가 있는지를 대화하고 관찰한다. 현재의 스카치테이프나 다양한 종류의 포스트잇 등이 이러한 과정에서 개발되고 진화한 것이다. 즉, 영업사원의 역할은 판매뿐만 아니라 시장 동향을 파악하고 이를 학습해 신제품 개발과 마케팅 과정에 적용하는 것을 포함해야 한다.

(3) 내부적으로 고객시스템을 강화하고 혁신적이고 경쟁사와

  차별화된 만족을 일으키는 제품과 서비스 제공에 최선을 다한다.

기업은 제한된 자원으로 시장에 존재하는 모든 고객의 니즈들을 충족시켜 줄 수는 없다. 따라서 영업사원은 자사의 핵심 경쟁력을 개발해 전체 고객이 아닌 기업이 목표로 하는 핵심 고객(target customer)의 정확한 욕구를 충족시켜주는 것에 최선을 다해야 한다. 즉, 선택과 집중을 통해 기업의 자원이 효율적으로 사용되도록 해야 한다. 선택과 집중을 하기 위해 기업에서 영업사원들에게 제공하는 것이 영업자동화 시스템(SFA·Sales Forces Automation)이다. SFA는 CRM의 일환으로 영업사원들에게 제공되는 고객관계관리 시스템이다.

오늘날 영업이 필요하고 중요한 대부분의 기업들은 CRM이나 SFA를 가지고 있다. 특히 금융산업과 유통기업들에 CRM은 매우 중요하다. 하지만 많은 기업들의 영업사원들에게 이러한 시스템은 하나의 짐, 혹은 부담요인이다. 가장 큰 문제는 제대로 된 고객자료도 구축돼 있지 않고 구축돼 있더라도 정말 영업에서 필요한 자료는 누락되거나 수집되고 있지 않다는 것이다.

핵심 고객을 발굴하기 위해서는 그 고객의 구매행동과 구매결정요인과 같은 구매와 관련된 행동이나 태도와 관련된 정보가 필요하다. 이러한 정보는 영업사원들에 의해서 혹은 실제 사용내역 자료를 분석해 획득할 수 있다. 하지만 여전히 많은 기업들은 고객의 인적정보 수집에만 매달려 있고 인적 정보를 바탕으로 고객에게 판매촉진이나 텔레마케팅을 진행하고 있다.

5. 관계지향적 영업을 위한 고객지향성의 세 가지 요소

고객지향성을 강화하기 위해서는 단순한 이윤 창출이라는 성과 지향적인 사고가 아니라 고객을 만족시키고 이해하는 것이야 말로 영업 업무를 수행함에서 가장 중요한 부분이라는 영업사원의 사고의 전환이 필요하다. 그리고 고객의 사고방식(customer mindset) 이해에 많은 시간과 노력을 투자해야 할 것이다. 또한 고객지향성을 만들어가고 관계지향적인 영업을 하기 위해서는 영업사원은 다음 3가지 요소에 주목하고 이를 실천해야 할 것이다. 즉, 고객지향성을 강화하기 위해서 영업사원들은 고객에 대한 정확한 이해, 고객정보의 중요성, 고객가치창조, 그리고 고객에 관한 윤리의식에 주의를 기울여야 할 것이다.

6. 고객의 문제와 니즈를 분명히 할 것
(Identifying Customers' Problems and Needs)

고객에 대한 이해는 고객이 원하는 고객가치를 창출하는 고객지향성의 출발이다. 고객지향성의 프로세스는 고객의 니즈와 문제의 파악에서 시작된다. 즉, '고객은 왜 구매를 할까? 무슨 문제와 어떤 니즈가 있는 것일까'라는 질문에서부터 영업활동이 시작되는 것이다. '고객은 스마트폰을 왜 구매할까?' '컴퓨터 기반의 휴대용 전화 혹은 통신 기계를 구매하는 이유는 무엇일까?' 많은 고객들에게 이 질문을 해보면 다른 사람들이 구매하니까, 혹은 무슨 유행인 것처럼 생각하는 경우가 많다. 하지만 이 응답을 조금만 더 들어가 보면 타인과의 관계 혹은 네트워크에서 탈락되지 않기 위해서라는 것을 알 수 있다.

요즘 대학생들은 새로 사귄 친구와 서로 전화번호를 교환하면서 "전화할게"라는 말 대신 "카톡 할게"라고 이야기한다. 현재 고객의 대화 방식은 음성방식에서 문자방식으로 바꼈다.

그리고 문자도 단순한 문자가 아니라 이모티콘 등의 이미지를 활용하는 식이다. 또한 동시에 여러 명과의 대화를 바탕으로 하기 때문에 예전의 2G/3G가 아니라 4G/5G나 LTE와 같은 네트워크에 기반을 둔 대화도구, 즉 스마트폰이 필요하다. 이처럼 고객의 니즈와 문제를 파악하는 것은 단순하지 않으며 고객들도 모르고 있는 경우가 많다. 이를 정확하게 이해하고 발견하는 것이야 말로 고객지향적 영업사원의 첫 번째 숙제이고 이는 수많은 고객과의 만남과 대화 속에서 학습해야 할 가장 중요한 이슈이다. 즉 고객의 구매과정에서 고객의 핵심 문제를 먼저 파악하고 왜 필요한지를 구체화시키고, 이에 대한 정확하고 획기적인 해결책을 제시하는 것이 영업에서 가장 중요한 고객에 대한 이해과정이다.

7. 고객정보수집(Customer Information Gathering)

기업에 이익이 되는 고객과의 장기적 관계를 확립하고, 구축하고, 유지해 영업사원의 성공을 만드는 동력은 고객 정보다. 이러한 고객정보를 체계적으로 수집하고 분석하는 시스템이 CRM이다. CRM은 고객관계를 관리하기 위한 고객 정보를 실제 영업에 활용하는 것에도 중요한 역할을 한다. 요즘 우리가 받는 전화의 가장 많은 내용이 무엇인가? 각종 금융 상품에 대한 영업 및 안내 전화다. 심지어 필자는 주거래 은행의 영업사원으로부터 펀드상품에 대한 안내를 받은 적이 있다. 이미 그 은행과 펀드를 포함해 다양한 금융 상품 거래를 하고 있는데도 이런 기본적인 내용도 파악하지 않고서 무작정 학교 전화번호를 보고 전화 영업을 하는 것이다. 금융기업의 CRM은 이러한 고객의 기본적인 정보를 제공하는 시스템이다. 하지만 이러한 사례에서 보듯이 영업사원들의 활용도는 매우 낮다.

CRM 시스템이 효율적이고 효과적으로 운영되기 위해서는 영업사원의 정보수집 활동과 정보공유가 무엇보다도 우선돼야 한다. 많은 영업사원들은 자기가 가진 고객 정보가 공개되고 공유되는 것에 반감을 가진다. 하지만 정보는 개인이 가지고 있을 때보다 시스템에서 공유되고 이를 분석해 체계적으로 관리될 때 더욱 가치가 있다. 즉, 정보공유에 대한 영업사원과 경영층의 인식이 바뀌어야 한다. 영업사원들이 고객에 관한 정보를 충실하게 공유할 때 CRM 시스템은 그 역할을 할 수가 있다. 또한 기업 내에서도 고객정보에 대한 인식 및 가치가 달라져야 할 것이다. 많은 기업들이 고객정보에 대한 관리를 소홀히 하고 이에 대한 투자를 많이 하지 않고 있다. 고객정보는 영업사원이 영업활동을 하는 데 필수적인 핵심 무기다. 고객정보에 대한 가치를 인정하고 고객조사에 투자해 이를 바탕으로 모든 영업과 마케팅이 수행돼야 할 것이다.

고객정보에 대한 가치를 확인하고 이에 대한 지속적인 소비자 조사를 글로벌적으로 행하고 있는 기업이 삼성전자다. 삼성전자는 고객센싱(customer sensing)부서를 두고 지속적이고 체계적인 조사를 통해 고객가치를 확인하고 이를 신제품 개발의 시작점으로 활용하고 있다. 즉, 모든 신제품 개발은 철저한 고객조사로 시작해 고객의 needs knowledge를 구축하는 것이다.

8. 고객가치창출(Creating Customer Value)

가치 창출은 고객을 설득하고 관계를 맺기 위해 고객에게 제안하는 가치의 묶음이다. 가치는 영업사원이 판매하고 있는 제품과 기업으로부터 소비자가 얻는 최종적 혜택들의 묶음을 나타낸다. 과거 영업에서는 고객과의 관계를 구축하고 이 과정에서 가치를 창출하는 것은 거의 고려하지 않았다. 대신에 영업사원들은 단순히 별개의 거래들의 연속으로써 거래적 영업을 수행하는 것에 만족했다. 즉 거래의 일회성에 초점을 맞춰 매출만을 강조했고 고객의 가치 창출을 통한 장기적인 관계는 어렵고 수익성이 높지 않은 것으로 간주했다. 많은 기업들이 기존의 충성 고객보다는 신규 고객 창출을 강조하고 매출 성장만을 생각한다.

물론 신규 고객 창출 또한 지속적인 성장과 미래의 성장을 위해서는 중요하다. 하지만 가장 중요한 것은 수익성이다. 수익이 발생하지 않으면 그 기업은 생존이 어렵다. 따라서 기존 고객과의 관계를 유지하면서 그들에게 새로운 가치를 제시하고 상향판매(upselling)나 교차판매(cross selling) 등을 통해 지갑의 점유율(Share of Wallet)을 높여가야 한다. 즉, 자사의 제품이나 서비스에 초점을 두지 않고 충성 고객에게 맞는 가치를 창출할 때 기업은 영업비용을 줄이면서 수익성 높은 영업을 할 수 있다. 그 과정에서 기존 고객의 소개(referral)를 통해 신규 고객을 확보하고 개척하면 비용도 절감하고 효율적인 영업을 할 수 있을 것이다.

많은 제약회사들이 건강보조식품 시장으로 진출하고 있고 여기에 맞는 새로운 영업조직을 구축하고 있다. 고객들은 제약회사가 기본적으로 건강을 위한 약을 만드는 회사라고 인식을 한다. 따라서 제약회사의 건강보조식품을 더욱 신뢰하는 경우가 있다. 하지만 제약회사는 기존의 약국이나 병원 등의 영업에서 벗어나 기존 건강보조식품 회사들과 유사한 방문판매 조직을 검토하고 있다. 이는 자사가 가질 수 있는 제약영업에서의 신뢰를 벗어나는 행동이다. 즉, 기존의 약국을 통해 자사 제품을 구매하던 고객들은 무시하고 새로운 건강보조식품 고객을 찾고 있는 것이다. 기존 고객이 가지고 있는 가치에 기반을 두고 새로운 가치 묶음을 제공하는 것이 아니라 경쟁기업의 고객을 확보하려는 방법을 사용하려는 것이다. 이는 수많은 비용을 초래할 것이고 궁극적으로 기업의 수익성에 마이너스가 될 것이다.

고객은 단순한 제품이 아니라 영업과정에서부터 얻으려고 하는 가치의 종류와 양, 즉 가치의 복합적인 묶음에 관심이 있다. 따라서 영업은 고객에게 단순한 제품이 아닌 가치묶음(Value Package)을 가지고 영업시도를 해야 한다. 훌륭한 가치묶음을 제안하기 위해서는 첫째, 다양한 가치들을 나열하는 것보다는 경쟁사와 차별화할 수 있는 한두 개의 핵심적인 가치를 간결하고 강렬하게 부각시키는 것이 중요하고, 둘째, 고객에게 부여하는 가치를 구체적인 숫자로 제시할 수 있어야 한다. 즉, 영업사원이 고객에게 제시하고자 하는 가치는 측정이 가능해야 한다. 마지막으로 이러한 가치의 제공이 단발성에 그치지 않고 일정한 기간 동안 지속적으로 이뤄질 수 있어야 한다.

9. 고객지향성을 위한 제언

고객지향성을 높이기 위해서는 영업사원의 기본적인 태도에서부터 영업활동에 이르기까지 고객에 대한 태도와 행동이 변화하는 것을 요구하고 이 과정에서 윤리적인 행동에 대해서 강조해야 한다. 관계지향적인 영업을 위해서는 거래적 영업에서 관계적 영업으로의 전환이 필요하고 영업사원의 성과평가도 판매액이 아니라 영업생산성으로 바뀌어야 할 것이다. 또한 영업방식도 고객의 복잡한 니즈를 효율적으로 관리하기 위해 개별 영업사원에 의한 영업에서 팀 영업으로의 전환이 필요하고, 영업관리자도 관리적 활동에서 기업가적 활동으로 인식의 전환이 필요하고, 단순한 관리자의 역할이 아니라 리더의 역할로 거듭나야 할 것이다. 또한 영업사원들은 자사의 제품에 만족한 고객들이 유사한 제품을 판매하는 경쟁 기업으로 전환하지 못하게 하기 위해 기존 고객들을 유지하고 관계를 형성해 충성고객으로 전환하기 위해 노력해야 한다. 그리고 영업조직의 관리자도 영업과정에서의 고객관리를 하기 위한 가장 효율적이고 효과적인 지원 및 관리 방법을 생각하는 데 많은 시간과 노력을 기울여야 한다.

과학적인 영업관리를 통해 새로운 기회를 만들어 가자!

　오늘날과 같은 영업 환경에서 중요한 이슈는 고객의 니즈를 더 명확히 인지하고 이를 충족시켜줄 수 있는 방법을 찾는 영업활동 과정을 도와주는 지능적이고 효과적인 영업관리이다. 성공적인 영업은 고객이 원하는 제품이나 서비스를 고객에게 훌륭하게 전달해주는 것이다. 영업관리는 이를 위해서 영업의 기능을 정의하고 영업의 전략적 역할을 제시하여야 한다. 또한 필요한 영업사원을 채용하고 고객에게 맞게끔 개발하고, 이를 평가하여 수정 발전 시키는 것이 영업관리의 전반적인 프로세스이다. 효과적인 영업관리자는 고객과 시장의 정보들을 바탕으로 영업사원들과 효율적으로 의사소통을 하며 지속적인 피드백과 관리를 하여야 한다.

　영업의 역할과 영업관리의 거래중심에서 관계중심으로의 의제의 변화는 매우 중요한 의미를 갖는다. 오랫동안 거래적 판매는 지배적인 영업 방법이었다. 그러나 기업은 고객과의 관계를 구축하는 과정에서 혜택을 얻을 수 있음을 깨닫고 관계지향적인 영업방법으로 전환하고 있다. 이러한 변화들은 전에는 가능하지 않았던 방법으로 고객들에게 더 나은 가치를 부여하는 기업의 새로운 비즈니스 모델을 다시 생각하게 함으로써 영업조직에 전례에 없던 기회를 가져다 준다.

결국 영업도 사람과의 관계에서 발생하고 이 관계를 개발하고 발전시키는 것이다!

우리는 인간이다. 아주 오래전부터 철학분야에서는 인간이란 어떤 존재이고 왜 존재하는가에 대한 질문에 끊임없는 탐구를 해왔다. 이 중에서 인간은 사회적 동물이라는 말이 가장 인간을 인간답게 살아가는 것을 잘 표현하는 것 같다. 한자로 사람 인(人)자 자체가 사람과 사람이 서로 의지한다는 것을 보여준다. 오늘날 통신과 교통의 발달은 이 사람과 사람과의 관계를 과거와 비교해서 훨씬 더 넓고 복잡하게 확장시켰다. 이러한 복잡성은 더욱 더 사람간의 소통에 대한 관심을 증가시킨다. 바쁘게 살아가는 현대인들의 삶이 또한 소통을 어렵게 만들고 있다. 부모자식간, 부부간, 친구간, 동료간, 상하직급간 등 여러 관계속에서 갈등이 만들어지는 근본적인 이유도 소통의 부재이다.

영업 또한 마찬가지이다. 고객과 영업사원간의 소통이 잘되어야 서로가 윈윈하는 거래를 잘 마무리할 수 있다. 그렇게 하기 위해서 본 서에서 강조하는 것이 관계이다. 단순히 거래관계가 아닌 고객과 판매하는 기업 혹은 영업사원간의 관계는 협력관계 나아가서 동반자 관계가 되어야 한다. 한쪽의 이익과 자존심만 내세우면 그 관계는 지속될 수 없고 거래 또한 원활하게 이루어지지 않는다. 본 서에서 강조하고 있는 내용이다. 항상 상대방의 입장을 이해하고 나를 내세우지 않고 상호 이익을 앞세운다면 서로가 만족하는 거래를 만들 수 있을 것이다. 인간은 감성과 이성을 모두 가지고 있고 이 둘간의 조화를 잘 다스려야 한다. 관계 지향적 영업은 이 둘 사이에서 균형을 찾아가는 것이다. 서로 동반자의 관계로서 멀리 갈 수 있는 방법을 찾아야 할 것이다.

영업관리에서 기본적으로 지켜야할 것은 지키자! 윤리경영!!

고객지향성과 고객가치 창출에 있어서 중요하지만 기업들이 간과하고 있는 것이 윤리적인 이슈다. 윤리는 영업행동의 방향을 인도하는 도덕적 규범이고 기준이다. 사회의 가치는 다양한 방법으로 영업과 영업관리에 영향을 미친다. 또한 사회적 가치는 윤리적인 영업행동을 위한 기준을 정한다. 윤리는 법률과 규칙을 따르는 것과 같은 단순히 지켜야 하는 것 이상의 의미를 가진다.

윤리적인 딜레마의 두 가지 형태는 영업관리에서 특히 중요하다. 첫 번째 형태는 영업활동을 하는 영업사원들과 이들을 관리하는 영업관리자 사이의 상호작용에서 발생한다. 영업관리자들은 영업사원들에게 목표수립을 달성할 것을 독려하게 되고 영업사원들은 목표수립을 위해 부적절한 영업행위를 하고 영업관리자에게 거짓 보고를 하는 경우도 있다. 이러한 부적절한 행동에는 고객에게 거짓 정보를 제공하고, 구매를 강요하고, 거래정보를 거짓으로 기입하는 것 등이 포함된다. 이 문제는 관리자가 항상 모든 영업사원들의 행동을 직접적으로 관찰하고 통제할 수 없음에도 불구하고 목표달성만을 강조하기 때문에 발생한다. 따라서 영업관리자들은 영업사원의 윤리적 영업행동의 기준들을 확립하고 그것들을 명확하게 알리고 강력하게 실행해야 한다.

윤리적 문제의 두 번째는 영업관리자가 영업사원 개개인을 어떻게 대우하느냐의 이슈다. 이 문제는 조직에서 고용과 승진과 관련해 공정했는지, 인사관리와 교육프로그램 등에서의 개인별 대우가 적절했는지, 또한 판매영역의 디자인, 업무의 할당, 급료와 인센티브 보상의 결정, 성과평가 등이 공정했는지 등에 대한 문제를 포함한다. 많은 관리자들은 보상에 대한 딜레마와 윤리적인 문제를 고심한다. 이는 동기부여와 직무 만족에 있어서 중요한 이슈이기 때문이다. 직무에 만족하지 못한 영업사원들은 고객을 만족시켜야 하는 기본적인 영업 업무를 충실하게 이행할 수가 없다.

오늘날 많은 기업들이 윤리경영과 기업의 사회적 책임에 관한 관심이 높아지고 이에 대한 투자 의사결정에 관해서 고민하고 있다. 영업의 기본은 설득이다. 설득의 근본적인 뜻은 상대방에게 영향을 미치고(Influence) 상대방의 이해를 모호하지 않게 만드는 것이다. 아들에게 아버지가 효도를 하라고 이야기할 수 있으려면 아버지가 직접 솔선수범해야 한다. 기업의 영업 행위도 마찬가지다. 최고경영자나 기업의 이해관계자들이 도덕적으로 윤리적으로 잘못된 행동을 하면 아무리 제품을 잘 만들고 광고를 잘하더라도 고객을 설득할 수가 없다. 여러 경영자들 중 윤리경영을 특히 강조했던 경영인이 김정문알로에의 창업자인 고 김정문 회장이다. 그는 검소했고 방판 조직을 이끌며 항상 고객의 가치를 최우선으로 두면서 윤리경영을 강조했다. 이를 통해 많은 고객의 마음속에 깨끗한 이미지의 기업으로 김정문알로에가 기억되게 했다. 윤리적 행위는 위에서 아래로 행하면서 보여줘야 기업 내에 자리를 잡을 수 있고 영업사원들이 고객을 설득할 때에도 자긍심을 가지고 할 수가 있을 것이다.

저서

김현철, [CEO, 영업에 길을 묻다], 한국경제신문, 2009.

송기영, [세일즈 마스트 화법], 경향 미디어, 2008.

조기선, [물건을 팔지말고 가치를 팔아라], 가림 출판사, 2006.

조 지라드, [조 지라드 세일즈 불변의 법칙 12], 비즈니스북스, 2005.

Neil Rackham and John DeVincentis, Rethinking the Sales Force: Redefining Selling to Create and Capture Customer Value. McGraw Hill, 1999.

국내논문

김윤강, "방문판매 판매자의 관계적 지향성이 만족과 몰입을 매개로 재거래 의도에 미치는 영향", 이화여대 석사논문, 2007.

김지현, "화장품 방문판매원의 직업과 고객에 대한 태도 및 직업적 윤리갈등에 관한 연구", 원광대 석사논문, 2008.

서문식, 김상희, "판매원의 감정 부조화와 감정적 고갈이 고객지향성 및 고객의 서비스 품질 평가에 미치는 영향", 마켓팅 연구 17권, 2002.

양희, 이기춘, "방문판매의 소비자 문제에 관한 연구". 한국가정관리학회지, 제18권 4호, 2000.

김이태, "개인특성과 상사의 신뢰가 판매원의 노력 및 성과에 미치는 영향", 마켓팅 과학연구제 11집, 2003.

손준상, "조직특성 및 개인특성이 판매원 성과에 미치는 영향", 마켓팅 과학연구 제8집, 2001.

한지연, "판매 방문 불안: 차원, 해소과정 및 판매성과에 미치는 영향", 홍익대 석사논문, 2005.

지금희, "판매원 특성이 판매성과에 미치는 영향요인에 관한 연구", 연세대 석사논문, 2002.

해외논문

H. Sujan, B. Weitz and N. Kumar. (1994), "Learning Orientation, Working Smart and Effective Selling", Journal of Marketing Vol.58.

B. Weitz and Kevin D. Bradford. (1999), "Personal Selling and Management: A Relationship Marketing Perspective", Journal of Academy of Marketing Science Vol 27. No 2.

D. Strutton, L. Pelton and J. Lumpkin. (1993), "The Relatioship Betwen Psychological Climate And Sales Person — Sales Manager Trust in Sales Organization", Journal of Personal Selling & Sales Management Vo. X Ⅲ. No4.

J. Busch and P. Dacin. (2003), "Firm market orientation and salesperson customer orientation: interpersonal and intrapersonal influences on customer service and retention in business－to－business buyer－seller relationships", Journal of Business Research, 56(02).

J. Dixon, Chonko, and Cannon. (2005), "Key Accounts and Team Selling: A Review, Framework, and Research Agenda", Journal of Personal Selling & Sales Management, 25.

E. Jones, P. Busch and P. Dacin. (2003), "Firm market orientation and salesperson customer orientation: interpersonal and intrapersonal influences on customer service and retention in business－to－business buyer－seller relationships", Journal of Business Research, 56(2).

E. Jones, A. Dixon, L. Chonko, and J. Cannon. (2005), "Key Accounts and Team Selling: A Review, Framework, and Research Agenda", Journal of Personal Selling & Sales Management, 25.

B. Kidwell, R. McFarland and R. Avila. (2007), "Perceiving emotion in the buyer-seller interchange : the moderated impact on performance", Journal of Personal Selling & Sales Management. 27(2).

B. Kim, M. Hancer and G. Gazzoli. (2013), "Explaining why employee–customer orientation influences customers", Journal of Service Management, 24.

R. Spiro and B. Weitz. (1990), "Adaptive selling: conceptualization, measurement, and nomological validity", Journal of Marketing Research, 27(1).

R. Singh and A. Ko. (2011), "Does salesperson's customer orientation create value in B2B relationships? Empirical evidence from India", Industrial Marketing Management, 40(1).

H. Sujan, B. Weitz and M. Sujan. (2013), "Increasing sales productivity by getting salespeople to work smarter", Journal of Personal Selling & Sales Management, 8(2).

B. Weitz, H. Sujan and M. Sujan. (1986), "Knowledge, Motivation, and Adaptive Behavior: A Framework for Improving Selling Effectiveness", Journal of Marketing, 50(50).

저자논문

Park, Jun Youb and Jeong Eun Park. (2014), The Effects of Learning Behavior of B2B Sales Person on Effective Selling Behavior and Sales Performance. Journal of Korea Parliamentary Law Institute, 7(2).

Park, Min Hye, Jeong Eun Park and Joon Yep Park. (2014), The Impact of Effective Selling Approach on Relationship Quality and Performance: Focus on Customer and Learning Orientations. Journal of Marketing Management Research, 19(4).

Park, Jun Youb, Jeong Eun Park and Kwangho Chen. (2014), "The Impact of Salesperson Learning, Adaptive Selling Behaviors, and Job Satisfaction on Sales Performance", Journal of Product Research, 32(6).

Park, Jeong Eun and George D. Deitz. (2006), "The Effect of Working Relationship Quality on Salesperson Performance and Job Satisfaction: Adaptive Selling Behavior In Korean Automobile Sales Representatives",

Journal of Business Research., 59(2).

Franke, R. George and Jeong Eun Park. (2006), "Salesperson Adaptive Selling and Customer Orientation: A Meta−Analysis", the Journal of Marketing Research, 43(4).

Park, Jeong Eun, Young Yang and Sungho Lee. (2009), "A Study of Critical Review of CRM", CRM Study, 2(1).

Chang, Woojung, Jeong Eun Park, and Seoil Chaiy. (2010), "How does CRM technology transform into organizational performance? A mediating role of marketing capability", Journal of Business Research, 63.

Park, Jeong Eun, Juyoung Kim, Alan Dubinsky and Hyunju Lee. (2010), "How Does Sales Force Automation Influence Relationship Quality and Performance? The Mediating Roles of Learning and Selling Behaviors", Industrial Marketing Management, 39.

Park, Jeong Eun, Betsy B. Holloway and Sungho Lee. (2013), "The Benefits of Sales Force Automation Explored: An Empirical Examination of SFA Usage on Relationship Quality and Performance", Asia Marketing Journal, 14(4).

Kim, Molan, Jeong Eun Park, Alan J. Dubinsky, Seoil Chaiy. (2012), "Frequency of CRM implementation activities: a customer-centric view", Journal of Services Marketing, 26(2).

Park, Junyoub and, Jeong Eun Park. (2015), "Marketing & Sales Interface Study on the Application of the Enterprise as a Tool of B2B Sales Effectiveness − Case of 3M Korea", Yonsei Business Review, 52(1).

Choi, Yong Bae and Jeong Eun Park. (2016), An Qualitative study of Effective Selling Behavior and Relationship Selling Behavior of Korean sales people: Focus on the case of auto finance salesperson in Ajucapital Corporation. The Review of Eurasian Studies, 13(1).

Park, Jeong Eun. (2014), "The Current and Future of Sales Studies in Korea: A Critical Review and Suggestions for Future Study Directions", Journal of Korean Marketing Association, 29(6).

Hong, Joongwan, Jeong Eun Park and Kwangho Chen. (2016), "A Qualitative

Study of Compensation Framework of Salespeople: Focus on the Expectation of Compensation Recipients", Journal of Product Research, 34(3).

Park, Junyoub and, Jeong Eun Park. (2016), The Effects of Marketing—Sales Interface of Salesperson on Effective Selling Behavior and Sales Performance. The Review of Eurasian Studies, 13(2).

Park, Jeong Eun and George Deitz. (2016), "National Culture and Relational Selling: Antecedents, Outcomes and Boundary Conditions of ASB and Customer—Oriented Selling in Korea", Asia Marketing Journal, 18(1).

저자소개

박정은 (jepark@ewha.ac.kr)

고려대학교에서 학부는 영어영문학을 전공하고 경영학으로 석사 및 박사를 수료하였다. 실무적으로 매경경영연구원에서 책임연구원으로 컨설팅 업무를 담당하였고 이후 미국 University of Alabama에서 마케팅전공으로 경영학 박사학위(Ph. D.)를 받았다. 박사졸업 후 4년간 미국 University of New Hampshire에서 교수로서 재직하였고, 2007년에 한국으로 돌아와 이화여자대학교 경영대학 교수로 재직 중이다.

그의 연구 관심분야는 마케팅전략과 영업전략 분야이고 이러한 관심분야에서 활발한 연구 활동을 하고 있다. 그는 Journal of Marketing Research를 비롯한 국내외 주요 학술지에 약 60여 편의 연구를 게재하였고 10여 편의 저술을 출간하였다. Asia Marketing Journal의 편집장을 역임하였고, 현재 한국경영학회 이사, 한국마케팅학회 감사 및 한국유통학회 부회장을 역임하고 있고 최근에는 한국마케팅관리학회의 회장으로 학회활동을 하고 있다. 정부 및 공공기관의 각종평가위원, 심사위원 및 정책연구를 하였으며 국내외 대기업 및 중소기업들을 대상으로 영업 및 마케팅에 관한 강연, 컨설팅 및 자문활동을 하였다. 우리나라 학계에서 가장 많은 영업 관련 연구를 하였고, 학계에서 영업 분야의 대가로 손꼽힌다.

신용필 (yp.shin@theklab.co.kr)

서강대학교에서 경영학을 전공하고 직장생활을 하던 중 미국 Temple 대학교에서 MBA를 취득했다. 여러 컨설팅 기관에서 B2B세일즈 및 마케팅 컨설팅을 수행경력이 있고 현재는 세일즈 플랫폼 서비스를 제공하는 ㈜더클랩을 설립하여 대표로서 재직 중이다.

삼성전자, 삼성SDI, 삼성SDS, LS미래원, LS메탈, KT, 한솔그룹, 대상, 코오롱인더스트리 등에서 B2B영업 혁신과 관련하여 다양한 컨설팅 및 교육을 수행하였다. 이러한 국내 선진 기업들을 대상으로 한 영업혁신 경험을 바탕으로 B2B영업사원이 고객을 더 잘 이해하고 경영진의 고객중심 의사결정을 지원하는 세일즈로그 시스템을 최근 런칭했다. 그리고 B2B기업의 D2C전략 지원을 위해 디지털 카탈로그 서비스인 인더북을 출시하여 B2B기업의 영업활동을 지원하는 데 많은 관심을 가지고 있다.

고객가치기반 효과적 영업과 영업관리: 관계지향적 영업으로의 전환

초판발행	2022년 6월 30일
지은이	박정은·신용필
펴낸이	안종만·안상준
편 집	탁종민
기획/마케팅	박세기
표지디자인	BEN STORY
제 작	고철민·조영환
펴낸곳	(주) **박영사**
	서울특별시 금천구 가산디지털2로 53, 210호(가산동, 한라시그마밸리)
	등록 1959. 3. 11. 제300-1959-1호(倫)
전 화	02)733-6771
f a x	02)736-4818
e-mail	pys@pybook.co.kr
homepage	www.pybook.co.kr
ISBN	979-11-303-1568-3 03320

정 가   15,000원